AF433657

* 9 7 9 8 8 6 9 1 8 9 5 5 4 *

ספר
עֵץ חַיִּים
לרבינו
חַיִּים וִיטאל זצ"ל
שֶׁקִּיבֵּל ממרן האר"י זלה"ה
שַׁעַר דרושֵׁי נְקוּדוֹת
שַׁעַר ז' פרק ב'
דל"ה ע"ד – דל"ו ע"ד
תש"פ
SimchatChaim.com
בהוצאת
שִׂמְחַת חַיִּים

בס"ד

הקדמה

ירפא **ה**מאציל **ו**יושיע **ה**בורא את כל חולי בני ישראל, וישלח להם רפואה שלימה, רפואת הנפש ורפואת הגוף, בכל אבריהם ובכל גידיהם לעבודתו יתברך.

בי"ב במנחם אב בתשס"ה, הובהלתי לבית החולים, הרופאים לא נתנו לי סיכוי לחיות יותר מכמה שעות בגלל מספר תסבוכות. עם כל זאת בזכות התפילות של בני ישראל הקדושים, ברחמיו הרבים, ריחם עלי הקדוש ברוך הוא, ונשארתי בחיים.

עם כל זאת, הובחנה אצלי מחלה קשה בכליות, ונאמר לי שהצטרך למכונת דיאליזה. בשבילי זה היה שוק!!! אף פעם לא הייתי אצל רופא, או בבית חולים. כך בעל כרחי התחברתי למכונת דיאליזה, ומכונה זאת הייתה[1] קשורה בי ככלב במשך שמונים חודשים בדיוק, כמנין **יסוד**, במשך 10-12 שעות ביום.

בשבת פרשת **ויחי יעקב** י"ב טבת תשע"ב, בזכות בני ישראל, שכולם אהובים כולם ברורים כולם גיבורים כולם קדושים... וכולם פותחים את פיהם באהבה שלוש פעמים ביום, ואומרים - **ברוך אתה... רופא חולי עמו ישראל**, וכללותם כל האברכים, תלמידי הישיבות, רבנים וחכמים, חסידים, מקובלים עם תינוקות של בית רבן, זקנים עם נערים, בחורים וגם בתולות, בארץ הקודש ובעולם. ומצד שני בנות ישראל היקרות מפז, שהתפללו וקבלו עליהם כל מיני קבלות, מהפרשת חלה עד צניעות וכיסוי הראש, עם הרבנים, המנהלים, המורים, המורות **והתלמידות של בית יעקב דטורונטו** שכל יום התפללו, וכללו בתפילתם שבקעה את כל הרקיעים אותי, ונושעתי אני הקטן. הושתלה בי כליה. והתנתקתי ממכונת הדיאליזה.

אמר המלך דוד - לולי[2] תורתך שעשעי אז אבדתי בעניי. מה שנתן לי חיות היא התורה הקדושה, בשעות הרבות שהייתי מחובר למכונת הדיאליזה)כ12 שעות ביום(, ערכתי סדרתי וכתבתי במחשב את הקונטרסים שלמדתי במשך שנים. וקונטרסים אלו הפכו לחיבור, ואחרי התלבטויות ובקשות מבני גילי, החלטתי בעזרתו יתברך להדפיס קונטרסים אלו.

ידוע הוא כי כל דברי האר"י זלל"ה ותלמידו נאמן ביתו, רבינו חיים ויטאל הם סתומים וחתומים באלפי שרשראות ומנעולים, והרב ז"ל גִלָה טפח וכיסה אלפים אמה, וכלל דבריהם הוא משלים, עם כל זאת העוסק במשל פועל בעלמות העליונים בנמשל. לכן צריך זהירות גדולה לא להגשים את המשלים, בסוד המבואר בספר הזווהר הקדוש - **ועלייהו אתמר** ועליהם נאמר - **ארור האיש אשר יעשה פסל ומסכה וגומר, ושם בסתר, מאי בסתר** מהו בסתר - **בסתרו דעלמא** בסתר העולם. **ובגין דא אמר קודשא בריך הוא לא תעשון אתי** ומפני זה אמר הקדוש ברוך הוא לא תעשון אתי אלה"י כסף ואלה"י זהב, **והכי אוקמוה חבריא לא תעשון אתי כדמות שמשי שמשמשין אותי** וכך העמידוהו החברים לא תעשון אתי כדמות שמשי שמשמשים אותי **במרום, לציירא בסתר דילי שום ציור או דמיון** לצייר בסתר שלי שום ציור או דמיון, **דכל מאן דצייר לעיל לקודשא בריך הוא** שכל מי שמצייר למעלה לקדוש ברוך הוא, בסתר)**דאיהי שכינתיה, כלילא מעשר**

---

[1]

גמרא סוטה ד"ג ע"ב - גמרא סוטה ד"ג ע"ב – רבי אלעזר אומר, **קשורה בו ככלב**, שנאמר - ולא שמע אליה לשכב אצלה להיות. עמה לשכב אצלה בעולם הזה. להיות. עמה לעולם הבא.

[2]

תהלים קי"ט צ"ב

ספיראן שהיא שכינתו, כלולה מעשר ספירות(, **שום ציור, וצלם, ודמות, כגוונא דמצייירין בשמשין דיליה** שמצייירים בשמשים שלו, **בשמתיה אתלבשא בההוא צלמא** נשמתו מתלבשת באותו צלם....

וכן הוא בסוף ענף ד' דשער א' בספר עץ חיים שער ההקדמות, וז"ל הטהור - ואמנם דבר גלוי הוא כי אין למעלה גוף ולא כח גוף חלילה. וכל הדמיונות והציורים אלו לא מפני שהם כך חס ושלום. אמנם **לשכך את האוזן** לכשיוכל האדם להבין הדברים העליונים, הרוחניים, בלתי נתפסים, ונרשמים בשכל האנושי. לכן ניתן רשות לדבר לדבר בבחינת ציורים ודמיוניים, כאשר הוא פשוט בכל ספרי הזוהר. וגם בפסוקי התורה עצמה כולם כאחד עונים ואומרים בדבר הזה, כמו שאמר הכתוב עיני הוי"ה המה משוטטים בכל הארץ. עיני הוי"ה אל צדיקים. וישמע הוי"ה. וירא הוי"ה. וידבר הוי"ה. וכאלה רבות. וגדולה מכולם מה שאמר הכתוב - ויברא אלהי"ם את האדם בצלמו בצלם אלהי"ם ברא אותו זכר ונקבה וגו'. **ואם התורה עצמה דברה כך** גם אנחנו נוכל לדבר כלשון הזה, עם היות שפשוטו הוא למעלה שם שאין אלא אורות דקים בתכלית הרוחניות, בלתי נתפשים שם כלל, וכמו שאמר הכתוב - כי לא ראיתם כל תמונה, וכאלה רבות. ואמנם יש עוד דרך אחרת כדי להמשיך ולצייר בה הדברים העליונים, והם בבחינת כתיבת צורת אותיות, כי כל אות ואות מורה על אור פרטי עליון, וגם תמונת זו דבר פשוט הוא כי אין למעלה לא אות ולא נקודה, **וגם זה דרך משל וציור לשכך את האוזן** כנזכר.....

ולכן כל המבואר כאן בחיבור זה הוא כדי **לשכך את האוזן**. והתרשימים שבסוף החיבור הם כדי **לשבר את העין**, לכן אין שום ביאור והסבר שלם, ואין שום תרשים שלם בתכלית השלמות.

ידוע כי[3] דברי תורה עניים במקומן ועשירים במקום אחר, **ועל אחת כמה וכמה** בדברי הרב ז"ל, שכל סוגיה חסרה[4] במקומה, וחלקיה מפוזרים במקומות אחרים. **זאת ועוד** הרב ז"ל מערבב בדרוש אחד כמה וכמה סוגיות, כאשר בפשטות דבריו נראה שכל הדרוש הוא דרוש אחד, ולא מחולק לסוגיות שונות, ושמועות שונות, **ביאור** דברי הרב ז"ל כאן הם **בעומק, והוא בעצם ליקוט**, עד איפה שידי הקצרה הגיעה, מכל חלקי ספר עץ חיים, ושמונה השערים המצוינים לרב ז"ל, מבוא שערים ושאר ספרי הרב ז"ל, והוא גם על פי הקדמת רחובות הנהר למרן הרש"ש, דרושי פנימיות וחיצוניות, דרוש הדעת, סוגיות ערכין, סוגיות דכללות והתכללות, פרטות וכללות, וסוגיות עובי ואורך, ועל פי ביאור גדולי רבותינו חכמי המקובלים לדורותם זלה"ה זי"ע.

ידוע כי[5] אין בר בלי תבן, כך אין ספר בלי טעויות, ועוד יודע אני כי דל ועני אני, **ואין**[6] **עני אלא בדעה**. לכן מבקש אני בכל לשון של בקשה אם יש לכל אחד שאלות, הערות, הארות, תיקונים, נא לשלוח ל - <u>book@simchatchaim.com</u> והשתדל לענות, ולתקן את הצריך תיקון.

בברכה והצלחה בלימוד התורה הקדושה

ובעיקר בפנימיות התורה, תורת האר"י הח"י.

ורפואה שלימה לכל חולי ישראל.

אח"י

---

[3]

גמרא ירושלמי, ראש השנה פ"ג הלכה ה' די"ז ע"א – דברי תורה עניים במקומן, ועשירים במקום אחר.

[4]

תורת חכם דע"ב ע"ב – חסר לשון הוא, כמו שיראה המעיין.

[5]

גמרא ברכות נ"ה א' - מה לתבן את הבר נאם ה', וכי מה ענין בר ותבן אצל חלום, אלא אמר ר' יוחנן משום ר' שמעון בן יוחאי ,כשם שאי אפשר לבר בלא תבן, כך אי אפשר לחלום בלא דברים בטלים.

[6]

גמרא נדרים מ"א ע"א – אין עני אלא בדעה.

ב"ה

הקדמה קצרה לחיוב לימוד תורת הקבלה

ישמחו **ה**שמים **ו**תגל **ה**ארץ ירעם הים ומלאו. שזכינו בדור שלנו שפנימיות התורה, שהיא היא תורת הקבלה, מתפשטת לכל, וכל מקום בעולם היום לומדים בתורת הח"ן. הדור שלנו יש הרבה התעוררות ללימוד סתרי התורה הקדושה, הנקראת חכמת הקבלה. בירושלים של המאה ה18 בישיבת **בית אל** היו בקושי מנין של מקובלים, והיום תורת הקבלה מופצת בכל מקום בארץ ובעולם. לעניות דעתי אחת הסיבות העיקריות לשינוי זה הוא רצונם של בני התורה, החוזרים בתשובה ועמך לדעת את סוד החיים, למה ברא הקדוש ברוך הוא את העולם, ואת טעמי המצות, ר"ל אי אפשר היום בדור שלנו, להסביר על פי הפשט את הסיבה מדוע אסור לאכול בשר וחלב, מדוע צריך להניח תפילין, למה לשמור דווקא שבת ולא יום שלישי, אי אפשר להגיד כל הזמן **זאת גזרת הכתוב, כך רוצה הקדוש ברוך הוא**, האנשים מחפשים הסברים למצות, לסיפורי התנ"ך, לגלגולי נשמות, ועוד. ורק על ידי עסק בפנימיות התורה, אדם מסיג את ההסברים לקושיות שיש לו. **זאת ועוד** חיים אנחנו בדור של חומריות, והאנשים מחפשים את רוחניות שבחיים, אז מה עושים, נוסעים למזרח, להודו, סין, תאילנד למצוא רוחניות, ולא יודעים **ששורש כל הרוחניות בעולם נמצאת בתורה הקדושה**, עם כל זאת כאשר הלומד את פשט התורה, **הוא לא מכיר** את הקדוש ברוך הוא, והוא בלי יראת שמים ושמחה אמתית. כותב הרב המקובל האלוה"י רבינו יהודה פתייה בפרושו הנפלא על עץ חיים - כי לימוד עץ חיים הוא עמוק מאד מאד, כי הוא **מים שאין להם סוף**, והוא קשה מאד גם לחכמים ההוגים בו תמיד, וכל שכן למתחילים. כי הוא חזק מצור, וקשה מברזל, שאי אפשר לחצוב ממנו מאומה, אם לא על ידי כלי מחצב חזקים כציפורן שמיר. וכל המתחיל בלימוד עץ חיים, אם לא יהיה לו רב, או לפחות איזה מפרש המפרש לו כוונת הפרק ההוא לפי פשוטו, נבול יבול, ואינו יכול לעמוד על הפרק כי אם לאחר יגיעה רבה, ושקידה עצומה, וכולי האי ואולי. כי הרבה פעמים יסבור המעיין שהבין הענין ההוא כראוי, ואחר שילמוד עוד איזה פרקים אחרים, ירגיש כעצמו שלא הבין את פרקים הקודמים, והניסיון יעיד על זה, עד כאן דברי קודשו. עם כל זאת חייב כל אדם לעסוק בתורת החיים.

צדיק אתה הוי"ה וישר משפטיך. כתב הרב רבינו חיים ויטאל ז"ל בהקדמה לשער ההקדמות - והנה מה שכתב בתחילת דבריו, ואפילו כל אינון דמשתדלי באורייתא כל חסד דעבדי לגרמייהו וכו', עם היות שפשטו מבואר ובפרט בזמנינו זה, בעונותינו היום אשר התורה נעשית קרדום לחתוך בה אצל קצת בעלי תורה, אשר עסקם בתורה על מנת לקבל פרס, והספקות יתירות, וגם להיותם מכלל ראשי ישיבות, ודיני סנהדראות, להיות שמם וריחם נודף בכל הארץ, **ודומים במעשיהם לאנשי דור הפלגה הבונים מגדל וראשו בשמים**, ועיקר סיבת מעשיהם היא מה שנאמר אחר כך הכתוב - **ונעשה לנו שם**... והנה על הכת הזאת אמרו בגמרא כל העוסק בתורה שלא לשמה, נוח לו שנהפכה שלייתו על פניו, ולא יצא לאויר העולם. ואמנם האנשים האלה מראים תמה ועונה באמרם כי כל עסקם בתורה הוא לשמה. והנה החכם הגדול התנא רבי מאיר ע"ה העיד עליהם שלא כך הוא, באומרו לשון כללות - כל העוסק בתורה

לשמה זוכה לדברי הרבה וכו', **ומגלים לו רזי תורה, ונעשה כנהר שאינו פוסק**, והולך וכמעיין המתגבר מאליו, בלתי הצטרכו לטרוח ולעיין בה, ולהוציא טיפין טיפין של מימי התורה מן הסלע, הנה זה יורה שאינו עוסק בתורה לשמה כהלכתה, ומי זה האיש אשר לא יזלו עיניו דמעות בראותו המשנה הזאת, **ורואה חסרונו ופחיתותו**, עד כאן לשונו. לכן כל אחד צריך לטעום מעץ החיים.

חצות לילה אקום להודות לך על משפטי צדקך. כתב רבינו אליהו מני זצ"ל רבו של הרי"ח הטוב, בספרו הקדוש כסא אליהו שער ד' וז"ל - ואם זיכך הוי"ה ללמוד בחכמת האמת, הנה עצה היעוצה היא שכל סדר הלימוד בנגלה תתנהג בו ביום דווקא. **אבל בלילה תלמוד בחכמת האמת, והעיקר הלימוד אחר חצות**, כי זה הלימוד צריך ישוב דעת הרבה, וכשיקוץ האדם אז דעתו מיושבת עליו יותר. גם גה הלימוד צריך הסתר והצנע, **וכל דבר שיהיה בלילה ובפרט אחר חצות יהיה נסתר יותר מן היום**. ותעשה ועד עם החברים בבית המדרש אם הוא צנוע, **או בביתך ותלמדו בכל לילה**, עד כאן לשונו. וישב ללמוד האדם בלילה תחת עץ החיים.

קראתי בכל לב ענני הוי"ה חקיך אצרה. בהקדמה[7] לשער ההקדמות מבאר הרב ז"ל - ואמנם אל יאמר אדם אלכה לי ואעסוק בחכמת הקבלה, מקודם שיעסוק בתורה במשנה ובתלמוד, כי כבר אמרו רבינו ז"ל - אל יכנס אדם לפרדס **אלא אם כן מלא כריסו בבשר וייין**, והרי זה דומה לנשמה בלתי גוף, שאין לה שכר ומעשה וחשבון, עד היותה מתקשרת בתוך הגוף, בהיותו שלם מתוקן במצות התורה בתרי"ג מצות. **וכן בהפך** בהיותו עוסק בחכמת המשנה והתלמוד בבלי, ולא ייתן חלק גם אל סודות התורה וסתריה, כי **הרי זה דומה לגוף היושב בחושך**, בלתי נשמת אדם נר הוי"ה המאירה בתוכה, **באופן שהגוף יבש בלתי שואף ממקור חיים**, אשר זהו ענין אומרו במקום אחר ההוא הנזכר לעיל וז"ל - דאילין אינון דעבדי לאורייתא יבשה, ולא בעאן לאשתדלא בחכמת הקבלה וכו'. באופן כי התלמידי חכמים העוסקים בתורה לשמה, ולא לשמו, לעשות לו שם. צריך שיעסוק בתחילה בחכמת המקרא, והמשנה, והתלמוד, כפי מה שיוכל שכלו לסבול. ואחר כך יעסוק לדעת את קונו בחכמת האמת, וכמו שציוה דוד המלך ע"ה את שלמה בנו - דע את אלה"י אביך ועבדהו. ואם האיש הזה יהיה כבד וקשה בענין העיון בתלמוד, מוטב לו שיניח את ידו ממנו, אחר שבחן מזלו בחכמה זאת, ויעסוק בחכמת האמת. וזה שמבואר כל תלמיד חכם שאינו רואה סימן יפה בתלמוד בחמשה שנים, שוב אינו רואה, עד כאן דברי קודשו. ומזה כל אחד ואחד חייב להדבק במקור החיים.

חסדך הוי"ה מלאה הארץ חקיך למדני. בשער הגלגולים, בהקדמה ט"ז כתב הרב ז"ל - עוד צריך שתדע, כי האדם צריך לקיים כל התרי"ג מצות, במעשה, ובדבור, ובמחשבה. וכמו שאמרו ז"ל על פסוק - זאת התורה לעולה ולמנחה וכו', כל העוסק בפרשת עולה, כאלו הקריב עולה וכו'. וכוונו בזה שהאדם מחוייב לקיים כל התרי"ג מצות בדבור, וכן על דרך זה במחשבה. ואם לא קיים כל התרי"ג בשלשה בחינות הנזכרות, מחוייב להתגלגל עד שישלים אותם. **עוד דע**, כי האדם מחויב לעסוק בתורה בארבעה מדרגות, **שסימנם פרד"ס**, והם, פשט, רמז, דרוש, סוד וצריך שיתגלגל עד שישלים אותם. ובהקדמה י"ז כותב הרב ז"ל, וז"ל -

---

ע"ח ד"א ע"ד.

שהאדם **מחוייב לעסוק בתורה בארבעה מדרגות שבה**, והיא זאת, דע, כי כללות כל הנשמות הם ששים רבוא ולא יותר. והנה התורה היא שרש נשמות ישראל, כי ממנה חוצבו, ובה נשרשו. ולכן יש בתורה ששים רבוא פירושים, וכלם כפי הפשט. וששים רבוא ברמז. וששים רבוא בדרש. **וששים רבוא בסוד**. ונמצא, כי מכל פירוש מן הששים רבוא פירושים, ממנו נתהווה נשמה אחת של ישראל, ולעתיד לבא כל אחד ואחד מישראל, ישיג לדעת כל התורה כפי אותו הפירוש המכוון עם שרש נשמתו, אשר על ידי הפירוש ההוא נברא ונתהווה כנזכר. וכן בגן עדן אחר פטירת האדם, ישיג כל זה. וכן בכל לילה כאשר האדם ישן, ומפקיד נשמתו ויוצאה ועולה למעלה, הנה מי שזוכה לעלות למעלה, מלמדים לו שם אותו הפירוש, שבו תלוי שרש נשמתו. ואמנם הכל כפי מעשיו ביום ההוא, כך באותה הלילה ילמדוהו, פסוק אחד, או פרשה פלונית, כי אז מאיר בו יותר פסוק ההוא משאר הימים. ובלילה האחרת יאיר בנשמתו פסוק אחר, כפי מעשיו של אותו היום, וכולם על דרך הפירוש ההוא אשר תלויה בו שרש נשמתו כנזכר, עד כאן דברי קודשו. ור״ל שכל יהודי ויהודי חייב להשיג את שורש נשמתו, וללמוד את סוד **החיים.**

יבאוני רחמיך ואחיה כי תורתך שעשעי. מבואר במדרש משלי - אמר רבי ישמעאל, בוא וראה כמה קשה יום הדין שעתיד הקדוש ברוך הוא לדון את כל העולם כולו בעמק יהושפט. בזמן שתלמידי חכמים באים לפניו, אומר לכל אחד מהם - כלום עסקת בתורה, אמר לו הן, אומר לו הקדוש ברוך הוא הואיל והודית, אמור לפני מה שקרית, ומה ששנית בישיבה, ומה ששמעת בישיבה. מכאן אמרו - כל מה שקרא אדם יהא תפוש בידו, ומה ששנה כמו כן, שלא תשיגהו בושה ליום הדין. מכאן היה רבי ישמעאל אומר - אוי הלה לאותה בושה, אוי לה לאותה כלימה, ועל זה ביקש דוד מלך ישראל בתפילה ובתחנונים לפני המקום ואמר - הוי״ה בוקר תשמע קולי בוקר אערך לך ואצפה. בא לפניו מי שיש בידו מקרא ואין בידו משנה, הקדוש ברוך הוא הופך את פניו ממנו, ושרי גיהנם מתגברים בו כזאבי ערב, ונוטלין אותו ומשליכין אותו לתוכה. בא לפניו מי שיש בידו שני סדרים או שלושה, אז הקדוש ברוך הוא אומר לו - בני, כל ההלכות למה לא שנית אותם, ואם אומר הקדוש ברוך הוא הניחוהו, מוטב, ואם לאו עושין לו כמידת הראשון. בא לפניו מי שיש בידו הלכות, הקדוש ברוך הוא אומר לו - בני, תורת כהנים למה לא שנית, שיש בה טומאה וטהרה, וטומאת שרצים וטהרת שרצים, טומאת נגעים וטהרת נגעים, טומאת נתקים ובתים וטהרת נתקים ובתים, טומאת זבים ולידה וטהרת זבים ולידה, טומאת מצורע וטהרתו, סדר ווידוי יום הכיפורים, וגזירות שוות, ודיני ערכים, וכל דין שדנו ישראל לא דנו אלא מתוכו. בא לפניו מי שיש בידו תורת כהנים, אומר לו הקדוש ברוך הוא - בני, חמישה חומשי תורה למה לא שנית, שיש בהם קריאת שמע, ותפילין, ומזוזה. בא לפניו מי שיש בידו חמישה חומשי תורה, אומר לו - בני, למה לא למדת הגדה, ולא שנית, שבשעה שחכם יושב ודורש, אני מוחל ומכפר עוונותיהם של ישראל, ולא עוד אלא בשעה שעונין אמן יהא שמיה רבה מברך, אפילו נחתם גזר דינם אני מוחל ומכפר להם עוונותיהם. בא לפניו מי שיש בידו הגדה, אומר לו הקדוש ברוך הוא - בני, תלמוד למה לא שנית, שנאמר - כל הנחלים הולכים אל הים והים איננו מלא, זה התלמוד, שיש בו חכמות הרבה. בא מי שיש בידו תלמוד, הקדוש ברוך הוא אומר לו - בני, הואיל ונתעסקת בתלמוד, **צפית במרכבה, צפית בגאוה**, שאין הנייה בעולמי, אלא בשעה שתלמידי חכמים יושבים ועוסקים בתורה, מציצין ומביטין ורואין והוגין המון התלמוד הזה - **כסא כבודי היאך הוא עומד. רגל הראשונה במה היא משמשת, שנייה במה היא משמשת, שלישית במה היא משמשת,**

רביעית במה היא משמשת, חשמל היאך הוא עומד, ובכמה פנים הוא מתהפך בשעה אחת, לאי זה רוח הוא משמש, הברק היאך הוא עומד, כמה פנים של זוהר נראין בין כתפיו, לאיזה רוח משמש, כרוב היאך הוא עומד, לאי זה רוח הוא משמש. גדולה מכולם עיון כיסא הכבוד, היאך הוא עומד, עגול הוא כמין מלבן, ומתוקן הוא, כמה גשרים יש בו, כמה הפסק בין גשר לגשר, וכשאני עובר באיזה גשר אני עובר, ובאי זה גשר האופנים עוברים, ובאיזה גשר הגלגלים עוברים. גדולה מכולם מצפורני ועד קודקודי, היאך אני עומד, כמה שיעור בפיסת ידי, וכמה שיעור אצבעות רגלי. גדולה מכולם כיסא כבודי, היאך הוא עומד, לאיזה רוח הוא משמש, באחד בשבת לאיזה רוח הוא משמש, בשני בשבת לאיזה רוח הוא משמש, בשלישי בשבת לאיזה רוח הוא משמש, ברביעי בשבת, בחמישי בשבת, בשישי בשבת לאיזה רוח משמשין, וכי לא זהו הדרי, זהו גדולתי, זהו **הדר** יופי, שבניי מכירין את כבודי **במידה הזאת**. ועליו אמר דוד - מה רבו מעשיך הוי"ה, כולם בחכמה עשית, מלאה הארץ קנינך. עד כאן לשון המדרש. ממדרש זה לומדים על חובת כל אחד ואחד מישראל את לימוד כל חלקי הפרד"ס, ובעיקר את בחינת הסוד שבתורה, הנקרא[8] מעשה מרכבה, ובמעשה בראשית. ומבאר הרב בית לחם יהודה על השינוי שיש בפסוקים במעמד הר סיני, בפסוק אחד כתוב - ויחן שם **ישראל** תחת ההר. ומספר פסוקים יותר מאוחר כתוב וירא **העם** וינועו מרחק. וידוע כי כאשר כתוב בתורה **ישראל**, מדובר **בבני ישראל**, וכאשר כתוב **העם**, מדובר על **הערב רב**. וז"ל הרב בית לחם יהודה - ובזוהר בהעלותך דף קנ"ב ע"א קרי להעוסקים בחכמת האמת, אינון דהוי קיימי בטורא דסיני. וז"ל - חכימין עבדי דמלכא עלאה אינון דקיימו בטורא דסיני, לא מסתכלי אלא בנשמתא, דאיהי עיקרא דכלא אורייתא ממש וכו'. ונראה בעיני אם מותר, משמע אותן שאינן יודעים סודות התורה לא עמדו על הר סיני, עד כאן לשונו. ונראה לי בביאור כוונתו כי בתחלה כשיצאו ישראל לקראת האלהי"ם, היו מתייצבים בתחתית ההר, ואחר כך נאמר וירא העם וינועו ויעמדו מרחוק, כי היו יראים פן תאכלם האש הגדולה הזאת וימיתו. והיה מקצת מהעם שהיו ששים ושמחים לקראת השכינה, ולא רצו לזוז ממקומם הראשון, ולעמוד מרחוק, אפילו אם ימיתו ממש. ועליהם הוא מה שכתב בזוהר הנזכר - אינון דקיימו בטורא דסיני, כלומר ולא נעו ועמדו מרחוק, אלא עמדו בטורא דסיני מתחלה ועד סוף, ולכן הם זוכים לחכמת האמת. ואותם הנשמות אשר נעו עם העם ועמדו מרחוק, כן הם עושים גם עתה, שנסים ועומדים מרחוק לחכמת האמת מיראתם, פן תאכלם האש הגדולה הזאת. ולכן על כל אחד ואחד מבני ישראל הקדושים מחויב לעמוד תחת עץ החיים.

יראיך יראוני וישמחו כי לדבריך יחלתי. בספר הזוהר הקדוש מבואר מדוע התפילות של בני ישראל לא נענות, וז"ל תיקוני הזוהר תיקון מ"ג - **בראשית תמן את"ר יב"ש** במלת בראשית יש אותיות את"ר יב"ש, **ודא איהו ונהר יחרב ויבש** היסוד הנקרא נהר יחרב ויבש ממי השפע, ואין לו מה להשפיע למלכות, **בההוא זמנא דאיהו יבש** באותו הזמן שהיסוד הוא יבש, **ואיהי יבשה** המלכות הנקראת יבשה, היא יבשה כי לא מקבלת שפע מהיסוד, אז כאשר **צווחין בנין לתתא** מתפללים וצועקים בני ישראל, **ביחודא ואמרין** וביחוד שאומרים בני ישראל **שמע ישראל** שיבא ז"א הנקרא ישראל להתייחד עם נוקבא בשעת התפילה דעמידה, עם כל זאת **ואין קול** של התפילה או הקריאת שמע שעוזרים לזיווג דזו"ן **ואין עונה** ואין מי

גמרא חגיגה די"א ע"ב

שיענה וימלא את הבקשות בתפילתם. **הדא הוא דכתיב** וזהו שכתוב - **אז** בני ישראל **יקראונני** בני ישראל בעת צרתם בקריאת שמע ובתפילה, **ולא אענה** ואני לא אענה אותם בתפלתם, מפני שלא לומדים ומתעסקים בפנימיות התורה. **והכי מאן דגרים דאסתלק** וכל מי שגורם הסלקות פנימיות תורת **הקבלה וחכמתא מאורייתא דבעל פה ומאורייתא דבכתב** מהתורה שבעל פה והתורה שבכתב, **וגרים דלא ישתדלון בהון** וגורמים גם לאחרים שלא יתעסקו וילמדו את חכמת הקבלה, **ואמרין דלא אית אלא פשט באורייתא ובתלמודא** ואומרים שאין בתורה ובתלמוד אלא פשט התורה, בלי פנימיות הסוד, **בודאי כאלו הוא יסלק נביעו מההוא נהר** בודאי נחשב לו כאילו הוא מסתלק את נביעת שפע החכמה והבינה מן היסוד, **ומההוא גן** ומן הנוקבא הנקראת גן, **ווי ליה** לאותו יהודי **טב ליה דלא אתברי בעלמא** טוב לו שלא היה נברא, **ולא יוליף ההיא אורייתא דבכתב ואורייתא דבעל פה** ולא היה לומד תורה שבכתב ותורה שבעל פה, כי דינו כעם הארץ שלא למד כלל, ועוד **דאתחשב ליה כאלו אחזר עלמא לתהו ובהו** שנחשב לו כאילו החזיר את העולם לתהו ובהו, ר"ל לסוד שבירת הכלים לפי שמגביר הקליפות כאשר הנהר והגן יבשים, **וגרים עניותא בעלמא ואוריך גלותא** וגורם עניות בעולם ומאריך את הגלות השכינה וביאת המשיח. עד כאן דברי הזוהר הקדוש. וכותב רב חיים ויטאל זלה"ה בהקדמה וז"ל - אמנם שעשועות של הקדוש ברוך הוא בתורה, והיותו בורא בה את העולמו, היתה בהיותו עוסק בתורה בבחינת הנשמה הפנימית שבה, הנקרא - רזי תורה, הנקרא מעשה מרכבה, **היא חכמת הקבלה** כנודע אל היודעים, וטעם הדבר הוא להיותו עולם האצילות העליון מאד, טוב ולא רע, דלא יכיל להתערבא עמיה קליפה, ועליה אתמר - וכבודי לאחר לא אתן, כנזכר בספר התיקונין דף ס"ו תיקון י"ח, וכן בספר הזוהר בפרשת בראשית דף כ"ח ע"א עיין שם. ולכן גם התורה אשר שם]**אח"י** - בעולם האצילות[איננה רק מופשטת מכל לבושי הגופנים, מה שאין כן למטה בעולם היצירה, עולם דמטטרו"ן, הנקרא עבד טוב, והוא הנקרא עץ הדעת טוב מסטרא, ומסטרא דסמא"ל שהוא קליפין דיליה, **נקרא עבד רע**, כי התורה אשר שם, הם שית סדרי משנה **הנקראים שפחה** כנזכר לעיל, וכנזכר בפרשת בראשית שם דף כ"ז ע"א. ולכן נקראת משנה, לפי ששם יש שינויים הפוכים **טוב מסטרא דעבד טוב**, היתר, כשר, טהור. **רע מסטרא דעבד רע**, איסור, טמא, פסול. גם הוא מלשון כי מרדכי היהודי משנה למלך, שהיה שפחה הנקרא עבד מלך, מלך גם נקרא מלשון שינה, כנזכר בפרשת פינחס דף רמ"ד ע"ב - קם זמנא תנינא ואמר, מארי מתניתין נשמתין ורוחין ונפשין דילכון אתערו כען ואעברו שינתא מניכון דאיהו, ודאי משנה אורח פשט, דהאי עלמא ואנא לא אתערנא בכו, אלא ברזין עילאין דעלמא דאתי דאתון בהון, לא ינום ולא ישן. וזה יובן במה שמבואר יותר למעלה שם - **ורבנן דמתניתין ואמוראי, כל תלמודא דלהון על רזין דאורייתא סדרו ליה**. ונמצא כי המשנה והש"ס הם הנקרא גופי תורה. והנה דבריהם כחלום בלי פתרון, **ורזיה וסתריה הפנימים הנקרא בנשמת התורה, הם הם פתרון החלום הנפתר בהקיץ**, בסוד - אני ישנה ולבי ער, וכמו[9] שאמרו חכמים ז"ל - **במחשכים הושיבני כמתי עולם, זה תלמוד בבלי**, אשר איננו מאיר אלא על ידי ספר הזוהר, **הם הם רזי תורה וסתריה** אשר עליהם נאמר - ותורה אור. ואין ספק כי כמו שהיצר נקראת עבד ושפחה בערך האצילות, ונקרא קליפין ולבושין דחול, כנזכר בהקדמת ספר התיקונין ד"ג ע"ב וז"ל - וביומי דחול לביש עשר כתות דמלאכיא דמשמשי לעשר ספירות דבריאה. ואם כן אין לתמוה כי התורה אשר שם

סנהדרין דכ"ד ע"א.

שהיא המשנה, תהיה נקרא שפחה וקליפין דתורה דאצילות, וזה סוד כל הבשר חציר הנזכר לעיל במאמר הראשון, כי כמו שהחטה שהיא בגימטריא כמנין כ"ב אותיות התורה, הגנוזה תוך כמה קליפין ולבושין שהם הסובין והמורסן והתבן והקש והעשב, הנקרא חציר, כן המשנה אצל סודות התורה נקרא חציר, וזה נרמז בספר הזוהר פרשת כי תצא ברעיא מהמנא דף רע"ה ע"ב - **אצל רבנן ווי לאינון דאכלין תבן דאורייתא, ולא ידעי בסתרי אורייתא, אלא קלין וחמורין דאורייתא, קלין אינון תבן דאורייתא, וחמורין אינון חטה דאורייתא, ח"ט ה' אלנא דטוב ורע וכו'**. ואלו באתי להרחיב דרוש זה לא יספיקו מאה קונטרסין בלי ספק בלי שום גוזמא, האמנם החכם עיניו בראשו כי דברי אמת אני אומר, ואל יתמה האדם בראותו ספר הזוהר איך קורא אל המשנה שפחה וקליפין, כי עסק המשנה כפי פשטיה, **אין ספק שהם לבושין וקליפין חיצונים בתכלית אצל סודות התורה הנגנזים**, ונרמזים בפנימיותה כי כל פשטיה הם בעלם הזה בדברים חומרים תחתונים..... על כן על כל בני ישראל לאכול מעץ החיים.

מה אהבתי תורתך כל היום היא שיחתי. ומבאר הרב ז"ל בהקדמה לשער המצות, כי עסק לימוד פנימיות התורה הוא חלק בלתי נפרד מתלמוד תורה, וז"ל - גם בענין עסק התורה שהיא אחת מרמ"ח מצות עשה, אם לא השלים אותה, **שהוא ענין עסקו בפרד"ס התורה**, שהוא ראשי תיבות **פשט רמז דרש סוד**, בכל בחינה מהם כפי אשר יוכל להשיג, **עד מקום שידו מגעת**, לטרוח ולעשות לו רב שילמדנו. ואם לא עשה כן, הרי חסר מצוה אחת של תלמוד תורה, שהיא גדולה ושקולה ככל המצות, וצריך **להתגלגל** עד שיטרח הארבעה בחינות של פרד"ס כנזכר. וכן מבאר הרב בית לחם יהודה בהקדמתו הקדושה, וז"ל - ומה מאד נמלצו [**אח**]**י** - מלשון מליצה] בזה דברי הנביא ירמיה)סימן כ"ב(באומרו - אל תבכו למת וכו'. שהוא מדבר עם הציבור המתקבצים להספיד על איזה צדיק הנפטר רח"ל, על שנחסר צדיק אחד מהדור שהיה מנין בזכותו עליהם. וקאמר להו הנביא אל תבכו וכו', **לפי שרובם של צדיקים אינם זוכים לעסוק בכל ארבעה חלקי הפרד"ס, ואם כן מוכרחים הם לחזור ולבוא בגלגול כדי להשלים לימודם בארבעה חלקים**, כי אפילו הוא עסק בשלוש חלקי הפרד"ס, לא יצא ידי חובתו, ועליו נאמר הן כל אלה יפעל א"ל פעמים שלש עם גבר, להחזירו בגלגול. ואם כן הויא פסידא דהדרא. ואפשר שבו ביום שנפטר הוא חוזר ומתגלגל, כנזכר בזוהר ריש פרשת אמור, יעו"ש. ואם כן אין לכם בכו לה' כל כך. אמנם בכו בכו להלך, לאותו צדיק שכבר עסק בארבעה חלקי הפרד"ס. כי תיבת להלך היא חסר ו', ואם תחשוב תיבת להלך ארבעה פעמים עם ארבעה הכוללים, שהם כנגד ארבעה חלקי הפרד"ס, הם בגימטריא פרד"ס. **שזה הצדיק לא ישוב עוד וראה את ארץ מולדתו, כי על ארבעה לא אשיבנו.** שזהו פסידא דלא הדרא באמת, ונחסר לגמרי מן העולם הזה, עד כאן לשונו. ולכן חובה על כל אדם לעסוק בכל חלקי הפרד"ס, ובפרט בחלק הסוד, הנקרא פנימיות התורה, כמבואר בזוהר הקדוש כמובא בזוהר הקדוש פרשת נשא דף קכ"ד - **בהאי חבורא דילך דאיהו ספר הזוהר יפקון ביה מן גלותא ברחמי**, בזכות הלימוד בספר הזוהר הקדוש, יצאו בני ישראל מהגלות **ברחמים**. ועוד כל מי שחשקה נפשו ללמוד, אסור למנוע זאת ממנו, בסוד הפסוק[10] - אל תמנע טוב מבעליו, ועל כל אדם להיכנס לפרד"ס החיים.

משלי ג' כ"ז – אל תמנע טוב מבעליו בהיות לאל ידך לעשות.

אשרי האיש אשר לא הלך בעצת רשעים ובדרך חטאים לא עמד ובמושב לצים לא ישב. דע כי יהיו הרבה אנשים רשעים, שינסו למנוע מבני ישראל הקדושים ללמוד בכללות תורה, ובפרט את תורת הקבלה, מכל מיני סיבות ומניעות, והשטן מדבר מגרונם של אלו הרשעים. ואלו דברי קודשו של בעל שבט מוסר רבינו אליהו הכהן האתמרי זצלה"ה - ובהביטך בן אדם מה שעבר על אחרים למה תרדוף אתה אחר כל אלה הדברים הזרים, להשביע נפש מרורים ולמוסרה ביד צרים המה המקטרגים הצוררים, ולמה לא תחמול ועל נפשך ועל נועם תבנית צלם גופך למוסרו בידן ולהשליכו בתוך גחלי רתמים בטיט היון של גיהנם, להשחירו ולהתיכו כאשר ניתך הזפת בפני האש, אשר על כן תן עצה אתה בנפשך **לברור בדרך החיים בעסק התורה והמצות**, וגם להצטער עצמך זמן קצוב הם חיי עולם הזה, כדי שתתענג זמן רב בלתי סוף ותכלית, ואל יעלה על דעתך כאשר עלה בדעת הרבה שנאבדו בידם באומרם כיון שמכיר אני בעצמי שאין בדעתי להבין ולהשכיל, איני עוסק בתורה, טועה הוא בדבר, שהרי הוא מחוייב לעשות מה שנצטוה לעשות, ואם יבין יבין, **שהרי והגית בו יומם ולילה כתיב** ולא כתיב ותבין בו, וכן תמצא בדברי התנא אם למדת תורה הרבה נותנין לך שכר הרבה, ואינו אומר אם הבנת הרבה, אלא למדת אמרו, ותשתדל להבין ואם תבין תבין, ואם לא שכר לימודך בידך, וכמאמר התנא לפום צערא אגרא, ומה גם שאמרו האדם איני לומד מפני שאיני מבין, **הוא פיתוי היצר**, יתמיד בלימודו וסוף הבינה לבא, שבראות קדוש ברוך הוא **חשקו בתורתו ודבקותו בה, פותח לו מעייני החכמה**, דכתיב - כי הוי"ה יתן חכמה מפיו דעת ותבונה. והנני מוסר לך דבר אשר תרדוף אחריה, ויהיה חיים לנפשך וענקים לגרגרותיך, **לעולם יהיה עיקר לימודך בדבר של תורה שליבך חפץ יותר**, אם בגמרא גמרא, ואם בדרוש דרוש, ואם ברמז רמז, **ואם בקבלה קבלה**, ורמז לדבר כי אם בתורת הוי"ה חפצו, כלומר תורת הוי"ה תלויה בדבר שלבו חפץ לעסוק, וכמו שמבאר האר"י זלה"ה בספר דרושי הנשמות והגלגולים פרק שלישי, וז"ל - יש בני אדם שכל חפצם ועסקם בפשטי התורה, ויש שעסקם בדרוש, ויש ברמז, ויש גם כן בגימטריות, **ויש בדרך האמת**, הכל כפי מה שעליו נתגלגל בפעם ההוא, כיון שהשלים פעם אחרת בשאר העניינים, אין צורך לו שבכל גלגול יעסוק בכולם, עד כאן לשונו. **ואל תביט ותשגיח לדברי המתנגדים על מה שחשקת לעסוק בתורה** בגמרא או בדרוש וכו', באומרם לך למה אתה מוציא כל ימיך בפרט זה של תורה ולא בפרט זה, משום שעל מה שחשקת ללמוד, על דבר זה באת לעולם, ואם תשים דעתך לדבריהם, יכריחוך להתגלגל בזה העולם פעם אחרת ולעבור נפשך בחרב חדה של מלאך המות ולטעום טעם מיתה, ולכן לא תשמע לדברי המשחית נפשך, **כי דע שהשטן מתלבש באלו האנשים לדאוג ולהצטער ולהכאיב נפש הלומד ועוסק בתורה**, בחלק שאָנְתָה נפשו לעסוק, כדי להבדילו משם שלא ישלים נפשו, על מה שבא להשלימה, ולהכריחו גלגולים אחרים, וכשם שבדבר שחושק יותר האדם ללמוד, משם יבין שעל דבר זה נתגלגל להשלים, כך צריך האדם שידע שורש נשמתו ומהיכן נמשך ועל מה בא לתקן ולהשלים, כמו שאמר בזוהר שיר השירים על הגידה לי את שאהבה נפשי וכו'. **וכדי שיבין יראה באיזה מצוה תקיף יצרו יותר לבטלה יתחזק בה לקיימה, כי בוודאי על מצוה זו נתגלגל**, וכדי שלא ישלים חוקו מנגדו יצרו לבטלה להוציאו מן העולם בידיים ריקניות... ולכן לא תשמע לדברי רשעים אלו, אלא תשמע לדברי חיים.

חבר אני לכל אשר יראוך ולשמרי פקודיך. בסוף[11] עץ חיים מובא מספר כללים למהרח"ו, וז"ל - להאר"י זלה"ה. הרמב"ן וחבריו ודברי ראשונים כמו רבי נחוניא בן הקנה לא הזכירו רק עשר ספירות, ולא גילו ענייני פרצוף כלל. **ודע שהרמב"ן והראשונים היו יודעים בפרצוף**, אלא שדברו בהעלם גדול, לרוב הגלות שלא ניתן רשות לגלות, ולהתפשט האורות הגדולים, מאחר שגברו הקליפות, וכל זר לא יאכל קדש. **אמנם בעקבות משיחא כמו בדורינו זה התחילו האורות להתפשט להיות כבראשונה**, כמו שהיה בזמן העולם מתוקן ולהתתקן מעט. ומתחלה היו האורות סתומים, היה העולם מקולקל, וכל מה שנתקלקל נסתם בגלות, ולא היו משיגין אלא עשר ספירות בסתום, בסוד הנקודות, כל אחד כלול מעשר, ובענין הפרצופים לא נתגלה להם כלל, לפי שמצאו בדברי הראשונים סתומים, ולא ידעו עומק הדברים, וחשבו שכך הוא ודברו בעשר ספירות כל אחד כלול מעשר ובחינות הרבה, ולפי שראיתי מי שחולק על דברים אלו לאמור שלא מצינו אלא עשר ספירות, ומהיכן יש לשלוט כח לאמור כמה פרצופים שנמצא יותר מעשר ספירות, ומספר רב והלא הראשונים כתבו בספר יצירה - עשר ולא תשע, עשר ולא י"א, לזה באתי לפתוח לך כחודא דמחטא, אולי תזכה להבין מקצת, וכולו לא תשורנו עין, וזהו. ובהקדמתו[12] הקדושה כותב הרב ז"ל - והנה אין בכל דור ודור שלא נמצאו בו אנשים יחידי סגולה ששרתה עליהם רוח הקודש, והיה אליהו הנביא ז"ל נגלה עליהם, **ומלמד אותם סתרי החכמה הזאת**, וכמו שנמצא כתוב בספרי המקובלים, גם בעל ספר הרקנטי כתב בפרשת נשא בפרשת ברכת כהנים..... ואנשי לבב שמעו לי, אל יהרסו אל הוי"ה, **לראות בספרי האחרונים הבנויים על פי השכל האנושי**, ושומע לי ישכון בטח ושאנן מפחד רעה. ולכן אני הכותב הצעיר חיים וויטאל, רציתי לזכות את הרבים **בהעלם נמרץ והמשכילים יבינו**, וקראתי שם החבור הזה על שמי **ספר עץ חיים**, וגם על שם החכמה הזאת העצומה, חכמת הזוהר, הנקרא עץ חיים, ולא עץ הדעת כנזכר לעיל, בעבור כי בחכמה הזאת טועמיה חיים זכו, ויזכו לארצות החיים הנצחיים, **ומעץ החיים הזה ממנו תאכל, ואכל וחי לעולם**. ואשכילך ואורך דרך זו תלך דע מן היום אשר מורי זלה"ה החל לגלות זאת החכמה, **לא הזה ידי מתוך ידו אפילו רגע אחד**, וכל אשר תמצא כתוב באיזה קונטריסים על שמו ז"ל, ויהיה מנגד מה שכתבתי בספר הזה, **טעות גמור הוא, כי לא הבינו דבריו, ואם יש בהם איזה תוספות שאינו חולק עם ספרינו זה, אל תשית לבך בקבע אליו, כי שום אחד מהשומעים את דברי קדשו, לא ירדו לעומק דבריו וכוונתו, ולא הבינום**, בלי שום ספק. ואם יעלה בדעתך לחשוב שתוכל לברור הטוב ולהניח הרע, אל בינתך אל תשען, כי אין הדברים האלו מסורים אל לב האדם כפי שכל אנושי, והסברא בהם סכנה עצומה, ויחשב בכלל קוצץ בנטיעות חס ושלום, לכן הזהרתיך ואל תסתכל בשום קונטרסים הנכתבים בשם מורי זלה"ה, זולתי במה שכתבנו לך בספר הזה, **ודי לך בהתראה זאת**, אלו הם דברי קודשו. ועלינו ללמוד אך ורק בתורת מורינו חיים.

אני קראתיך כי תעניני אל הט אזנך לי שמע אמרתי. עוד כתב הרב ז"ל בהקדמתו תנאים כדי לזכות לחכמה הקדושה הזאת, וז"ל - אני הכותב משביע בשמו הגדול יתברך, לכל מי שיפלו

---

[11]

ע"ח ח"ב דקי"ט ע"א.

[12]

ע"ח ד"ד ע"ב.

הקונרטסים אלו לידו, שיקרא הקדמה זאת, ואם אותה נפשו לבוא בחדרת החכמה זאת, יקבל עליו לגמור ולקיים כל מה שאכתוב ויעיד עליו יוצר בראשית, שלא יבוא אליו היזק בגופו ונפשו, ובכל אשר לו, ולא לאחרים. תחת רודפו טוב והבא לטהר ולקרב. **ראשית הכל יראת הוי"ה, להשיג יראת העונש, כי יראת הרוממות, שהוא יראה הפנימית, לא ישיגוהו רק מתוך גדלות החכמה**, ועיקר מגמתו בידיעה הזה יהיה לבער קוצים מן הכרם, כי לכן נקראים העוסקים בחכמה הזאת מחצדי חקלא. **ובודאי שיתעוררו הקליפות נגדו לפתותו ולהחטיאו, לכן יזהר שלא לבוא לידי חטא אפילו שוגג**, שלא יהיה להם שיכות בו, לכן צריך ליזהר מהקלות, כי הקדוש ברוך הוא מדרדק עם הצדיקים כחוט השערה, לכן צריך לפרוש עצמו מבשר ויין כל ימות השבוע, **וצריך הזהרת סור מרע ועשה טוב**, ובקש שלום. בקש שלום צריך להיות רודף שלום, ולא להקפיד בביתו על דבר קטן וגדול, וכל שכן שלא יכעוס ח"ו.

וצריך להתרחק בתכלית הריחוק סור מרע.

א. ליזהר בכל דקדוקי מצות, ואפילו בדברי חכמים, שהם בכלל לא תסור.

ב. לתקן המעוות קודם שיבא לעולם הבא.

ג. יזהר מהכעס, אפילו בשעה שמוכיח את בניו, לא יכעוס כלל ועיקר.

ד. גם צריך ליזהר מהגאוה, ובפרט בענין הלכה, כי גדול כחה והגאוה, בזה עון פלילי.

ה. בכל צער שיבא לו, יפשפש במעשיו וישוב אל הוי"ה.

ו. גם יטבול בעת הצורך לו.

ז. גם יקדש את עצמו בתשמיש המטה שלא יהנה.

ח. שלא יעבור כל לילה ויחשוב בכל לילה מה שעשה ביום, ויתודה.

ט. גם ימעט בעסקיו ואם אין לו פרנסה כי אם על ידי משא ומתן, יכין יום שלישי ויום רביעי, מחצי היום ואילך, ובכוונה שהוא לעבודת קונו.

י. כל דבור שאינו של מצוה והכרחי, יהיה זהיר ממנו, ואפילו דבר מצוה ימנע בשעת התפלה.

ועשה טוב

א. לקום בחצי הלילה, ולעשות הסדר בשק ואפר ובכי גדול, ובכוונה כל אשר יוציא בשפתיו. ואחר כך יעסוק בתורה כל זמן שיוכל להיות בלי שינה, ובלבד שחצי שעה קודם עלות השחר יתעורר לעסוק בתורה.

ב. ילך לבית הכנסת קודם עלות השחר, קודם חיוב טלית ותפילין, להיזהר שיהיה מעשרה ראשונים.

ג. קודם שיכנס, ישים אל לבו מצות עשה ואהבת לרעך כמוך, ואחר כך יכנס.

ד. להשלים רמז צדיק בכל יום. שהוא צ' אמנים, ד' קדושות, י' קדישים, ק' ברכות.

ה. שלא להסיח דעתו מהתפילין בעת התפילה, זולת בעת העמידה ועסק התורה.

ו. צריך שיהיה עוסק בתורה, מעוטף בטלית ותפילין.

ז. לכוין בתפלה הכוונות, כמו שנבאר בע"ה.

ח. שישים תמיד נגד עיניו שם בן ארבעה אותיות הוי"ה, ויזדעזע ממנו, כמו שכתוב - שויתי הוי"ה לנגדי תמיד.

ט. שיכוין בכל הברכות, בפרט בברכת הנהנין.

י. צריך שיהיה עמל בתורה פרד"ס, שנאמר או יחזיק במעוזי, ואל יחשוב שיגלו לו רזי התורה בהיותו ריק, כדכתיב - יהב חכמתא לחכימין, וצריך ליזהר שלא יוציא בשפתיו בחכמה זו, מה שלא שמע מאדם שראוי לסמוך עליו, וכאזהרת רשב"י וחבריו. השגת החכמה תנאי הראשון, צריך למעט דבורו, ולשתוק, כל מה שיוכל כדי שלא להוציא שיחה בטילה, כמאמר רז"ל - סייג לחכמה שתיקה. גם תנאי אחר, על כל דבר תורה שלא תבינהו, תבכה עליו כל מה שתוכל. גם עלית הנשמה בלילה לעולם העליון, שלא תשוט בהבלי העולם, תלוי שתישן בבכיה. ומרת עצבות מגונה עד מאוד, ובפרט להשיג חכמה, והשגה אין לך דבר מונע השגה יותר מזה. גם בענין השגת האדם, אין לך דבר שמועיל כמו הטהרה והטבילה, שיהיה האדם טהור, בכל עת ומורי זלה"ה עם היות שהיה לו חולי השבר שהטקור מזיק לו, עם כל זה לא היה מונע מלטבול בכל עת, עד כאן דברי קודשו. ועלינו לקיים את בקשת הרב ז"ל את הבחינות של[13] סור מרע ועשה טוב, כדי לטפס בעץ החיים.

מרן הרש"ש מעיד[14] על עצמו, וז"ל - וראיתי מה שכתבו מעלת כבוד תורתם, על עניין עבודת הווי"ה שקצרתי במקום שהיה ראוי להרחיב מעט הדיבור, אמת הוא כי לכתחילה קצרתי בו, **ויען ראיתי כמה מהנזק יצא ממה שכתבו בזה המקובלים שקדמו, כי רבים חללים הפילו, וחלול כבוד הווי"ה, וכבוד התורה. הווי"ה יכפר בעדם, כי כל דבריהם לא על פי התורה הם, ואינם מיוסדים על האמת, ומהם יצאו אבות, ומאבות תולדות הריסת יסודי התורה ח"ו, הווי"ה יכפר. וכל זה לא שלמדתי בדבריהם ח"ו,** אלא שפעם אחת הוכרחתי בעל כרחי לעיין בדף אחד שכתוב בו קצור מה שכתבו בענין זה, **וכמעט שקרעתי בגדי לראות דברים אשר לא כן על הווי"ה.** הווי"ה יכפר, וכבר מילתי אמורה להם, **כי עידי בשמים כי כל עסקי ולמודי, אינו רק בדברי האר"י זלה"ה, ותלמידו מהרח"ו ז"ל לבדם, ובלעדם אין לי עסק בשום ספר מספרי המקובלים ראשונים ואחרונים, ואפילו בדברי שאר תלמידי האר"י ז"ל לא למדתי, וכשיזדמן לפני דבר מדבריהם, אני מדלגו.** כי על כן איני כמזהיר, אלא כמזכיר, למען הווי"ה אל יהי לכם מגע יד בדבריהם, ובפרט בענין זה, השמרו לכם פן יפתה לבבכם, **אלא כל לימודם לא יהיה אלא בעץ חיים ובספר מבוא שערים ובשמונה שערים המפורסמים,** שכולם דברי אלהי"ם חיים. ואני קצרתי בעניין זה כל מה שאפשר, כי יראתי פן יפלו דפים אלו ביד מי שעדיין לא למד דברי האר"י ז"ל כראוי, **ויחשידני שלמדתי בספרים אחרים, ולא כן הוא כאמור,** ולכן קצרתי בו, ופיזרתי בהקדמה, עד כאן דברי קודשו של מרן הרש"ש. ואנחנו תפילה שיתגלה משיח צדיקנו במהרה בימינו, ומלאה[15] הארץ דעה את הווי"ה כמים לים מכסים, דעת תורת החיים.

<hr>

13

תהלים ל"ד ט"ו – סור מרע ועשה טוב בקש שלום ורדפהו.

14

נהר שלום דף ל"ד ע"א.

15

ישעיהו י"א ט' – לא ירעו ולא ישחיתו בכל הר קדשי כי מלאה הארץ דעה את הווי"ה כמים לים מכסים.

כתב רבינו גאון הקבלה רבי אליהו מני, רבו של הרי"ח הטוב, רבי יוסף חיים בעל הספר "בן איש חי", בספרו הקדוש **כסא אליהו** כי על הלומד ללמוד כל מאמר ומאמר ארבעה חמשה פעמים בלי המפרשים, וינסה להבין את המאמר בעצמו. ואחר כך ילך לראות אם כיוון לדעת המפרשים.

וכן אני הקטן מבקש בכל לשון של בקשה, ללמוד את הדרוש כמו שהוא מובא בספר עץ חיים, ארבעה חמישה פעמים, כדי לנסות להבין את הדרוש. וכל דרוש מובא בתחילת הספר במלואו.

אחר כך יכנס ללמוד את הדרוש עם ביאור הדברים, עוד ארבעה חמישה פעמים, ואחר כך יראה את המקורות להגהות, ודברי רבותינו הקדושים, עם התרשימים וטבלאות.

ואז יעלה ויצליח בלימוד תורת האר"י הח"י.

כתב רבינו **השד"ה** רבי שאול דוויק הכהן, בהקדמת ספרו איפה שלימה, על אוצרות חיים וז"ל - וכדי שיוכל לעלות לימודו למעלה, ריח ניחוח לה'. קודם כל לימוד ימסור עצמו על קדושת ה', כי זה מועיל מאוד, כמו שכתוב בשער הכוונות דף כ"ד ע"ב, כי עתה בזמנינו בעונותינו הרבים אין יכולת לעשות זווג כתיקונו למעלה, ולסיבה זו הקץ מתארך וכו'. אמנם עם כל זה יש קצת תיקון במה שנמסור נפשינו על קידוש ה' בכל הלב, כי על ידי כן אפילו אין בנו שום מעשים טובים, והרשענו עד להפליא. הנה על ידי מסירת נפשינו להריגה, מתכפרים עונותינו כולם, ויש בנו יכולת לעלות עד אימא עילאה, כמו שאמרו חז"ל - גדולה תשובה שמגעת עד כסא הכבוד, שנאמר - שובה ישראל עד ה' וכו', עד כאן דבריו.

וזה הסדר

יקבל עליו ארבע מיתות בית דין, מארבעה אותיות הוי"ה וארבעה אותיות אדנ"י, וליחדם על ידי ארבעה אותיות אהי"ה ועל ידי עסמ"ב

סקילה י **א** וליחדם על ידי **א**		יוד הי ויו הי
שרפה ה **ד** וליחדם על ידי **ה**		יוד הי ואו הי
הרג ו **נ** וליחדם על ידי י		יוד הא ואו הא
וחנק י **ה** וליחדם על ידי ה		יוד הה וו הה

לְשֵׁם יִחוּד

קֻדְשָׁא בְּרִיךְ הוּא וּשְׁכִינְתֵּהּ

יָאהֲדוֹנַהִי

<table>
<tr><td>וּרְזִימוּ וּדְזִילוּ</td><td>בִּדְזִילוּ וּרְזִימוּ</td></tr>
<tr><td>אִיהֲהֲוִיֵהֵהַ</td><td>יָאֲהֲוִיֵהֵהַ</td></tr>
</table>

לְיַחֲדָא אוֹתִיּוֹת י"ה בּו"ה, בְּיִחוּדָא שְׁלִים

יהו"ה

בְּשֵׁם כָּל יִשְׂרָאֵל, לְאָקְמָא שְׁכִינְתָּא מֵעַפְרָא, הָרֵנִי לוֹמֵד בַּסֵּפֶר
קַבָּלָה פְּלוֹנִי שֶׁהוּא כְּנֶגֶד תִּפְאֶרֶת דז"א בָּעוֹלָם הָאֲצִילוּת שֶׁבּוֹ
שֵׁם מ"ה כָּזֶה יוֹ"ד הֵ"א וָא"ו הֵ"א לַעֲשׂוֹת מֶרְכָּבָה. וִיהִי רָצוֹן
מִלְּפָנֶיךָ ה' אֱלֹהֵינוּ וֵאלֹהֵי אֲבוֹתֵינוּ שֶׁתּוֹכֵךְ רוּחֵנוּ וּנְפָשֵׁינוּ שֶׁיִּהְיֵ
רְאוּיִם לְעוֹרֵר מַיִן תַּתָּאִין עַל יְדֵי קְרִיאַת סֵפֶר הַקַּבָּלָה הַזֹּאת.
וִיהִי נֹעַם יְהֹוָה אֱלֹהֵינוּ עָלֵינוּ וּמַעֲשֵׂה יָדֵינוּ כּוֹנְנָה עָלֵינוּ וּמַעֲשֵׂה
יָדֵינוּ כּוֹנְנֵהוּ.

בָּרוּךְ ה' לְעוֹלָם אָמֵן וְאָמֵן, נָצַח, סֶלָה, וָעֶד.

הקדמה כללית וחשובה להיכל הנקודים

צריך לדעת כי היכל הנקודים, שהוא כולל את שער ה**נקודות**, שער ה**שבירה**, שער ה**תיקון**, ושער ה**מלכים**. עוסק בסוגיות שלפני התיקון, ר"ל[16] לפני שמידת הרחמים התפשטה בעולמות, והתמזגה עם מידת הדין, ונתקן העולם. לכן שער זה מבאר את בחינת הדינים, ובכל מקום שיש דין מתעוררים החיצונים. לכן רבותינו המקובלים יתייחסו בכובד ראש לסוגיות בהיכל זה יותר משאר הדרושים בספרי הרב ז"ל, עד כדי כך שהרי"ח הטוב כותב[17] שצריך ללמוד היכל זה **בשתיקה ובהרהור הלב**, עד כדי כך חשש הרי"ח הטו"ב מתגבורת הדינים. וכן[18] הוא בשער הכוונות בעניין פטירת

ע"ח ש"ט פ"ו מ"ב דמ"ה ע"ג – ואז נברא העולם במידת הדין, ויצאה בת מתחלה, שהיא **שם ב"ן** בפנים דא"ק. ואחר כך יצאו ענפיו לחוץ, **דרך העין** מטבורו דא"ק ולמטה, ולא נתקיימו הענפים שבחוץ. עד שחזרו להזדווג והולידו בן, שהוא **שם מ"ה** בפנים ובחוץ, והוא מידת הרחמים, ונתקיים העולם, כמו שאמרו רז"ל על הפסוק - ביום עשות הוי"ה אלהי"ם ארץ ושמים, **והבן אמרם העולם**, כי מציאת העולם הם השבעה תחתונות לבד, שהם זו"ן, אלא בראשונה היו זו"ן נקבות, מצד דין, שהוא שם ב"ן. ואחר כך היו זו"ן זכרים, משם מ"ה. **כי כל מ"ה וב"ן נקרא בשם עולם.**

רב פעלים חלק ב', סוד ישרים סימן ה' דר"ב ע"ב – וגדולה מזו תדע כי אפילו רבינו מהרח"ו ז"ל שהיה לו נשמה גדולה מאד, וסמך רבינו האר"י ז"ל שתי ידיו עליו, ואמר לו שהוא בא לעולם הזה בעבורו לתקנו וללמדו, עם כל זאת הוא אומר על דרושים שגילה לו רבינו האר"י ז"ל, שלא השיג אותם אפילו ערך טיפה מן הים, כי כן כתב בספר הכוונות בדרוש ספירת העומר, דרוש י"ב דף פ"ו ע"ג על סוד אחד בעניין הקטנות שגילה אותו לרבינו האר"י ז"ל, ונענש בעבור זה, וכתב מהרח"ו וז"ל - ולכן הסוד הזה צריך להעלימו אם מפאת עצמו, ואם מפני שאין אנחנו יודעים אמיתתו אפילו טיפת גרגיר של החרדל מן הדרוש ההוא, עד כאן לשונו. ראה דברים אלו שכתב צדיק וישר ונאמן שאמר אין אנחנו יודעים אמיתתו אפילו טיפת גרגיר של חרדל, המה יורדים בחדרי בטן של אדם שיש לו מוח בקדקודו ותופס ספרי קבלה בידו, המדברים בעניין קטנות ופגם, ובעניין שבירה ומגע הקליפות וכיוצא, שצריך להחליט בדעתו על עניינים אלו, שהם אינם כפשוטן, והם סתומין וחתומים באלף עזקין, ויאחזנו פחד ורעדה בקריאתו בסודות התורה בכתבי רבינו האר"י ז"ל האמתיים, ויזהר שלא להוסיף או לגרוע בהם שום דבר מהשערה השכל, ולא יעשה בהם חילוקים והמצאות שכליות כדרך שעושין בחכמת הפשט, ובכלל יזהר שלא יתמיד ללמוד בסוד השבירה והקטנות ובשערי הקליפות, **ואם יבא לפניו איזה עניין מאלה באמצע, לא יוציא הדברים מפיו, אלא ילמדם בהבטת העין בלבד**, כי שמעתי שנזהרין בכך כמה חסידים מקובלים.

שער הכוונות, עניין ספירת העומר דרוש י"ב דפ"ו ע"ב – האמנם כיון שלא נתקנו כל המוחין לכן אינו זווג גמור מעולה, **אמנם נקרא זווג דקטנות**. כיון שעדיין לא נגדל ז"א. ובזה יתבאר לך לשון מאמר אחד מספר הזוהר בפרשת בשלח בדף נ"ב ע"ב בעניין קריעת ים סוף, בפסוק מה תצעק אלי, ואמר שם רשב"י ע"ה - בהאי מלה לא תשאל ולא תנסה את הוי"ה. ובודאי שביאור המאמר הזה עמוק מאד, כיון ששמעינו לרשב"י ע"ה שהפליג בהסתרת סודו, ואמר בהאי מלה לא תשאל. וביום שמורי ז"ל ביאר לנו המאמר הזה היינו יושבים בשדה תחת האילנות, ועבר עליו עורב אחד צועק וקורא כדרכו, ומורי ז"ל ענה ואמר אחריו ברוך דיין האמת, שאלתי את פיו ואמר לי כי כי העורב ההוא כי לפי שגילה הסוד הזה לכל בני האדם בפרהסיא, **לכן נענש בעת ההיא בבית דין של מעלה**, וגזרו עליו שימות בנו הקטן, ותיכף הלך לביתו ובנו היה מטייל בחצר, ובאותה הלילה חלה את חליו, ומת אחר שלשה ימים רחמנא ליצלן. **ולכן ראוי לכל בעל נפש הרואה הדברים האלו להסתירם בתכלית ההסתר**, זולת הכלל הנודע בכל החכמה הזו כי כבוד אלהי"ם הסתר דבר, ואין מקום

הבן של רבינו האר"י, וכן[19] בפרי עץ חיים. ומביא[20] זאת הבית לחם יהודה בריש פרק א' דשער מוחין דקטנות. ולכן צריך ללמוד בשערים אלו בכובד ראש, ובזמנים הידועים כמו שבת, יום טוב, ואחרי חצות הלילה.

דע כי בכל מקום שהרב ז"ל מבאר כי המלכים דמיתו ירדו לעולם הבריאה, הכוונה[21] היא לכל עולמות בי"ע, כאשר הכלי הפנימי ירד לעולם הבריאה, הכלי האמצעי לעולם היצירה, והכלי החיצון לעולם העשיה.

להאריך בזה, כי הדברים נודעים, וכל מה שיסתיר האדם הסודות מלגלותם למי שאינו ראוי הוא משובח ומכובד בפמליא של מעלה. **והעושה היפך מזה מכניס עצמו בסכנה עצומה** בעולם הזה במיתת עצמו בהכרת ח"ו, ובמיתת בניו הקטנים, נוסף על עונש נשמתו בגהינם שאין קץ לעונשו, וכמו שהזכיר רשב"י ע"ה בסוף אדרא זוטא ועיין שם. והטעם שנענש מורי ז"ל בביאור מאמר זה, וכמו שהזכיר רשב"י ע"ה עצמו שאמר בהאי מלה לא תשאל, העניין הוא כי הנה נודע שאין החיצונים נאחזין אלא במוחין של קטנות, כי הם דינין תקיפין, ובהיותו האדם מתעסק בסודות התורה אם יהיה בעניין זמן הגדלות העליון, או בשאר דרוש האמת שהם עניינים למעלה, אין לאדם כל כך סכנה, **כמו בזמן שעוסק בסודות זמן הקטנות, כי בהתעסקו בהם הנה החיצונים מתעוררים בהם, ומתאחזין שם, ומזכירים עונותיו של האדם המתעסק בהם.**

[19]

פרי עץ חיים, שער חג המצות, פרק ח' – הוא סוד הנזכר בזוהר פרשת בשלח דף נ"ב עד סוף קריעת ים סוף, ואמר שם רבי שמעון בר יוחאי, בההוא מלה לא תשאל ולא תנסה וכו'. וענין הדבר הזה, הוא סוד עמוק מאוד, והטעם הוא דע, **בכל מקום שהקטנות עליון מתעורר, הם דינין תקיפין**, אם האדם או היותר עליון שבעולם, בכל מקום שעוסק בשער האצילות לעילא ולעילא, אין לו כל כך סכנה, **כמו מי שעוסק בקטנות, כי שם נאחזים החיצונים**, ולכן בעת שהאדם עוסק בהם, **אז החיצונים מתעוררים, ומזכירין עונותיו של אדם**, ולכן בכל פעם שמורי ז"ל **היה עוסק בשום דרוש מן הקטנות, היה נענש** ואין צריך להאריך על זה. ואפילו משה רבינו, רבן של כל הנביאים, **כי פגע בסוד קטנות, שהוא סוד המטה הנהפך לנחש**, מה כתיב ביה - וינס משה מפניו, כמו שנבאר בע"ה, **כי סוד קטנות נקרא נחש**, ולכן הסוד הזה ראוי להעלימה, אף על פי שאין יודעין בו, כי אם חלק אחד מרבי רבבות שיש בו.

[20]

בית לחם יהודה שכ"ב, שער מוחין דקטנות פ"א דק"ז ע"ב – בע"ח כתב יד כתוב כשהגילה הרב פרק זה מת בנו משה, עד כאן לשונו. ור"ל וכל אדם צריך להזהר בו, וטוב שילמוד אותו **בשבת, וביום טוב, ובראש חודש, ובלילה אחר חצות.**

[21]

ע"ח ש"ט פ"ז דמ"ו ע"ב – והנה כאשר יצאו כל האצילות מבחינת ב"ן לבד, והיה כולל עתיק, וא"א, ואו"א, וזו"ן. ואז יצאו תחילה כל הכלים שלהם זה תחת זה עד סיום עולם האצילות, ואחר כך יצאו אורות דב"ן כל פרטי אצילות, ויצא תחילה כתר דעתיק דאצילות, שבו נכללין כל האורות, ונתקיים, ואחר כך יצאה חכמה דעתיק בכלי שלו, ובו היו כלולים כל שאר האורות ונתקיים, ואחר כך יצאה בינה דעתיק, ובו כלולין כל שאר האורות ונתקיים, ואחר כך יצאו שבעה תחתונות דעתיק,)נ"א דדעת(הדעת למטה כל אחד כלול בכלי שלו, ובו כלולים כל שאר האורות, והיה נשבר, והיה **ירד פנימיות הכלי לבריאה, וחיצוניות הכלי ירד ביצירה, וחיצוניות של חיצוניות בעשייה**, ואחר כך האור ההוא נשאר בלי כלי, ושאר האורות ירדו בכלי של השבעה תחתונות, וגם הוא נשבר על דרך הנזכר לעיל,)נ"א נשאר ע"ד הנ"ל(והאור שלו נשאר בלי לבוש, ושאר האורות ירדו לכלי שלמטה ממנו, וכן על דרך זה עד שנגמרו שבעה תחתונות שלו, ואחר כך נכנס הכתר דאריך אנפין בכלי שלו.............

נהר שלום דכ"ד ע"ד – והנה ידוע כי מיתת המלכים היתה בזו"ן דפרטות, ר"ל בזו"ן דעתיק, ובזו"ן דא"א, ובזו"ן דאבא, ובזו"ן דאימא, ובזו"ן דז"א, ובזו"ן דנוקבא, וכל פרצוף מאלו הפרצופים כלול מכל הפרצופים הנזכרים. וזה היה בפרט האחרון דפרטי פרטות, וכמבואר לעיל בהקדמה, וזה היה בפנימיות וחיצוניות דפנימיות, ובחיצוניות ופנימיות דחיצוניות, דפנים ודאחור. **והכלים עם הרפ"ח ניצוצות דמלכים דעתיק דעתיק נפלו לעתיק דבי"ע, ודא"א לא"א דבי"ע, ודאו"א לאו"א דבי"ע, ודזו"ן לזו"ן דבי"ע. באופן זה כי הכלים הפנימיים דמלכים הנזכרים נפלו לפרצופי הבריאה. והכלים האמצעיים ליצירה. וכלים החיצוניים שלהם לעשיה.** ונתבאר בשער השמות ובכמה מקומות, כי כדי לברר הכלים ושארית הרפ"ח דכל פרט, יורדים כל

ידוע כי ג"ר נקראים פנים בערך ו"ק, והוא כי כל[22] פרצוף נחלק לג' חלקים חב"ד חג"ת נה"י, כאשר חב"ד נקראים
כלים פנימיים, חג"ת נקראים כלים אמצעיים, ונה"י נקראים כלים חיצוניים. גם הם נקראים[23] נר"ן, כאשר נה"י הוא בכללות
נקרא נפש, חג"ת רוח, וחב"ד נשמה. הרב ז"ל מבאר[24] בכל המקומות על שבירה, מיתה, וירידת **פנים ואחור** דשבעה

הפרצופים העליונים דאצילות בימי החול בסוד גלות השכינה, ומתלבשים בפרצופים שכנגדם למטה בבי"ע.
עתיק דאצילות בעתיק דבי"ע, וא"א בא"א, ואו"א באו"א, וזו"ן בזו"ן. כלים פנימיים שלהם בבריאה,
ואמצעים ביצירה, וחיצונים בעשיה. ובי"ע הנזכר מתלבשים בבי"ע דחול, וזה לצורך שארית בירורי כלים
ואורות דמלכים דזו"ן דעתיק, וא"א, ואו"א, וזו"ן דאצילות שנפלו לבי"ע על סדר הנזכר. **כי הכלים הפנימים
של מלכי עתיק, וא"א, ואו"א, וזו"ן דאצילות נפלו לבריאה. וכלים האמצעיים של המלכים הנזכרים
ליצירה. וכלים החיצוניים שלהם לעשיה**, כנודע. ועל כן בימי החול יורדים הכלים דפרצופים העליונים
דאצילות על דרך הנז"ל, לברר בחינותיהם שנשארו בבי"ע.
רחובות הנהר ד"ב ע"ב – ובהגיע האור לגבול האצילות, אירע בהם ענין ביטול המלכים, ונפלו הכלים פנימי
אמצעי וחיצון עם אורות דרפ"ח, **לבי"ע התחתונים** דאותה הספירה.
22

ע"ח ח"ב ש"יל דרוש א' מ"ב דכ"ו ע"א – דע כי ז"א יש לו שלוש פרצופים, וכל אחד כלול מעשרה
ספירות, והם זה תוך עשרה, תוך עשרה, ועשרה אחרים בפנימיות כולם. ואלו השלושה פרצופים הם כולם
בחינת כלים, והם שלושים כלים, וכולם הם ביחד גוף אחד, וכלי אחד, ובתוכו יש האורות, שהם נר' וכו',
ובהיות שלשתן יחד זה תוך זה הם שום זה בקומתן, אבל לפעמים אין לז"א רק פרצוף החיצון מהם בלבד,
ולפעמים שניהן, ולפעמים שלשתן. ובתחילה מתחיל הז"א להיות בו **פרצוף החיצון**, ואז הוא שיעור קומתו
הוא שליש גדלותו לבד והוא **כשיעור קומת נה"י** אחר הגדלות האחרון. ואחר כך נכנס בו **פרצוף אמצעי**,
ומתלבש בתוך החיצון, ואז נגדל ז"א ב' שלישי קומתו, **שהם נה"י וחג"ת**, בין בחינת פרצוף החיצון ובין
פרצוף האמצעי, כי אמצעי גורם אל החיצון שיגדל כמוהו. ואחר כך נכנס בו **הפרצוף הפנימי**, ומתלבש בתוך
האמצעי, ואז גם ב' הפרצופים החיצון ואמצעי נגדלים כאורך הפרצוף הפנימי, ואז נשלם ז"א כשיעור קומתו
לג' הפרצופים. והוא כאלו נמשיל משל, **כי החיצון שיעור קומתו כשיעור נה"י דז"א בגדלות, והאמצעי
כשיעור נה"י וחג"ת דגדלות, והפנימי כשיעור נה"י חג"ת חב"ד בגדלותו**. ולכן בבא האמצעי מגדיל את
החיצון כמוהו, ובבא הפנימי מגדיל שניהן כמוהו.
ע"ח שי"ט פ"י מ"ב דצ"ה ע"ג – והנה הכלים הם שלושה, בחינת **חיצון ואמצע ופנימי**.
ע"ח ח"ב ש"יל דרוש ב' מ"ב דכ"ז ע"א – באופן כי יש לכל פרצוף עשר ספירות, הנקרא כלים, ונחלקים
לשלוש חלקים, והם עשר כלים חיצוניות, מדור אל הנפש. עשר כלים אמצעים מלובשים תוך חיצוניות, והם
מדור אל הרוח. ועשר כלים פנימיים מלובשים תוך הכלים אמצעים, והוא מדור אל הנשמה. והם הם שלושים
כלים, אבל גובה קומתן אינם אלא עשרה, לפי שהם עשר תוך עשר, ועשר תוך עשר.
23

נהר שלום, דרוש הדעת דמ"א ע"ג – ונבאר עתה כל זה בפרטות פרצוף אחד שהוא זעיר, וממנו תקיש
בכללות כל הפרצופין יחד, דע כי ז"א הוא פרצוף אחד כולל עצמות וכלים, **והכלים שבו הם נכללים
בשלושה**, כי הכבד למטה, וכולל עשר מדות שהם מדות כל האיברים, ומתלבש על ידי הורידין שבו, בכל הגוף.
והלב גבוה ממנו, וכולל עשר מדות, ומתלבש תוך בחינת הכבד, על ידי הדפקים שבו, ומתפשט בכל הגוף,
והמוח גבוה מכולם, וכולל עשר מדות, מתלבשים תוך בחינת הלב, על ידי הגידים, המתפשטים ממנו, ומתפשט
בכל הגוף, ועל דרך זה ממש נחלק העצמות בשלושה, נשמה ורוח ונפש, מתלבשים זה בתוך זה, ומתפשטים
בכל הגוף, לכן הכבד משכן הנפש, והלב משכן הרוח, והמוח משכן הנשמה.
24

ע"ח ש"ח פ"ח מ"ב ל"ו ע"ג – אמנם השבעה מלכים תתאין מתו, לפי שכליהם נעשו מהסתכלות עין
בחוטם פה לבד, והיה חסר מהם אור האזן העליונה. והנה גם בג"ר עצמם יש בהם חילוק בין זו לזו, והוא (נ"א
והנה) כי מן הכתר לא ירד ממנו אפילו האחוריים, אלא האחוריים של נה"י בלבד. אבל בא"א של הנקודים
ירדו האחוריים שלהם לבד, ונשארו הפנים במקומם. וטעם הדבר הוא כי אלו האורות שנמשכים עד שבולת
הזקן נחלקו לשלושה, כי הכתר לקח מבחינת האזן עצמה ממה שהראייה שואבת בהסתכלות באור האזן, ומכל
שכן שנכללים בו שני אורות אחרים, ומזה נעשה כלי לכתר נקודים. ואבא לקח ממה שהראייה שואבת מאורות

התחתונות דנקודים, לפי פשט הדברים נראה שהב"ד חג"ת ונה"י דמלכים נשברו ומתו וירדו לעולמות בי"ע. עם[25] כל זאת רק חג"ת נהי"מ דמלכים נשברו ומתו, שהם הבחינה החיצונה והאמצעית, הנקראת[26] גם החיצונה והתיכונה, והסיבה,[27] שהרב ז"ל קורא לחג"ת נה"י פנים ואחור היא שמדובר בערכין, **כי חג"ת נקראים אחור בערך חב"ד,**

החוטם, וגם אור הפה נכלל בו. והנה הכתר שלקחו מן האזן הארתו גדולה מאד לא נשבר כלי שלו, אבל או"א שאין לוקחין רק מן החוטם ופה נשברו האחוריים של כליהם. והנה או"א אם היו מקבלים אור זה של א"ק, בהיותו למעלה קרוב אל מקום נקבי האזן, אף על פי שלא היו מקבלין מאורות האזן עצמה, רק קצת הארה היו מתקיימין האחוריים של כליהם, אבל כיון שאין מקבלין רק שהוא האזן שהוא מקום שבולת הזקן, לכן אף על פי שלוקחין קצת הארה אינו מועיל להם, ולכן נשברו האחוריים של כליהם. אבל הכתר כיון שלקוחו אור האזן ממש אף על פי שלקחו סיומו כיון שהוא לוקח עצמותו, די בזה ולא נשבר אפילו האחוריים של כלים דידיה. מה שאין כן באו"א שאינו לוקחין רק הארה בעלמא, וגם שהוא ברחוק מקום. והרי נתבאר שלושה בחינות אלו, והם כי הכתר נתקיים כולו, ואו"א נשברו ונפלו האחוריים שלהם. **וזו"ן נפלו פנים והאחוריים שלהם**, והנה זהו הטעם שנרמז בפסוק והארץ היתה תהו ובהו, אשר הוא מדבר בענין מיתת המלכים של הנקודים כנזכר לעיל.

ע"ח ש"ח פ"ו מ"ת דט"ל ע"ל – וכבר נתבאר לעיל כי אלו שבעת מלכים לקחו אורם מגוף א"ק שתחת שבולת הזקן, ולא מלעלה. נמצא שהם חסרים בחינת שלושה אורות עליונים שהם אח"פ, **כי לכן נשברו הפנים והאחוריים שלהם.** ואלו הם בחינת ג' תגין שיש למעלה על כל אות מאלו השבעה הנזכר לעיל. כי הם מורים על הסתלקות האורות והחיות מן הכלים, שהם אותיות, ונשאר האור למעלה מהם ולא בתוכם, כדרך צורת התגין על האותיות. אבל האותיות בד"ק חי"ה הם אחוריים דאו"א שירדו.

ע"ח ש"ט פ"ג מ"ת דמ"ב ע"ד – ונבאר עתה איך בעת מיתת המלכים אלו ירדו הכלים שלהם לעולם הבריאה כנזכר לעיל, משאין כן בארבעה אחוריים דאו"א. כי הנה נתבאר החילוק שהיה בין או"א לשבעה המלכים, שהם זו"ן, ואמרנו כי השבעה מלכים שהם זו"ן מתו ממש, וירדו אל עולם הבריאה, הכלים שלהם ואחוריים של או"א נתבטלו ולא מתו, אלא שירדו למטה בעולם אצילות עצמו, ושם ביארנו טעם לזה, ואמרנו שהיה לסיבה שהשבעה מלכים לא קבלו אורות אח"פ דא"ק, רק מגופא דיליה ואילך. והנה לטעם זה עצמו היה גם כן שינוי אחר בין ג"ר שהם כח"ב, אל השבעה מלכים התחתונים, כי הג"ר יצאו בקצת תיקון בראשונה, והוא כי כאשר יצאו בראשונה נתפשטו כסדר ג' קוין, מה שאין כן שבעה תחתונות שיצאו זו למטה מזו, וזה שכתוב באדרא רבא - עד אימת ניתב בקיימא דחד סמכא, ר"ל נתקן התיקון שהוא דרך קוין, אבל קודם שהיו זה על גבי זה, הוי קיומא דחד סמכא. וכבר ביארנו כי התיקון האצילות הוא בהיות ששה קצות עשוי בבחינת ג' קוים קשורים זה בזה, בסוד השלישי המכריע ביניהן, ואז נקרא רשות היחיד. אבל בהיותן זה על גבי זה והם נפרדין אחת מחברתה, אז נקרא רשות הרבים. ולכן הג"ר נתבטלו אחוריהם ולא מתו, **ושבעה מלכים מתו פנים ואחור**, כי יצאו בלי תיקון כלל.

ע"ח ש"ט פ"ז מ"ב דמ"ו ע"ד – ויצאו שבעה תחתונות מדעת ולמטה בלבד, וכולם יצאו מן בינה דז"א הכלולה תוך אימא עילאה כנזכר לעיל, שלא יצאה, **ואז כל השבעה מתו פנים ואחור**, וירדו בבי"ע.
25

ע"ח ח"ב ש"ל דרוש א' מ"ב דכ"ו ע"ד – גם תבין כי פרצוף האמצעי אף כי נקרא אחור בערך השלישי הפנימי מכולם, **אמנם לפעמים נקרא פנימי בערך החיצון שבכולם.** ובזה תבין מה שנתבאר אצלינו כי בעת מיתת המלכים של ז"א היה בו אחור ופנים, והוא לסבת היות בו תמיד נה"י חג"ת, ו"ק, שהם פרצוף החיצון ואמצעי כנזכר לעיל, **ואז החיצון נקרא אחור, ואמצעי פנימי בערך החיצון**, והבן זה.
26

ע"ח ש"ט פ"ח מ"ב דמ"ז ע"א – ודע כי באצילות המלכים לא יצאו בזו"ן רק השבעה מלכיות, שבשתי בחינות, **החיצונה והתיכונה**, והם **המלכות דנה"י חג"ת**, ולכן נקרא המלכים נקודות, כי נקודה היא מלכות כנזכר לקמן.
27

נהר שלום די"ב ע"ד – והענין בקיצור נמרץ, ידוע כי כל העולמות מראש א"ק עד סוף העשיה, כלולים מחיצוניות ופנימיות, וכל אחד משניהם נחלק לחיצוניות ופנימיות, **ואין לך שום בריה שאינה כלולה מחיצוניות ופנימיות.** אמנם החיצוניות דכללות כל העולמות הם העיגולים דכל העולמות, והפנימיות הוא היושר דכל העולמות, וכל אחד נחלק לחיצוניות ופנימיות, שהם הכלים והאורות, גוף ונשמה, כי הכלים שהם

ונקראים פנים בערך הנה"י. לכן צריך **לזכור ולדעת** כי בכל מקום שנזכר פנים ואחור דז"א דמקרה המלכים, מדובר אך ורק בו"ק דז"א.

זאת ועוד כאשר מבואר כי המלכים הם בחינת ב"ן דעסמ"ב דב"ן, שהוא בחינת המלכויות דעסמ"ב דב"ן, הכוונה היא שהב"ן הזה כולל את מ"ה וב"ן דב"ן, כי[28] אין לך ניצוץ שנברא, שאינו כלול מזכר ונקבה. ולכן[29] בחינת המלכים דמיתו הם מ"ה וב"ן דב"ן דעסמ"ב דב"ן, רק שאנחנו מזכירים רק את בחינת הב"ן בלי המ"ה. ובתיקון דמיתו יצא מ"ה החדש, הכולל מ"ה וב"ן דמ"ה, וכן בשם מ"ה החדש אנחנו מזכירים רק את שם מ"ה בלי הב"ן, ופשוט הוא.

גם צריך לדעת כי שמבואר לפי פשט דברי הרב ז"ל, שנשברו ומתו הכלים דמלכים, מובן כי לכל הבחינת הפנים ואחור שהם חג"ת נהי"ם דשבעה המלכים, קרה מקרה המלכים, אבל **בעומק דברי**[30] הרב ז"ל מדובר רק בפרצוף האחור, והוא פרצוף הנה"י. ר"ל המלכים שנשברו ומתו הם חג"ת נה"י דנה"י דנקודים.

ועוד דבר חשוב גם[31] בחינת עולמות אבי"ע יצאו בנקודים, שהם **בעומק הדברים** אבי"ע דעובי, כמו שיתבאר לקמן.

העשר ספירות דכל פרצוף, נקרא חיצוניות בערך הפנימיות, שהם האורות והנרנח"י, המלובשים בהם. וכן בפרטות העשר ספירות הנחלקים לשלושה פרצופים, נה"י חג"ת וחב"ד, מתלבשים זה בתוך זה. **כי פרצוף דנה"י המלביש לפרצוף חג"ת נקרא חיצוניות בערך פרצוף החג"ת, ופרצוף החג"ת נקרא פנימיות אליו.** ופרצוף החג"ת נקרא חיצוניות בערך פרצוף החב"ד המתלבש בו, והחב"ד הוא פנימיות אליו. וכל זה הפרצוף הכלול מחב"ד וחג"ת ונה"י נקרא חיצוניות בערך הפרצוף העליון המתלבש בו, וכן על דרך זה מפרצוף לפרצוף, עד א"ס.
28

ע"ח ש"ט פ"ז דמ"ו ע"ב – דע כי אין לך ספירה וספירה, אפילו בעשר ספירות הפרטיות שבכל פרצוף ופרצוף, שאין בו **בחינת זכר ונקבה, והם ב"ן** דנקודות ומ**"ה החדש**, ואמנם אין ענין ב"ן הזה והנקבה זו בחינת מלכות העשירית שיש בכל ספירה וספירה, שהיא בחינה עשירית שבכל ספירה וספירה, אלא שיש בכל ספירה עשר בחינות, וכולם דמ"ה, ועשר בחינות וכולם דב"ן, והתשע ראשונות דמ"ה וב"ן הם נקרא ט' בחינות הראשונות של ספירה ההוא, והבחינה עשירית שהוא מלכות שבאותו ספירה עצמה, היא כלולה ממ"ה וב"ן. **כלל הדברים בקיצור נמרץ כי אין לך שום ניצוץ קטן בכל האצילות, שאין בו מ"ה וב"ן.** **גמרא בבא בתרא דע"ד ע"ב** – אמר רב יהודה, אמר רב, כל מה שברא הקדוש ברוך הוא בעולמו, **זכר ונקבה בראם.**
29

רחובות הנהר ד"ג ע"ב – ובתחילה יצא שם ב"ן, שהוא שבעה קצוות זו"ן, שהם **מ"ה וב"ן דב"ן** דא"ק, והם השבעה מלכים דב"ן דמיתו, ואינם רק שבעה מלכים, אלא נפרטו לעשר ספירות, שהם עסמ"ב, עתיק, וא"א, ואו"א, וזו"ן דב"ן דאצילות. ואחר כך בתיקון יצא שם מ"ה החדש, שהוא שבעה קצוות זו"ן, שהם **מ"ה וב"ן דמ"ה** דא"ק, ונפרטו גם הם לעסמ"ב על דרך הנזכר לעיל.
30

ע"ח ח"ב ש"ל דרוש ה' מ"ב דכ"ח ע"ב – ונבאר עתה מה שהיה בעת מיתת המלכים, קודם העיבור, כי היה אז ז"א מבחינת ו"ק לבד, של זה הפרצוף הראשון, שכל עצמו אינו רק נה"י לבד. **ונמצא שהוא חג"ת נה"י של פרצוף דאחור.** ונמצא שהם ו"ק, אבל אינם רק נה"י לבד, ובזה לא יחלקו הדרושים הכתובים אצלינו.
31

ע"ח שי"ט פ"ה מ"ב דצ"ב ע"ב – והנה המלכים שמלכו בארץ אדום הם עשר ספירות דב"ן הכולל הנזכר לעיל. ונקודה ראשונה היא כתר דב"ן. והיא נוקבא דעתיק ודא"א, ונקודה שניה הוא אבא, צד ב"ן שבו. ונקודה שלישית אימא צד ב"ן שבה. וכל אחד משלוש נקודות אלו, היו כלולים מעשרה נקודות שלימות. אך אחר כך יצאה נקודה הרביעית, ולא יצאה כלולה מעשרה נקודות, רק בשישה נקודות התחתונות שבה לבד, ולכן נקרא בשם ו' נקודות, ועם ג"ר הרי תשעה נקודות. אחר כך יצאה נקודה חמישית, ולא יצאה כלולה מעשרה נקודות

בזמן התיקון יצא מהמצח דא"ק המלך השמיני, והוא **הדר ואשתו מהיטבאל**, הנקרא מ"ה החדש, כדי לתקן את המלכים דמתו. לפי פשט דברי הרב ז"ל יצא רק רק היסוד דא"ק, **בעומק** דברי הרב ז"ל שם מ"ה החדש יצא בשיעור קומה שלם, של עסמ"ב, והשבעה[32] תחתונות דשם מ"ה החדש תקנו את המלכים שנשברו ומתו. ופשוט[33] הוא שלכל נקודה בעובי יש את שם מ"ה הפרטי דאותה נקודה.

עוד צריך לדעת כי עד פרק ו' דשער השבירה, הרב ז"ל מבאר את מקרה המלכים בכללות בנקודה אחת, עם כל זאת צריך[34] לדעת כי מהעין דא"ק יצאו חמשה[35] נקודות דכללות העומדות בעובי, שהם א"א או"א וזו"ן, ועמדו מהטבור דא"ק ולמטה, ובכל אחד ואחד מנקודות אלו היה מקרה המלכים בפרטות[36], כאשר הג"ר נשארו באצילות דאותה נקודה דכללות, ובשבעה תחתונות נשברו ומתו, וירדו לבי"ע דאותה נקודה.

שלה, רק נקודה אחת לבד, חלק עשירית שבנקודה ההיא. הרי נמצא ששרשם אינם רק חמשה נקודות, ונקרא עשרה נקודות דב"ן, ואלו יצאו ראשונה ונשברו ומתו. **ודע כי לא די שיצאו בבחינת האצילות, שהם הפנים דב"ן, אלא גם אחוריהם שהם בי"ע יצאו עמהם.** ודע, כי גם באצילות יש פנים ואחור, **אך כולם נקראו פנימים בערך בי"ע שהם חיצוניות.** והענין כי בבריאה היה חיצונית הפנים דב"ן, ויצירה חיצונית דאחוריים דב"ן, ועשייה חיצונית יותר חיצון דאחוריים דב"ן. וכאשר נשברו, לא נתקנו כל מה שנשברו, רק מעט, ולא יושלמו להתברר עד ביאת המשיח במהרה בימינו אמן.
32

ע"ח ש"ט פ"ח מ"ב דמ"ז ע"ב – ואחר כך יצאו בחינת חג"ת נה"י שבז"א, נקרא הדר, ויצאו בחינת חג"ת דנה"י דנוקבא, ונקרא מהיטבאל אשתו, ואלו יצאו בתיקון אדם, כנזכר באדרא דף קל"ה ע"ב, והבן זה מאוד.
33

כרם שלמה ש"ט פ"ז אות ד' – ומה שכתבת ואחר כך יצא שם מ"ה, ונתחבר עם ב"ן בכל ספירה וספירה כנזכר לעיל, בכל הפרטים. ר"ל כשיצא שם **מ"ה** יצא כנגד **כל הפרטים** דכל האצילות, דהיינו מראש עתיק עד סוף מלכות דאצילות. אבל לא יצא כנגד השבעה תחתונות לבד דכל פרצוף שנשברו, אלא יצא כנגד כל העשר ספירות **דעתיק**, ונתחבר עם עשר ספירות **דב"ן** דעתיק. וכן כנגד כל העשר ספירות דא"א, ונתחבר כנגד כל העשר ספירות דא"א. וכן העשר ספירות דאו"א וזו"ן. ואז נעשו העשר ספירות דעתיק ואו"א מכתר שלהם, עד המלכות שבהם, כולם כלולים **ממ"ה ומב"ן**, אף על פי שבהג"ר שלהם לא היה בהם ירידה ומיתה ח"ו, על כל פנים כשיצא שם **מ"ה** יצא בשלמות. וכן או"א וישסו"ת וזו"ן, כולם כלולים משם **מ"ה וב"ן**, מכתר שלהם עד מלכות שבהם.
34

ע"ח ש"ט פ"ו מ"ב דמ"ה ע"ג – אמנם כפי האמת הם חמשה בחינות, כי הכתר למעלה מהארבעה, הוא ועמו הם חמשה פרצופים, הכוללים עשר ספירות כנודע, **והנה בכל אחד מאלו החמשה פרצופים יש בו עשר ספירות גמורות.**
35

רחובות הנהר ד"ב ע"ב – ידוע כי חמשה נקודות יצאו מעינים דא"ק מבחינת ב"ן, וכולן יצאו שלימות, כל אחת שלימה בכל חלקי הנקודה ההיא. באופן שכל אחת ואחת כוללת חמשה פרצופים, עתיק וא"א ואו"א וזו"ן. **וסדר שבירת הכלים היה בכל נקודה ונקודה מהם, דכל אחד ואחד מהם הג"ר עתיק ואו"א שבו נתקיימו, ושבעה תחתונות זו"ן שבו נשברו**, כמבואר כל זה באורך בעץ חיים שער ט' פרק ו' ופרק ז', ופרק ג' משער י"ז, ובכמה מקומות משער הלקוטים, ומשער מאמרי הרשב"י ע"ה, וכן במבוא שערים ש"ב ח"ג פ"ו, יעו"ש.
36

נהר שלום דכ"ד ע"ד – והנה ידוע כי מיתת המלכים היתה בזו"ן דפרטות, ר"ל בזו"ן דעתיק, ובזו"ן דא"א, ובזו"ן דאבא, ובזו"ן דאימא, ובזו"ן דז"א, ובזו"ן דנוקבא, וכל פרצוף מאלו הפרצופים כלול מכל הפרצופים הנזכרים. וזה היה בפרט האחרון דפרטי פרטות, וכמבואר לעיל בהקדמה, וזה היה בפנימיות וחיצוניות דפנימיות, ובחיצוניות ופנימיות דחיצוניות, דפנים ודאחור. **והכלים עם הרפ"ח ניצוצות דמלכים דעתיק דעתיק נפלו לעתיק דבי"ע, ודא"א לא"א דבי"ע, ודאו"א לאו"א דבי"ע, ודזו"ן לזו"ן דבי"ע. באופן זה כי הכלים הפנימיים דמלכים הנזכרים נפלו לפרצופי הבריאה. והכלים האמצעיים נפלו ליצירה. וכלים החיצוניים שלהם**

היו מספר[37] סיבות למקרה המלכים דמיתו, והם מפוזרים לאורך ורוחב ספרי הרב ז"ל.

לעשיה. ונתבאר בשער השמות ובכמה מקומות, כי כדי לברור הכלים ושארית הרפ"ח דכל פרט, יורדים כל הפרצופים העליונים דאצילות בימי החול בסוד גלות השכינה, ומתלבשים בפרצופים שכנגדם למטה בבי"ע. עתיק דאצילות בעתיק דבי"ע, וא"א בא"א, וא"א בא"א, וזו"ן בזו"ן. כלים פנימים שלהם בבריאה, ואמצעים ביצירה, וחיצונים בעשיה. ובי"ע הנזכר מתלבשים בבי"ע דחול, וזה לצורך שארית בירורי כלים ואורות דמלכים דזו"ן דעתיק, וא"א, וא"א, וזו"ן דאצילות שנפלו לבי"ע על סדר הנזכר. **כי הכלים הפנימים של מלכי עתיק, וא"א, וא"א, וזו"ן דאצילות נפלו לבריאה. וכלים האמצעיים של המלכים הנזכרים ליצירה. וכלים החיצוניים שלהם לעשיה**, כנודע. ועל כן בימי החול יורדים הכלים דפרצופים העליונים דאצילות על דרך הנז"ל, לברר בחינותיהם שנשארו בבי"ע.

רחובות הנהר ד"ב ע"ב – ובהגיע האור לגבול האצילות, אירע בהם ענין ביטול המלכים, ונפלו הכלים פנימי וחיצון עם אורות דרפ"ח, **לבי"ע התחתונים** דאותה הספירה.

ט"ז סיבות למקרה המלכים

א. השבע מלכים יצאו מבחינת מלכויות, נפש, עגולים. ע"ח ש"ח פ"א, ע"ח ש"ט פ"ח, מבוא שערים ש"ב ח"א פ"ג.

ב. הג"ר יצאו בצורת סגולתא, וכל אחת כלולה מעשר, ומתפשטים בסוד קוין שכולם קשורים זה בזה, והז"ת יצאו בבחינת חד סמכא, ונפרדים זה מזה בסוד רשות הרבים, ולא בסוד מיתקלא. ע"ח ש"ט פ"ג, ע"ח ש"ט פ"ה, ע"ח שי"א פ"ה.

ג. כלי הו"ר לא יכלו לסבול יותר אורות מחלקם, והם קיבלו כל אחד חלקו וחלק חברו התחתון ממנו, ולא כן כשהיו בג"ר היו מתבטלים בערכם. ע"ח ש"ח פ"ה, מבוא שערים ש"ב ח"א פ"ו.

ד. האור של העשר ספירות פרצוף שלם, והכלים קטנים, נפרדים, וחסרים. ע"ח ש"ט פ"ה, ע"ח ש"י פ"ה, מבוא שערים ש"ב ח"ב פ"ב.

ה. הג"ר יצאו בגוף אחד, והיה בהם כח לקבל האור, השבע תחתונים יצאו נפרדות וחסרות, ולא יכלו לקבל האור שלהם. מבוא שערים ש"ב ח"ב פ"ג.

ו. הג"ר אין הדין ניכר בהם, והם רחמים, השבע תחתונים דינים נתגלו בהם, ולא יכלו לסבול אור הרחמים. מבוא שערים ש"ב ח"ב פ"ג.

ז. הנקודים יצאו מבחינת חיצוניות סמ"ב דס"ג וחיצוניות עסמ"ב דב"ן, שהם הענפים, והשורשים נשארו בפנימיות א"ק, ולא היה בכח הענפים לקבל את האור. ע"ח ש"ה פ"א, מבוא שערים ש"ב ח"ב פ"ג.

ח. הג"ר קבלו במקום שבולת הזקן אור האוזן, וגם אורות חוטם פה, והז"ת קבלו אורות החוטם פה משבולת הזקן ועד מקום הטבור. ע"ח ש"ח פ"ב, ע"ח שי"א פ"ה, מבוא שערים ש"ב ח"ב פ"ג.

ט. מלכי הנה"י דינין תקיפין, רצו להתגבר על מלכי החג"ת שהם רחמים. שער ההקדמות הקדמה אחת בטרם שנאצל עולם האצילות דל"ג ע"ג. ע"ח ש"ט פ"ה דמ"ה ע"א.

י. הג"ר דו"ק נשארו בפנימיות המאציל. מבוא שערים ש"ב ח"א פ"ה.

י"א. הג"ר לא נתקנו כפרצוף, לכן האור שיצא מהם לז"ת לא יכלו לקבלו. ע"ח שמ"ז פ"ה, שער ההקדמות דרושי אבי"ע דרוש ג' דע"ג ע"ג.

י"ב. לא היתה אהבה בין ספירה לספירה, וכל ספירה היתה יראה מהספירה שמעליה ומהספירה שמתחתיה. ע"ח שי"א פ"ה, שער ההקדמות הקדמה אחת בטרם שנאצל עולם האצילות דל"ב ע"ג.

י"ג. הסיגים מעורבים בכלים, והם גורמים פירוד. מבוא שערים ש"ב ח"ב פ"ג.

י"ד. לא נכנס האור על ידי התלבשותו בנה"י דישסו"ת בסוד כ"ל צמ"א, אלא באופן ישר, ורק בתיקון התלבשו האורות בנה"י דישסו"ת. שער ההקדמות דרוש ה' בזמן העיבור השני דמוחין דל"ח ע"ב.

ט"ז. לא נתכללו אחד עם השני, וכל אחד מהמלכים היה בחינה בפני עצמה. ע"ח ש"ט פ"ג, מבוא שערים ש"ב ח"ב פ"ג.

ט"ז. תכלית כוונת המאציל היתה להוציא ולעשות בחינת קליפות לצורך הנבראים, כדי לתת שכר לצדיקים, ועונש לרשעים. ע"ח שי"א פ"ה.

שער ח' פרק ב'

ונחזור לענין לבאר תחלה איך יצאו הנקודות ואח"כ נדבר בפרטות עצמן כי כבר אמרנו כי
הכל יצא מא"ק הנ"ל ואמרנו כי העקודים הגיעו עד טבורו ואע"פ שאמרנו שהאורות יוצאין
דרך נקבי פה או חוטם וכיוצא זהו עיקר האורות אבל ודאי שגם דרך כותלי דופני של זה הא"ק
בוקע ויוצא אור ומאיר תדיר בהם וכבר נת"ל כי כאשר רצה המאציל להאציל בחי' נקודים
כוונתו היה לעשות בחי' כלים לשיוכלו העולמות התחתונים לקבל אורו שמאיר בהם והנה ראה
המאציל כי עדיין לא היה כח במקבלים לקבל האורות של העינים האלה אשר מקום
התפשטותן הוא ממקום הטבור עד סיום הרגלים של א"ק כנ"ל ולכן מה עשה טרם שהוציא
האורות האלו דרך העינים צמצם עצמו צמצום א'. והוא שכל האור שהיה מתפשט בתוך הא"ק
הזה מטבורו עד סיום רגליו העלהו בחצי גוף העליון מהטבור ולמעלה ונשאר המקום שמן
הטבור ולמטה ריקן בלתי אור והמשכיל יבין וידמה מלתא למלתא איך בכל אצילות בחי' חצי
ת"ת ונה"י תמיד המאירין בעולם שלמטה כי נה"י דז"א מאיר אל הנוקבא ונה"י דאו"א מאיר
אל הז"א ונה"י דא"א לאו"א ונה"י דעתיק לא"א ונה"י דא"ק לעתיק ולכל בחי' האצילות כמ"ש
בע"ה. גם תבין כי בכל בחי' הוצאות האורות חדשים היה קודם להם ענין הצמצום כי כן מצינו
בא"א שצמצם נה"י שלו כדי לאפקא לזו"ן כנזכר במקומו וכן היה בזה הא"ק ואין להאריך
בזה. והנה אחר שצמצם עצמו הניח חד פרסא באמצע גופו במקום טבורו מבפנים כדי שיפסיק
בנתיים. וז"ס יהי רקיע בתוך המים ויהי מבדיל בין מים למים כנזכר בזוהר בראשית ד' ל"ב
אית קרומא חדא באמצעית מעוי דב"נ דאיהו פסיק מעילא לתתא ושאיב מעילא ויהיב לתתא
ואז נשאר כל האור לעילא מהאי פרסא והיה שם דחוק ומהודק ואז בוקע בהאי פרסא ויורד
והאיר בשאר הגוף מהטבור ולמטה. וזהו בחי' פרסא הנזכר בריש אדרא בדרוש ואלה המלכים
וזהו מ"ש בזוהר דאית חד פרסא בין המאציל לכתר ואמנם אמת הוא כי כמה גולגלתין אית
דלית להון חושבנא כנזכר ריש אדרא והכתר דז"א יהיה פרסא דאמא מפסיק אליו וכיוצא בזה
אבל הכתר של כל האצילות הוא נפסק ע"י ההוא פרסא של הא"ק. ואמנם ודאי שע"י
הסתלקות האור מהטבור למעלה היה מספיק לשיהיה יכולת בעולם אצילות לקבל האור שלהם
אבל לא היה מספיק לתת כח לעולם הבריאה)לשיוכל גם הוא לקבל אורו(ג"כ ולכן הוסיף
בחי' אחרת להניח שם אותו מסך והפרסא הנ"ל. נמצא שהם ב' דברים צמצום האור למעלה
שיוכל האצילות לקבל האור שלו וענין הפרסא היה כדי שיוכל גם הבריאה לקבל אורו ותבין
ותשכיל בזה איך יש פרסא בין אצילות לבריאה והנה על ידי עליית האור הזה שבחציו התחתון
למעלה מהטבור כנ"ל אז נתרבה אור גדול ורב בחצי גוף העליון ואז נעשה זה האור בבחינת מ"ן
אל טעמים דס"ג שהם אזן חוטם פה ר"ל אל השרשים הפנימים שלהם בתוך הגוף ולא אל
האורות היוצאים לחוץ דרך הנקבים ואז ע"י מ"ן אלו העולין שם נזדווגו שם ע"ב שבגלגלתא
דאדם קדמון עם בחי' הס"ג שבו שהם שרשים של אזן חטם פה טעמים כנ"ל ואז נמשך
אור חדש מלמעלה מן הזווג הזה ובוקע ויורד דרך הפרסה מהטבור ולמטה. אמנם האור

הראשון שהיה בתחלה למטה ועלה למעלה שוב לא ירד ונשאר שם מהטבור ולמעלה ושם הניח
שורשו תמיד ומשם נתפשט ויצא דרך העינים והם הם הנקודים ונמשך ונתפשט בחוץ עד סיום
רגליו דאדם קדמון כנ"ל והנה כל האור הנמשך עד הטבור אפי' שהוא מבחי' העינים הכל הוא
נבלע ונכלל בעקודים ולכן איננו ניכר אבל האור הנמשך מתחת הטבור עד רגליו זהו לבדו
נקרא בשם נקודות לפי שהוא עומד עתה לבדו וכן אותו אור שיורד דרך הפרסא מחדש ע"י
זווג הנ"ל גם הוא בוקע הגוף והכלי דאדם קדמון ויוצא לחוץ ומאיר באלו הנקודים הרי ב' מיני
אור לצורך הנקודים. ועוד יש אור ג' והוא בהכרח כי כאשר יורד ומתפשט אור העין למטה
דרך העקודים (נ"א ועוד אור ג' הוא לקח כי בהכרח כשירד אור העין הוא עובר דך אזן חטם
פה) הנה הוא מסתכל באורות אח"פ ההם והוא שואב משם ולוקח מהם אור לצורך עשיית
הכלים של הנקודות ולוקח מג' בחי' שהם אורות אח"פ. והענין הוא באופן זה כי הנה נתב'
שאורות האזן נתפשטו עד שבולת הזקן ואורות חוטם ופה עוברים ג"כ דרך שם וא"כ מוכרח
הוא שכאשר נמשך אור העינים דא"ק דרך שם יתערב עמהם ויקח אור שלהם. והנה י' נקודות
הם והג' ראשונים שבהם הם לוקחים אור ממה שנמשך מהסתכלות העין באח"פ ממקומם עד
מקום התחברות בשבולת הזקן כנודע ואינם מקבלים אותם רק בשבולת הזקן כי משם מתחילין
הן ולא ממה שבשבולת הזקן ולמעלה (נ"א בשבולת הזקן ולא ממה שבשבולת הזקן ולמעלה
ואינם מקבלין רק בשבולת הזקן כי משם מתחילים הן ולא ממה שכנגד העין עד שבולת הזקן)
אבל ז' נקודות התחתונים אין לוקחין רק ממה שנמשך מהסתכלות באורות החוטם והפה
משבולת הזקן ולמטה כנודע כי החוטם מגיע עד החזה והפה עד הטבור ולא משבולת הזקן
ולמעלה. ונמצא כי לפי זה ג' נקודות לוקחין הארה לצורך הכלים של הם מן ג' האורות שהם
אח"פ בשבולת דוקא אבל ז"ת אינן לוקחין רק מב' אורות לבד שהם חוטם ופה משבולת ולמטה
עד הטבור כי אור אזן העליונה כבר נגמרה ונסתמה בשבולת הזקן ולכן גדולה היא הארה ג'
נקודות עליונים מן הז"ת. ולסבה זו ג' מלכים הראשונים לא מתו לפי שיש להם הארה גדולה
והכלי שלהם מעולה מאד לפי שנעשה מבחינת אזן העליונה ומהחוטם ופה כי בהסתכלות העין
באורות האזן חוטם פה נעשו הכלים שלהם כנ"ל כי לקחו כליהם ממקום שעדיין אורות האזן
שהם בחי' נשמה נמשכים שם שהוא עד שבולת הזקן כנ"ל. אמנם הז' מלכים תתאין מתו לפי
שכליהם נעשו מהסתכלות עין בחוטם פה לבד והיה חסר מהם אור האזן העליונה והנה גם
בג"ר עצמם יש בהם חילוק בין זו לזו והוא (נ"א והנה) כי מן הכתר לא ירד ממנו אפי'
האחוריים אלא האחוריים של נה"י בלבד אבל באו"א של הנקודים ירדו האחוריים שלהם לבד
ונשארו הפנים במקומה. וטעם הדבר הוא כי אלו האורות שנמשכים עד שבולת הזקן נחלקו לג'
כי הכתר לקח מבחי' האזן עצמה ממה שהראייה שואבת בהסתכלות באור האזן ומכ"ש
שנכללים בו ב' אורות אחרים ומזה נעשה כלי לכתר נקודים ואבא לקח ממה שהראייה שואבת
מאורות החוטם וגם הפה נכלל בו והנה הכתר שלקח מן האזן הארתו גדולה מאד לא נשבר
כלי שלו אבל או"א שאין לוקחין רק מן החוטם ופה נשברו האחוריים של כליהם. והנה או"א
אם היו מקבלים אור זה של חוטם ופה של א"ק בהיותו למעלה קרוב אל מקום נקבי האזן אף
על פי שלא היו מקבלין מאורות האזן עצמה רק קצת הארה היו מתקיימין האחוריים של כליהם

אבל כיון שאין מקבלין רק מסיום האזן שהוא מקום שבולת הזקן לכן אע"פ שלוקחין קצת הארה אינו מועיל להם ולכן נשברו האחוריים של כליהם. אבל הכתר כיון שלוקח אור האזן ממש אע"פ שלקחו סיומו כיון שהוא לוקח עצמותו די בזה ולא נשבר אפי' האחוריים של כלים דידיה. משא"כ באו"א שאינן לוקחין רק הארה בעלמא וגם שהוא ברחוק מקום. והרי נתבאר ג' בחי' אלו והם כי הכתר נתקיים כולו. ואו"א נשברו ונפלו האחוריים שלהם. וזו"ן נפלו פנים והאחוריים שלהם והנה זהו זהו הטעם שנרמז בפסוק והארץ היתה תהו ובהו אשר הוא מדבר בעניין מיתת המלכים של הנקודים כנ"ל נרמז בו ב"פ מלת תהו א' מפורש בפסוק וב' בר"ת למפרע "והארץ "היתה "תהו והוא כנגד ב' בחי' הנ"ל כי תהו הישר המפורש בפסוק הוא בחי' ז' מלכים שמתו ונתבטלו אפי' הפנים שלהם הישרים ותהו שבר"ת למפרע הוא בחי' ביטול האחוריים דאו"א כי כל למפרע הוא בחי' האחוריים. והנה בודאי כי גם בנקודים יש בחי' אורות מקיפים ופנימים ועניינו הוא כי הנה נתבאר כי מהג' אורות אח"פ שואב מהם הסתכלות העין לצורך הנקודים וזהו בחי' אור הג' הנ"ל שבארנו שהוא לצורך כלים אל הנקודים וצריך שתדע כי אור זה נחלק לב' ומה שלוקח מצד ימין הן אורות ממש ומה שלוקח מצד שמאל הם כלים. וכבר נת"ל כי באור יש בחי' פנימי ומקיף ובכלי יש פנימי וחיצון. נמצא כי כל אלו ד' בחי' לוקח הסתכלות העין מג' אורות אח"פ וזה סדרן כי הנה כשמסתכל העין באורות האזן ביושר נגד הסתכלות העין בעצמו שהוא שבולת הזקן עצמו מצד ימין הוא בחי' או"מ. ומה שהוא ג"כ בצד ימין אלא שהוא רחוק והוא מן הצדדים זה או"פ שהוא מועט. וכעד"ז בצד שמאל מה שהוא כנגד הסתכלות העין ממש הוא חיצוניות הכלי ומה שהוא לצדדים הוא פנימיות הכלי ומה שהוא לוקח מאורות החוטם הוא באופן אחר כי מה שלוקח מאור החוטם קודם שמגיע אל הפה והוא מצד ימין הוא או"מ ומהפה ולמטה הוא או"פ ועד"ז בצד שמאל הם כלים בחי' חיצוניות ופנימיות וכן הוא מה שלוקח מן הפה נחלק לשנים כי מה שלוקח מהפה עד שמגיע לשבולת הזקן מצד ימין הוא אור מקיף ומהדיק"נ למטה הוא פנימי וכעד"ז הוא בצד שמאל לעשות כלים בפנימיו' וחיצוניות.

[דל"ד ע"ב 70]

פרק ב' מ"ת

דרוש זה מקורו מספר אוצרות חיים וצריך לכתוב מ"ת בראש הדרוש.

דרוש זה הוא המשך רציף לסוף[38] הפרק הקודם של מ"ת, וכן הוא בספר הקדוש אוצרות חיים, פרק ב' מתחיל מיד אחרי סיום פרק א' מ"ת דכאן. בסוף הדרוש הקודם דמ"ת ביאר הרב ז"ל את הפסוק[39] פקח עיניך וראה שממתינו, כאן הרב ז"ל מבאר ושופך עוד פרטים בענין עולם הנקודות. **ידוע** כי בכל מקום שהרב ז"ל מבאר כי המלכים דמיתו ירדו לעולם הבריאה, הכוונה[40] היא לכל עולמות בי"ע, כאשר הכלי הפנימי ירד לעולם הבריאה, הכלי האמצעי לעולם היצירה, והכלי החיצון לעולם העשיה.

38

ע"ח ש"ח פ"א מ"ת דל"ה ע"א – וזהו פקח עיניך וראה. כי באח"פ יש ג' פעמים ס"ג, גימטריא פקח ע"ה, ואחריהם בא בחינת עינים, וזהו פקח עיניך, כי ג' אהי"ה אלו שבעינים הם בחינת אהי"ה ביודין, גימטריא קס"א, מנין עיניך ע"ה, וזה וראה שממותינו, כי כאן היה שממון גדול, וביטול המלכים.

39

דניאל ט' י"ח – הטה אלה"י אזנך ושמע **פקח עיניך וראה שממתינו** והעיר אשר נקרא שמך כי לא על צדקתינו אנחנו מפילים תחנונינו לפניך כי על רחמיך הרבים.

40

ע"ח ש"ט פ"ז מ"ז דמ"ו ע"ב – והנה כאשר יצאו כל האצילות מבחינת ב"ן לבד, והיה כולל עתיק, וא"א, וא"א, וזו"ן. ואז יצאו תחלה כל הכלים שלהם זה תחת זה עד סיום עולם האצילות, ואחר כך יצאו אורות דב"ן כל פרטי אצילות, ויצא תחלה כתר דעתיק דאצילות, שבו נכללין כל האורות, ונתקיים, ואחר כך יצאה חכמה דעתיק בכלי שלו, ובו היו כלולים כל שאר האורות ונתקיים, ואחר כך יצאה בינה דעתיק, ובו כלולין כל שאר האורות ונתקיים, ואחר כך יצאו שבעה תחתונות דעתיק, (נ"א דדעת) (הדעת למטה מכל אחד כלול בכלי שלו, ובו כלולים כל שאר האורות, והיה נשבר, **וירד פנימיות הכלי לבריאה, וחיצוניות הכלי ירד ליצירה, וחיצוניות של חיצוניות בעשייה**, ואחר כך האור ההוא נשאר בלי כלי, ושאר האורות ירדו בכלי השני של השבעה תחתונות, (נ"א נשאר ע"ד הנ"ל) והאור שלו נשאר בלי לבוש, ושאר האורות ירדו לכלי שלמטה ממנו, וכן על דרך זה עד שנגמרו שבעה תחתונות שלו, ואחר כך נכנס הכתר דאריך אנפין בכלי שלו................

נהר שלום דכ"ד ע"ד – והנה ידוע כי מיתת המלכים היתה בזו"ן דפרטות, ר"ל בזו"ן דעתיק, ובזו"ן דא"א, ובזו"ן דאבא, ובזו"ן דאימא, ובזו"ן דז"א, ובזו"ן דנוקבא, וכל פרצוף מאלו הפרצופים כלול מכל הפרצופים הנזכרים. וזה היה בפרט האחרון דפרטי פרטות, וכמבואר לעיל בהקדמה, וזה היה בפנימיות וחיצוניות דפנימיות, ובחיצוניות ופנימיות דחיצוניות, דפנים ודאחור. **והכלים עם הרפ"ח ניצוצות דמלכים דעתיק נפלו לעתיק דבי"ע, ודא"א לא"א דבי"ע, ודאו"א לאו"א דבי"ע, ודזו"ן לזו"ן דבי"ע. באופן זה כי הכלים הפנימיים דמלכים הנזכרים נפלו לפרצופי הבריאה. והכלים האמצעיים ליצירה. וכלים החיצוניים שלהם לעשיה.** ונתבאר בשער השמות ובכמה מקומות, כי כדי לברר הכלים ושארית הרפ"ח דכל פרט, יורדים כל הפרצופים העליונים דאצילות בימי החול בסוד גלות השכינה, ומתלבשים בפרצופים שכנגדם למטה בבי"ע. עתיק דאצילות בעתיק דבי"ע, וא"א בא"א, ואו"א באו"א, וזו"ן בזו"ן. כלים פנימים שלהם בבריאה, ואמצעים ביצירה, וחיצוניים בעשיה. ובי"ע הנזכר מתלבשים בבי"ע דחול, וזה לצורך בירורי כלים ואורות דמלכים דזו"ן דעתיק, וא"א, ואו"א, וזו"ן דאצילות שנפלו לבי"ע על סדר הנזכר. **כי הכלים הפנימים של מלכי עתיק, וא"א, ואו"א, וזו"ן דאצילות נפלו לבריאה. וכלים האמצעיים של המלכים הנזכרים ליצירה. וכלים החיצוניים שלהם לעשיה**, כנודע. ועל כן בימי החול יורדים הכלים דפרצופים העליונים דאצילות על דרך הנז"ל, לברר בחינותיהם שנשארו בבי"ע.

ידוע כי ג"ר נקראים פנים בערך ו"ק, והוא כי כל[41] פרצוף נחלק לג' חלקים חב"ד חג"ת נה"י, כאשר חב"ד נקראים כלים פנימים, חג"ת כלים אמצעים, ונה"י נקראים כלים חיצוניים. גם הם נקראים[42] נר"ן, כאשר נה"י הוא בכללות נקרא נפש, חג"ת רוח, וחב"ד נשמה. הרב ז"ל מבאר[43] בכל המקומות על שבירה, מיתה, וירידת **פנים ואחור** דשבעה

רחובות הנהר ד"ב ע"ב – ובהגיע האור לגבול האצילות, אירע בהם ענין ביטול המלכים, ונפלו הכלים פנימי אמצעי וחיצון עם אורות דרפ"ח, **לבי"ע התחתונים** דאותה הספירה.

41

ע"ח ח"ב ש"ל דרוש א' מ"ב דכ"ו ע"א – דע כי ז"א יש לו ג' פרצופים, וכל אחד כלול מעשרה ספירות, והם זה תוך עשרה, תוך עשרה, ועשרה אחרים בפנימיות כולם. ואלו השלושה פרצופים הם כולם בחינת כלים, והם שלושים כלים, וכולם הם ביחד גוף א'חד, וכלי אחד, ובתוכו יש האורות, שהם נר"ן וכו', ובהיות שלשתן יחד זה תוך זה הם שוים בקומתן, אבל לפעמים אין לז"א רק פרצוף החיצון מהם בלבד, ולפעמים שניהן, ולפעמים שלשתן. ובתחלה מתחיל הז"א להיות בו **פרצוף החיצון**, ואז הוא שיעור קומתו הוא שליש גדלותו לבד והוא **כשיעור קומת נה"י** אחר הגדלות האחרון. ואחר כך נכנס בו **פרצוף אמצעי**, ומתלבש בתוך החיצון, ואז נגדל ז"א ב' שלישי קומתו, **שהם נה"י וחג"ת**, בין בחינת פרצוף החיצון ובין פרצוף האמצעי, כי אמצעי גורם אל החיצון שיגדל כמוהו. ואחר כך נכנס בו **הפרצוף הפנימי**, ומתלבש בתוך האמצעי, ואז גם ב' הפרצופים החיצון ואמצעי נגדלים כארוך הפרצוף הפנימי, ואז נשלם ז"א כשיעור קומתו לג' הפרצופים. והוא כאלו נמשיל משל, **כי החיצון שיעור קומתו כשיעור נה"י דז"א בגדלות, והאמצעי כשיעור נה"י וחג"ת דגדלות, והפנימי כשיעור נה"י חג"ת חב"ד בגדלותו.** ולכן בבא האמצעי מגדיל את החיצון כמוהו, ובבא הפנימי מגדיל שניהן כמוהו.

ע"ח שי"ט פ"י מ"ב דצ"ה ע"ג – והנה הכלים הם שלושה, בחינת **חיצון ואמצעי ופנימי.**

ע"ח ח"ב ש"ל דרוש ב' מ"ב דכ"ז ע"א – באופן כי לכל פרצוף עשר ספירות, הנקרא כלים, ונחלקים לג' חלקים, והם עשר כלים חיצוניות, מדור אל הנפש. עשר כלים אמצעים מלובשים תוך חיצוניות, והם מדור אל הרוח. ועשר כלים פנימים מלובשים תוך הכלים אמצעים, והוא מדור אל הנשמה. והם השלושים כלים, אבל גובה קומתן אינם אלא עשרה, לפי שהם עשר תוך עשר, ועשר תוך עשר.

42

נהר שלום, דרוש הדעת דמ"א ע"ג – ונבאר עתה כל זה בפרטות פרצוף אחד שהוא זעיר, וממנו תקיש בכללות כל הפרצופין יחד, דע כי ז"א הוא פרצוף אחד כולל עצמות וכלים, והכלים שבו הם נכללים בג', כי הכבד למטה, וכולל עשר מדות שהם כל האיברים, ומתלבש ע"י הורידין שבו, בכל הגוף. והלב גבוה ממנו, וכולל עשר מדות, ומתלבש תוך בחינת הכבד, ע"י הדפקים שבו, ומתפשט בכל הגוף, והמוח גבוה מכולם, וכולל עשר מדות, מתלבשים תוך בחינת הלב, ע"י הגידים, המתפשטים ממנו, ומתפשט בכל הגוף, ועד"ז ממש נחלק העצמות בג', נשמה ורוח ונפש, מתלבשים זה בתוך זה, ומתפשטים בכל הגוף, לכן הכבד משכן הנפש, והלב משכן הרוח, והמוח משכן הנשמה.

43

ע"ח ש"ח פ"ב מ"ת ל"ו ע"ג – אמנם השבעה מלכים תתאין מתו, לפי שכליהם נעשו מהסתכלות עין בחותם פה לבד, והיה חסר מהם אור האזן העליונה. והנה גם בג"ר עצמם יש בהם חילוק בין זו לזו, והוא (נ"א והנה) כי מן הכתר לא ירד ממנו אפילו האחוריים, אלא האחוריים של נה"י בלבד. אבל באו"א של הנקודים ירדו האחוריים שלהם לבד, ונשארו הפנים במקומם. וטעם הדבר הוא כי אלו האורות שנמשכים עד שבולת הזקן נחלקו לשלושה, כי הכתר לקח מבחינת האזן עצמה ממה שהראייה שואבת בהסתכלות באור האזן, ומכל שכן שנכללים בו שני אורות אחרים, ומזה נעשה כלי לכתר נקודים. ואבא לקח ממה שהראייה שואבת מאורות החוטם, וגם אור הפה נכלל בו. והנה הכתר שלקח מן האזן הארתו גדולה מאד לא נשבר כלי שלו, אבל או"א שאין לוקחין רק מן החוטם ופה נשברו האחוריים של כליהם. והנה או"א אם היו מקבלים אור זה של חוטם ופה של א"ק, בהיותו למעלה קרוב אל מקום נקבי האזן, אף על פי שלא היו מקבלין מאורות האזן עצמה, רק קצת הארה היו מתקיימין האחוריים של כליהם, אבל כיון שאין מקבלין רק מסיום האזן שהוא מקום שבולת הזקן, לכן אף על פי שלוקחין קצת הארה אינו מועיל להם, ולכן נשברו האחוריים של כליהם. אבל הכתר כיון שלוקח אור האזן ממש אף על פי שלקחו סיומו כיון שהוא לוקח עצמותו, די בזה ולא נשבר אפילו האחוריים של כלי דידיה. מה שאין כן באו"א שאינן לוקחין רק הארה בעלמא, וגם שהוא ברחוק מקום. והרי נתבאר שלושה בחינות אלו, והם כי הכתר נתקים כולו, ואו"א נשברו ונפלו האחוריים שלהם. **וזו"ן נפלו פנים**

התחתונות דנקודים, לפי פשט הדברים נראה שחב"ד חג"ת ונה"י דמלכים נשברו ומתו וירדו לעולמות בי"ע.[44] עם כל זאת רק חג"ת נהי"מ דמלכים נשברו ומתו, שהם הבחינה החיצונה והאמצעית, והסיבה[45] שהרב ז"ל קורא לחג"ת נה"י פנים ואחור היא שמדובר בערכין, כי חג"ת נקראים אחור בערך חב"ד, ונקראים פנים בערך הנה"י. לכן צריך **לזכור ולדעת** כי בכל מקום שנזכר פנים ואחור דז"א דמקרה המלכים, מדובר אך ורק בו"ק דז"א.

ונחזור הרב ז"ל חוזר באופן כללי על פרק א' דשער זה, ואחר כך ממשיך ומבאר בפרטי פרטים את בחינת הנקודים.

לענין לבאר תחלה איך באופן כללי[46] ובאיזה אופן ומהיכן **יצאו האורות** האלו ד**נקודות** שהם

והאחוריים שלהם, והנה זהו הטעם שנרמז בפסוק והארץ היתה תהו ובהו, אשר הוא מדבר בענין מיתת המלכים של הנקודים כנזכר לעיל.

ע"ח ש"ח פ"ו מ"ת דט"ל ע"ג – וכבר נתבאר לעיל כי אלו שבעת מלכים לקחו אורם מגוף א"ק שתחת שבולת הזקן, ולא מלעילה. נמצא שהם חסרים בחינת שלושה אורות עליונים שהם אח"פ, **כי לכן נשברו הפנים והאחוריים שלהם**, ואלו הם בחינת ג' תגין שיש למעלה על כל אות מאלו השבעה הנזכר לעיל. כי הם מורים על הסתלקות האורות והחיות מן הכלים, שהם אותיות, ונשאר האור למעלה מהם ולא בתוכם, כדרך צורת התגין על האותיות. אבל האותיות בד"ק חי"ה הם אחוריים דא"א שירדו.

ע"ח ש"ט פ"ג מ"ת דמ"ב ע"ד – ונבאר עתה איך בעת מיתת המלכים אלו ירדו הכלים שלהם לעולם הבריאה כנזכר לעיל, משאין כן בארבעה אחוריים דא"א. כי הנה נתבאר החילוק שהיה בין או"א לשבעה המלכים, שהם זו"נ, ואמרנו כי השבעה מלכים שהם זו"נ מתו ממש, וירדו אל עולם הבריאה, הכלים שלהם ואחוריים של או"א נתבטלו ולא מתו, אלא שירדו למטה בעולם אצילות עצמו, ושם ביארנו טעם לזה, ואמרנו שהיה לסיבה שהשבעה מלכים לא קבלו אורות אח"פ דא"ק, רק מגופא דיליה ואילך. והנה לטעם זה עצמו היה גם כן שינוי אחר בין ג"ר שהם כח"ב, אל השבעה מלכים התחתונים, כי הג"ר יצאו בקצת תיקון בראשונה, והוא כי כאשר יצאו בראשונה נתפשטו כסדר ג' קוין, מה שאין כן שבעה תחתונות שיצאו זו למטה זו, וזה שכתוב באדרא רבא - עד אימת ניתב בקיימא דחד סמכא, ר"ל נתקן התיקון שהוא דרך קוין, אבל קודם שהיו זה על גבי זה, הוי קיומא דחד סמכא. וכבר ביארנו כי התיקון האצילות הוא בהיות ששה קצות עשוי בבחינת ג' קוים קשורים זה בזה, בסוד השלישי המכריע ביניהן, ואז נקרא רשות היחיד. אבל בהיותן זה על גבי זה והם נפרדין אחת מחברתה, אז נקרא רשות הרבים. ולכן הג"ר נתבטלו אחוריהם ולא מתו, **ושבעה מלכים מתו פנים ואחור**, כי יצאו בלי תיקון כלל.

ע"ח ש"ט פ"ז מ"ב דמ"ו ע"ד – ויצאו שבעה תחתונות מדעת ולמטה בלבד, וכולם יצאו מן בינה דז"א הכלולה תוך אימא עילאה כנזכר לעיל, שלא יצאה, **ואז כל השבעה מתו פנים ואחור**, וירדו בבי"ע.

44

ע"ח ח"ב ש"ל דרוש א' מ"ב דכ"ו ע"ד – גם תבין כי פרצוף האמצעי אף כי נקרא אחור בערך השלישי הפנימי מכולם, **אמנם לפעמים נקרא פנימי בערך החיצון שבכולם**. ובזה תבין מה שנתבאר אצלינו כי בעת מיתת המלכים של ז"א היה בו אחור ופנים, והוא לסבת היות בו תמיד נה"י חג"ת, ו"ק, שהם פרצוף החיצון ואמצעי כנזכר לעיל, **ואז החיצון נקרא אחור, ואמצעי פנימי בערך החיצון**, והבן זה.

45

נהר שלום די"ב ע"ד – והענין בקיצור נמרץ, ידוע כי כל העולמות מראש א"ק עד סוף העשיה, כלולים מחיצוניות ופנימיות, וכל אחד משניהם נחלק לחיצוניות ופנימיות, **ואין לך שום בריה שאינה כלולה מחיצוניות ופנימיות**, אמנם החיצוניות דכללות כל העולמות הם העיגולים דכל העולמות, והפנימיות הוא היושר דכל העולמות, וכל אחד נחלק לחיצוניות ופנימיות, שהם הכלים והאורות, גוף ונשמה, כי הכלים שהם העשר ספירות דכל פרצוף, נקרא חיצוניות בערך הפנימיות, שהם האורות והנרנח"י, המלובשים בהם. וכן בפרטות העשר ספירות הנחלקים לשלשה פרצופים, נה"י חג"ת וחב"ד, מתלבשים זה בתוך זה. **כי פרצוף דנה"י המלביש לפרצוף חג"ת נקרא חיצוניות בערך פרצוף החג"ת המתלבש בתוכו, ופרצוף החג"ת נקרא פנימיות אליו**. ופרצוף החג"ת נקרא חיצוניות בערך פרצוף החב"ד המתלבש בו, והחב"ד הוא פנימיות אליו. וכל זה הפרצוף הכלול מחב"ד וחג"ת ונה"י נקרא חיצוניות בערך הפרצוף העליון המתלבש בו, וכן על דרך זה מפרצוף לפרצוף, עד א"ס.

46

עולם הנקודים, והמלבישים את חיצוניות א"ק מהטבור דיליה ולמטה, **וַאֲזוֹר**[47] **כָּךְ נְדַבֵּר בִּפְרָטוֹת**

וּבְעוֹמֶק על בחינת הנקודים **עַצְמָן** וסדר יציאתם, אם יצאו בדרך שיצא עולם העקודים או להפך, האם יצאו האורות תחילה ואחר כך הכלים, או תחילה נעשו הכלים ואחר כך התלבשו בהם האורות, ועוד. **כִּי כְּבָר אָמַרְנוּ כִּי הַכֹּל** ר"ל אלפים[48] ורבבות של עולמות **יָצְאוּ מֵא"ק הַנִּזְכָּר לְעֵיל**, ובהם את עולמות האח"פ ועולם הנקודים, **וְאָמַרְנוּ**[49] [50]**כִּי** האורות[51] שיצאו מהאזנים[52] הגיעו עד מקום שבולת הזקן דא"ק, והאורות שיצאו מהחוטם[53] הגיעו עד החזה דא"ק, והאורות שיצאו מהפה[54] דא"ק, שהם עולם **הָעֲקוּדִים הִגִּיעוּ עַד**

כרם שלמה ש"ח פ"ב אות א' – מה שכתב איך יצאו הנקודות. פירוש האורות האלו שהם עולם הנקודים, שהם מלבישים להא"ק מטיבורו ולמטה. אם הם יצאו מא"ק או לא, ואם יצאו ממנו מאיזה מקום יצאו, אם מעיקר אורות העינים יצאו, או מן מקום הטיבור ולמטה, ואיך יצאו באיזה אופן, הכל מפרש אותם בסמוך בפרקין.
47

כרם שלמה ש"ח פ"ב אות א' – ומה שכתב ואחר כך נדבר בפרטות עצמן. פירוש, איזה ספירה יצאה תחלה, אם הכתר של הנקודים, או הכתר יצא תחילה. וכן אם הכלים יצאו תחילה או האורות יצאו תחילה כמו עולם העקודים. ועל מה שכתבנו מהיכן נתהוו הנקודים האלו, אם מן מקום אחד או מן א"ק, על זה כתב כי כבר ביארנו, כי הכל יצא מא"ק הנ"ל. פירוש, כמו שכתב לעיל בפרק ד' משער א' במקומות רבים, כי כל העולמות כולם הם יצאו מפרט אחד שכולל כמה אלפי רבבות עולמות, והוא הא"ק דכל הקדומים.
48

ע"ח ש"ג פ"א מ"ב דט"ז ע"ב – כי זה האדם כלול מעשר ספירות, וכולן נקרא א"ס בערך עולם האצילות שלמטה הימנו. **וזה הא"ק נחלק לאלפים ולרבבות עולמות**, ותחילת התחלקותו הם ארבעה עולמות הנקרא ראיה, שמיעה, ריחא, דיבור, הנזכר בתיקונים תיקון ע' דקכ"א. **ומהם מתחלקים עולמות לאין קץ**, וכל אלו הבחינות נרמזו במאמר פקודי הנזכר לעיל למבין. וזה האדם נרמז בקוצו של יו"ד דשם הוי"ה, כי הוא בחינת הכתר של כללות העולמות.
49

כרם שלמה ש"ח פ"ב אות א' – ומה שכתב ואמרנו כי העקודים הגיעו עד טיבורו. כדי לומר אחר כך שהנקודים נראו מן הטיבור ולמטה דווקא, אף על פי שיצאו מן העינים, חלק העליון שלהם שמן העינים ועד הטבור הוא נבלע באורות האח"פ שהגיעו עד טיבור.
50

בית לחם יהודה ש"ח פ"ב דכ"ב ע"א – ואמרנו כי העקודים וכו'. הוא בפרק א' דשער ז'.
51

תרשים ב – א.
52

ע"ח ש"ה פ"א מ"ת ד"כ ע"ג – והנה כאשר יצא האור דרך נקבי האזנים ימנית ושמאלית, נתפשטו האורות האלו מבחוץ ממקום האזנים **עד מקום שבולת הזקן**, ונמשך בהתפשטותו מנגד התפשטות שער הזקן הצומח בלחיים בצדדי הפנים, וכנגדו נתפשט ונמשך אור הזה עד שמגיע למטה בשבולת הזקן, ושם מתחברים האורות היוצאים מב' נקבי האזנים, אמנם לא נתחברו בחבור גמור, אבל נשאר ביניהם חלל מעט.
53

ע"ח ש"ה פ"ב מ"ת דכ"א ע"ד – אחר כך באו הטעמים האמצעיים, והם בחינת אור היוצא מחוטם דא"ק, וחוטם גימטריא ס"ג, גם מכאן נמשך ויוצא אור דרך ב' נקבי החוטם ימין ושמאל, ימין מקיף, ושמאל פנימי, על דרך הנזכר באזן, ונמשכו ביושר **עד החזה** של זה הא"ק, וזהו עיקר האור.
54

ע"ח ש"א פ"א מ"ת דכ"ד ע"ג – והתחיל בעקודים כי הם האור היוצאים מפה דא"ק, אשר בהם התחיל גילוי הויות הכלים, להיות עשרה אורות פנימים ומקיפים מקושרים ומחוברים יחד, בתוך כלי אחד, אשר לסבה

טַבּוּרוֹ שֶׁל הָא"ק הַנִּזְכָּר לְעֵיל, וְהָאוֹרוֹת[55] שֶׁיָּצְאוּ **דֶּרֶךְ** הָעֵינַיִם נִבְלְעוּ בָּאוֹרוֹת הָאֵח"פ, וּמִתְגַּלִּים מִן הַטַּבּוּר וּלְמַטָּה עַד סוֹף רַגְלֵי א"ק, **וְאַף[56] עַל פִּי שֶׁאָמַרְנוּ שֶׁהָאוֹרוֹת יוֹצְאִין דֶּרֶךְ נִקְבֵי פֶּה** שֶׁהֵם אוֹרוֹת הָעֲקוּדִים הַמִּתְפַּשְׁטִים עַד הַטַּבּוּר דְּא"ק, **אוֹ** הָאוֹרוֹת הַיּוֹצְאִין דֶּרֶךְ נִקְבֵי הַחֹטֶם וּמִתְפַּשְׁטִים עַד הֶחָזֶה דְּא"ק, **וְכַיּוֹצֵא** בָּהֶם, שֶׁהֵם אוֹרוֹת הַיּוֹצְאִין דֶּרֶךְ נִקְבֵי הָאָזְנַיִם וּמִתְפַּשְׁטִים עַד שִׁבּוֹלֶת הַזָּקָן, **וְזֶהוּ עִיקַר הָאוֹרוֹת, אֲבָל[57] וַדַּאי שֶׁגַּם דֶּרֶךְ כּוֹתְלֵי דוֹפְנֵי שֶׁל זֶה הָא"ק, בּוֹקֵעַ וְיוֹצֵא אוֹר וּמֵאִיר תָּדִיר בָּהֶם,** וְאוֹר[58] זֶה מִתְחַלֵּק לִב' בְּחִינוֹת, **חֵלֶק הָאֶחָד** הוּא מִטַּבּוּר דְּא"ק וּלְמַעְלָה, בּוֹקֵעַ אוֹר דֶּרֶךְ[59] נִקְבֵי הָעוֹר, וּמֵאִיר לָעוֹלָמוֹת דְּאֵח"פ שֶׁמִּחוּץ לְא"ק, מֵאִיר גַּם לַצְּדָדִים, וּמִצַּד[60] יָמִין וּשְׂמֹאל שֶׁל הָאוֹר הַזֶּה לָקְחוּ הַנְּקוּדִים הֶאָרָה

זוֹ נִקְרָא עֲקוּדִים, מִלְּשׁוֹן וַיַּעֲקֹד אֶת יִצְחָק, ר"ל וַיִּקְשׁוֹר, וּכְמוֹ שֶׁנִּכְתּוֹב בע"ה....... וְהִנֵּה מִן הַפֶּה הַזֶּה יָצְאוּ עֶשֶׂר סְפִירוֹת פְּנִימִים, וְעֶשֶׂר מַקִּיפִים, **וְנִמְשָׁכִין מִנֶּגֶד הַפָּנִים עַד נֶגֶד הַטַּבּוּר שֶׁל זֶה הָא"ק**, וְזֶה עִיקַר הָאוֹר.
ע"ח שׁ"ז פ"ז מ"ק ד"ל ע"ב – וְהִנֵּה כַּאֲשֶׁר רָצָה הַמַּאֲצִיל הָעֶלְיוֹן לְהוֹצִיא בְּחִינַת הַכְּלִי הַהוּא הַנִּקְרָא עֲקוּדִים, מַה עָשָׂה הִמְשִׁיךְ הָאוֹר שֶׁלּוֹ לְמַטָּה עַד מְצִיאוּת סִיּוּם שִׁיעוּר הָרָאוּי לִהְיוֹת נַעֲשֶׂה מִמֶּנּוּ בְּחִינַת עֲקוּדִים, **שֶׁהוּא עַד הַטַּבּוּר.**
55

תַּרְשִׁים ב – ב.
56

כֶּרֶם שְׁלֹמֹה שׁ"ח פ"ב אוֹת א' – וּמַה שֶּׁכָּתַב וְאַף עַל פִּי וְכוּ', אֲבָל וַדַּאי וְדוֹפְנֵי שֶׁל זֶה הָא"ק בּוֹקֵעַ וְיוֹצֵא אוֹר וְכוּ'. אַף עַל פִּי שֶׁלִּכְאוֹרָה שֶׁאֵין לְמָקוֹם זֶה כָּאן, **וְאֵין צְרִיכָה לָנוּ זֹאת הַהַקְדָּמָה, עִם כָּל זֹאת הִיא צְרִיכָה לָנוּ הַרְבֵּה,** וְהוּא כִּי כָּתַב לְקַמָּן בְּפִירְקִין, וּבְסוֹף פִּירְקִין כִּי אוֹרוֹת הָעֵינַיִם הָאֵלּוּ בְּרִדְתָּם לְהִתְפַּשֵּׁט מִן הָעֵינַיִם וְעַד סוֹף הַנֶּה"י, הֵם לָקְחוּ הֶאָרוֹת מִן בָּאֵח"פ, מִן צַד יָמִין שֶׁלָּהֶם, וּמִן צַד שְׂמֹאל שֶׁלָּהֶם, וּמִצַּד מַעְלָה וּמִצַּד מַטָּה. וּמִצְּדָדִים שֶׁל הַיָּמִין וְשֶׁל הַשְּׂמֹאל גַּם כֵּן לְצוֹרֶךְ בִּנְיַן אוֹרוֹת וְכֵלִים שֶׁלָּהֶם. וְהַלּוֹמֵד יָכוֹל לְהַקְשׁוֹת וַהֲלֹא הָאוֹרוֹת שֶׁל הָאֹזֶן וְהַחֹטֶם וְהַפֶּה כְּבָר כָּתַב עֲלֵיהֶם בְּפֶרֶק א' שֶׁהֵם מִתְפַּשְׁטִים בְּיוֹשֶׁר, וְאֵין נוֹטִים לְכָאן וּלְכָאן, וְלָזֶה אָמַר לְעֵיל מַה שֶּׁאֵין כֵּן בִּשְׁאָר הָאוֹרוֹת כְּמוֹ אוֹרוֹת אֵח"פ שֶׁיָּצָא הַהֶבֶל בְּמִישׁוֹר וְהַכֹּל בְּיוֹשֶׁר וְכוּ'. וּמִנַּיִן לָהֶם עוֹד אוֹרוֹת שֶׁל אֵח"פ שֶׁהֵם מִתְפַּשְׁטִים בְּהַצְּדָדִים כְּדֵי שֶׁיִּקְחוּ אוֹרוֹת הָעֵינַיִם מֵהֶם לְצוֹרֶךְ הַכֵּלִים שֶׁלָּהֶם, וּלְצוֹרֶךְ אוֹר הַשְּׁלִישִׁי שֶׁלָּהֶם, כְּמוֹ שֶׁכָּתוּב לְקַמָּן בְּסוֹף פִּירְקִין. לָכֵן הִקְדִּים וְכָתַב כָּאן, זֶה שֶׁאָמַרְנוּ שֶׁהַכֹּל בְּיוֹשֶׁר, זֶהוּ עִיקַר הָאוֹרוֹת, אֲבָל וַדַּאי שֶׁגַּם דֶּרֶךְ דּוֹפְנֵי כּוֹתְלֵי שֶׁל זֶה הָא"ק בּוֹקֵעַ וְיוֹצֵא אוֹר, וּמֵאִיר בָּהֶם וְכוּ'. וְנִמְצָא שֶׁגַּם בְּצִדְדֵי הָאֵח"פ יֵשׁ אוֹר הַדּוֹמֶה לָהֶם, וְנִקְרָא בִּשְׁמָם, וְלָכֵן חוֹקְחִים הָעֵינַיִם מֵאֵלּוּ הָאוֹרוֹת הָעוֹבְרִים עַל דַּרְכָּם בְּהִתְפַּשְּׁטוּתָם לְמַטָּה.
57

אֵיפָה שְׁלֵימָה, שַׁעַר הַנְּקוּדִים פ"ב ד"ה ע"ד)אַ(– אֲבָל וַדַּאי וְכוּ'. אֲבָל אֵין מוּכְרָח לִהְיוֹת שָׁם שְׂעָרוֹת, רַק מִדֶּרֶךְ נִקְבֵי הָעוֹר עַצְמוֹ יוֹצֵא הָאוֹר, כְּמוֹ שֶׁכָּתַב בְּשַׁעַר הַהַקְדָּמוֹת דַּף י"ח סוֹף ע"ד וז"ל - כִּי דֶּרֶךְ נִקְבֵי הָעוֹר יוֹצֵא לָהֶם אוֹר וְכוּ', יַעֲיֵן שָׁם. וְלֹא הִזְכִּיר שְׂעָרוֹת, אֲבָל מִטַּבּוּר וּלְמַטָּה הִזְכִּיר בְּחִינַת שְׂעָרוֹת, כְּמוֹ שֶׁכָּתַב שָׁם בְּדַף י"ט ע"ג יַעֲיֵן שָׁם. וּלְפִי שֶׁהָיָה שָׁם נִקְבֵי אֵח"פ, יוֹצְאִים הָאוֹרוֹת בְּדֶרֶךְ פֶּתַח פָּתוּחַ, מִשּׁוּם הָכִי לֹא הָיָה בְּחִינַת עֲגוּלִים, כְּמוֹ שֶׁכָּתַב הָרַב יָפֶה שָׁעָה ז"ל בְּפִרְקִין אוֹת א' יַעֲיֵן שָׁם בְּבֵיאוּרוֹ. וּשְׂעָרוֹת הַדִּיקְנָא הֵם בְּחִינַת מוֹחָא סְתִימָא דִּבְגוֹ גֻּלְגַּלְתָּא, שֶׁשָּׁם לֹא יֵשׁ בְּחִינַת נְקָבִים וְחַלּוֹנוֹת, וְנִתְגַּלַּת לְמַטָּה מִפֵּאֲתֵי הָרֹאשׁ שֶׁשָּׁם מִסְתַּיְּמִים עֶשֶׂר סְפִירוֹת דְּכֶתֶר, וּלְפִיכָךְ הָיָה בְּחִינַת שְׂעָרוֹת.
58

תַּרְשִׁים ב – ג.
59

שַׁעַר הַהַקְדָּמוֹת, דְּרוּשׁ ד' בָּעוֹלָם הַנְּקוּדִים דִּי"ח ע"ד – הִנֵּה נִתְבָּאֵר לְעֵיל כִּי אוֹרוֹת עוֹלָם הָעֲקוּדִים שֶׁיָּצְאוּ מִן הַפֶּה דְּא"ק, נִתְפַּשְּׁטוּ מִשָּׁם וְנִמְשְׁכוּ עַד מְקוֹם הַטַּבּוּר שֶׁל א"ק חוּצָה לוֹ, גַּם נִתְבָּאֵר כִּי עִיקַר הָאוֹרוֹת יוֹצְאִים דֶּרֶךְ הָאֹזֶן וְהַחֹטֶם וְהַפֶּה, **אֲבָל וַדַּאי כִּי דֶּרֶךְ נִקְבֵי הָעוֹר יוֹצֵא לָהֶם אוֹר** מִתּוֹךְ א"ק וּמֵאִיר לָהֶם תָּמִיד דֶּרֶךְ דְּפָנוֹת גּוּפוֹ לַחוּץ.
60

לצורך בנין האורות והכלים שלהם, ולצורך בחינת האור השלישי כמבואר לקמן. **וחלק שני** הוא מהטבור דא"ק ולמטה, בוקע ויוצא אור דרך[61] גומות השערות שבעור ומאיר לעולם הנקודים[62], בסוד הפסוק[63] ואחר עורי נקפו זאת. **וכבר נתבאר** לעיל כי כאשר רצה המאציל שהוא א"ק [דל"ו ע"א 71] **להאציל** בזינת עולם הנקודים[64] בכוונתו[65] היה לגלות ולעשות להם בזינת כלים, כדי לגרום שיוכלו העולמות התזזתונים שהם עולמות בי"ע[66] לקבל אורו על ידי המעטת האור דרך הכלים דנקודים, שמאיר בהם[67] דהיינו לכל גילוי של הנהגה חדשה קודם מיעוט אור החסד, וגילוי הדין שהוא בחינת הכלים.

ע"ח ש"ח פ"ב מ"ת דל"ו ע"ד – והנה בודאי כי גם בנקודים יש בחינת אורות מקיפים ופנימים, וענינו הוא כי הנה נתבאר כי מג' אורות אח"פ שואב מהם הסתכלות העין לצורך הנקודים, **וזהו בחינת אור השלישי** הנזכר לעיל שבארנו, שהוא לצורך כלים אל הנקודים. וצריך שתדע כי אור זה נחלק לב', ומה שלוקח מצד ימין הן אורות ממש, ומה שלוקח מצד שמאל הם כלים. וכבר נתבאר לעיל כי באור יש בחינת פנימי ומקיף, ובכלי יש פנימי וחיצון. נמצא כי כל אלו ד' בחינות לוקח מג' אורות אח"פ. וזה סדרן, כי הנה כשמסתכל העין באורות האזן ביושר נגד הסתכלות העין בעצמו, שהוא שבולת הזקן עצמו מצד ימין, הוא בחינת אור מקיף. ומה שהוא גם כן **בצד ימין** אלא שהוא רחוק, והוא מן הצדדים זה אור פנימי, שהוא מועט. וכן על דרך זה **בצד שמאל**, מה שהוא כנגד הסתכלות העין ממש הוא חיצונית הכלי, ומה שהוא לצדדים הוא פנימיות הכלי.

61

ע"ח ש"ח פ"א מ"ק דל"ה ע"ג – מה שאין כן בנקודות, שהבל היוצא מנה"י של הא"ק הוא בוקע בכלים של א"ק, ויוצא לחוץ בסוד ואחר עורי נקפו זאת, שהאור הוא בפנים ונוקף ומכה בעור, ויוצא לחוץ מכל צדדי האדם כולו, ואם היה טיבורו פתוח והיה יוצא האור משם אל הנקודים, היה נקודים ביושר כנגד אור הטבור, וקילוחו ביושר, **אך אור ההוא יוצא מכל צדדי העור דרך גומות ושערות שבעור**, לכן הנקודים הם עגולים. **שער ההקדמות, דרוש ה' בעולם הנקודים די"ט ע"ג** – ונחזור לענין אור החדש שבפנימיות א"ק מטבורו ולמטה, כי הנה הוא בוקע דפנות הכלי והגוף של א"ק, **ויוצא לחוץ דרך גומות השערות**, ומאיר אל עשר נקודים הנזכרים שנתפשטו שם.

62

שער הגלגולים, הקדמה ל"ו – גם בענין עמוס הנביא, דע כי שרש נפשו היתה מבחינת עולם הנקודים, כמבואר בספרינו, שהם בחינת שבעה מלכי אדום שמתו, והם חמש גבורות מנצפ"ך שהם כפולות, ונודע כי הם בגימטריא תק"ע, לפי ששני פעמים מנצפ"ך הם תק"ס, ובחינת כללות עשר עצמם הרי תק"ע, וזה סוד אשר היה בנקודים, מתקו"ע.

63

איוב י"ט כ"ו – ואחר עורי נקפו זאת ומבשרי אחזה אלו"ה.

64

כרם שלמה ש"ח פ"ב אות ב' – מה שכתב כי כאשר רצה המאציל להאציל בחינת נקודים. פשוט, **המאציל הנזכר כאן הוא בחינת הא"**ק **עצמו**, שהוא המאציל של בחינת הנקודים, והראיה שכתב - אחר כך צמצם עצמו צמצום אחד וגו', **עצמו** דייקא, והוא הא"ק.

65

כרם שלמה ש"ח פ"ב אות ב' – ולזה כתב כי כוונתו כאן לגלות בחינת הכלים, לשיוכלו העולמות התחתונים לקבל אורו על ידי המעטתו על ידי הכלים של הנקודים של האלו.

66

כרם שלמה ש"ח פ"ב אות ב' – וזה מה שכתב לשיוכלו העולמות התחתונים. פירוש, הבי"ע וכל אשר בהם, לקבל אורו שמאיר בהם.

67

כלל – לכל גלוי הנהגה חדשה, קודם מעוט אור החסד, וגלוי הדין.

צריך לדעת כלל[68] גדול וחשוב, כי על מנת לגלות[69] הנהגה חדשה, חייב שיהיה קודם לה בחינת צמצום, שהוא גילוי הדין[70], **וכלל זה חשוב** להבין סוגיה זאת. הרב ז"ל חוזר ומבאר[71] את בחינת עליית האורות התנה"י דא"ק מעל לטבור,

---

68

כלל – לכל גילוי של ההנהגה חדשה, חייב שיהיה קודם לא צימצום, שהוא גילוי הדין, וביטול המלכים דאותה בחינה.

69

מבוא שערים ש"א ח"א פ"ב ד"ג ע"ב – והמשכיל יבין מזה בש"א ח"א פ"א כי בכל יציאות אורות מחודשות נעלמות מספירות, אינו אלא על יד צימצום האור, כי כן היה צימצום הא"ס להוציא א"ק, וא"ק להוציא הנקודות, הוא האצילות. וכל זה הוא קרוב אל **ביטול המלכים**, ואסור להוציאם בפה, כי זה המקום מקום גבוה.

70

מבוא שערים ש"א ח"א פ"א ד"א ע"ב – ומזה תבין כל הצימצום שיבואו אחר כך שנבארם במקומם, כמו צימצום א"ק שציצמם עצמו להוציא עולם הנקודים, כמו שנבאר במקומו ש"ב ח"א פ"א, גם הוא בחינת דין. ונמצא כי מעת התחלת צימצום א"ס לעשות המקום חלל, התחיל **שורש הדין** להתגלות קצת, עם היות שאסור להזכיר בחינת דין זולת מן האצילות ולמטה, להיות כי שם התחילו הכלים להתגלות, והעיקר הצימצום והגבלה הוא על ידי הכלים. אמנם מה שאנו מזכירין כאן בחינת דין, הוא שורש הדין בהעלם גמור בערך הא"ס, אמנם כאן היא רחמים פשוטים. נמצא כי הצימצום הזה היה כדי שיוכלו הכלים לא"ק הזה להתגלות ולהתהוות, כי האור מבטל הוויות הכלים שהוא עב וחשוך מן האור, ואחר כך בעת חזרת האור הקו של הא"ס להתלבש בתוכם כמו שנבאר פרק ב', אז חזר האור דעצמות דא"ק ונתלבש תוך הכלים שלו, ונשאר בבחינת העצמות וכלים, עם היות שאסור להזכיר כאן שום כלי, כי אין גילוי כלים רק בעולם הנקודים, אבל אנו קוראים עתה כלים בערך אור של עצמות האור הגדול הזך ממנו, המתלבש בתוכו. והענין מה שאמרו זכרונם לברכה כי תחלה ברא העולם במדת הדין, ואחר כך שיתף עמו מדת הרחמים, והנה כי בעת עשיות מקום על ידי הצימצום, היה במדת הדין, ואחר כך שנאצל העולמות בתוך המקום, ואור א"ס נתלבש בתוכם כמו שנבאר בע"ה, אז היה מדת הרחמים. והנה גם הצימצום הזה היה דין, נקרא מקלקל על מנת לתקן, כי היה כהכרח להתגלות שורש הדין, אז תחלה כי כל כוונות האצילות העולמות היה לברר העולמות, כנזכר במבוא שערים, והנה זה היה הצימצום הראשון של האצילות כל העולמות.

71

מבוא שערים ש"ב ח"א פ"ג ד"ג ע"ב – והנה כאשר הא"ק רצה להאציל עולם הנקודים, **צמצם עצמו מהנה"י שלו ולמטה מהטיבור כנזכר לעיל בפרק ב', הנה נשארו הכלים אז דא"ק מטיבורו ולמטה רקים מן האור, והוחשכו חיצוניותם מאד, ולא היה בהם כח לעמוד במקום הגבוה ההוא, ויירדו למטה מרגלי הא"ק**, באותו המקום החלל והפנוי הנזכר, ולא באחוריו, כי הוא מקום גבוה, ובחרו להם הנמוך. והנה החיצוניות יש לו שתי בחינות, אם חיצוניות מהטיבור ולמטה מצד פנים, ואם חיצוניות מצד אחור. ואז ברדתם למטה מהרגלים, הנה החיצוניות של בחינת הפנים, היתה יותר בחינת מקום עליון, והוא במקום אשר הוא נקרא עתה עולם הבריאה. והחיצונות של בחינת האחור, ירדה יותר למטה, במקום שהוא עתה עולם יצירה. וכאשר זה החיצונות של האחור ירד עד פה, הוחשך יותר מאד. וחיצוניות חיצוניות זה האחור, גם הוא הוחשך יותר, וירד למטה יותר, במקום שהוא עתה עולם העשיה. ונודע כי אור המקיף דיושר של א"ק, הוא מקיף סביב רגלי א"ק כנזכר, קודם שיצאו הנקודים ועגוליהם. ובעת צמצום הנזכר וירידת החיצוניות הנזכר, הנה ירדו באותו המקום אשר שם היה המקיף דיושר של א"ק, ולא בכל מקומו אלא במקצתו היותר עליון, ואז אותה בחינה של החיצוניות הנזכר, אשר ירד משם. וכאשר יצאו העגולים של הנקודים חוץ מהעינים מהטיבור ולמטה, בהיותם מעגלים, נתעגלו סביב רגלי א"ק, ולקחו מקום החיצוניות ההוא שירד שם, כי נכנסו בין רגלי האדם, ובין אותו חיצוניות, שהוא מקום בי"ע, ונמצאו שם דחוקים בלי מקום, וגרשום משם, ועלו למעלה באחורי אלו העגולים של הנקודים, מכנגד מקומם הראשונים, שהוא מהטיבור ולמטה. באופן שעגולי הנקודים, מלבישים את הכלים דא"ק בחינת פנימיותם מהטיבור ולמטה, ובחינת חיצוניותם הם מלבישים סביבות עגולי הנקודים, מה שכנגד הטיבור ולמטה ביושר, אך לא בעיגול סביב רגלי א"ק, כי החיצוניות הזה הוא מבחינת יושר, ולא מבחינת עגולים. ואז למטה במקום שירדו אלו החיצוניות נשאר מקום חלל, וזה נקרא מקום בריאה יצירה עשיה. ונודע כי

זאת על מנת להאציל את עולם הנקודים, לפי פשט דברי קודשו עלו האורות דתנה"י מעל לטבור ונשארו הכלים של שליש התפארת התחתון והנה"י דא"ק ריקים בלי שום אור. בספר מבוא שערים מבואר כי חיצוניות הכלים דתנה"י דא"ק הוחשכו וירדו[72] ממקומם לנה"י[73] דבי"ע הפרטי דא"ק[74], ומשתמע מכל זה כי גם בא"ק היתה את אותה בחינה של מקרה המלכים[75], רק כאן הרב ז"ל מבאר זאת **בלשון נקיה**. וכן הוא בהגהה לרש"ש ולשד"ה, עם כל זאת **חלילה לנו** לעסוק בסוגיה של ירידת הכלים דא"ק, רק על דרך הפשט, והמשכיל יבין מעצמו. **והנה**[76] **ראה המאציל**

המקום סובל העולם שבתוכו, ולכן המקום גדול מהעולם, כי נעשית מהארת אותם החיצוניות שירדה שם. ואמנם עלית החיצוניות שם באחורי העגולים, היה לסיבת שלא היה להם מקום, כי גרשום העגולים של הנקודים, ודחום אל האחור בעת התעגלם. ועוד, כי אם ירדו מתחילה היה לחסרון האור כנ"ל, אך עתה כבר בא האור ויכלו לעלות. אך לא דבוקים עם א"ק, כי עגולי הנקודים הפסיקום, כנזכר, ועיין ש"א ח"א פ"ד היטב.
72

תרשים ב – ד.
73

כרם שלמה ש"ח פ"ב אות ב' – מה שכתב השמ"ש זיע"א באות א' שהביא ממבוא שערים, עיין שם שהלשון בארך שם, והבי"ע שכתב שם הם **הבי"ע של הנה"י דא"ק**, ולא הבי"ע התחתונים שנפלו שם הכלים דנקודים שלנו, שהם תחת האצילות, **ודי בהערה הזאת** ואין הענין הזה צריך לנו בכאן, כי הוא קשה למתחילים.
74

רחובות הנהר ד"ו ע"א – וענין ההתכללות וההתפשטות הנזכר היה באופן זה, כי הנה נתבאר בשער דרושי אבי"ע, ובשערי קדושה, ובכמה מקומות כי ה' עולמות הם א"ק ואבי"ע, וכל אחד מהם כלול מא"ק ואבי"ע, שהם ה' הויו"ת עם קוצי היודי"ן, והם כ"ה בחינות. ואלו הכ"ה בחינות היו מלבישים זה את זה באורך מעילא לתתא, מראש א"ק עד סוף העשיה, וכל הספירות דכל עולם מהם היו מבחינת עצמות אותו העולם לבד, ולא היו כלולים וקשורים זה בזה. ואח"כ נכללו ונתקנו באופן זה. ותחילה נתקן **א"ק ואבי"ע דא"ק**, שהוא ההוי"ה הראשונה הפנימית, כי הא"ק שבו שהוא הא"ק עצמו שהיה בו, שהוא קוץ היו"ד שבזו ההוי"ה הפנימית שבו, והאצילות שבו נעשה מא"ק דא"ק ואבי"ע דאצילות, שהוא הקוץ די"ו"ד דהוי"ה השניה. והבריאה שבו נעשה מא"ק דא"ק ואבי"ע דבריאה שהוא קוץ היו"ד דהוי"ה השלישית. והיצירה שבו נעשה מא"ק דאבי"ע דיצירה שהוא קוץ היו"ד דההוי"ה הרביעית. והעשיה שבו נעשה מא"ק דא"ק ואבי"ע דעשיה שהוא קוץ היו"ד דהההוי"ה החמישית. הרי נתקנו **א"ק ואבי"ע דא"ק**, ונעשו מקוצי היודי"ן דה' הויו"ת, ושיעור קומתו הוא מראשית הקו עד סוף העשיה. אחר כך נתקנו א"ק ואבי"ע דאצילות, והא"ק שבו הוא אצילות דאבי"ע דא"ק, שהוא אות היו"ד דההוי"ה הראשונה הפנימית הנזכר לעיל. ואצילות שבו הוא האצילות של עצמו. ובריאה שבו הוא אצילות דאבי"ע דבריאה. ויצירה שבו הוא אצילות אבי"ע דיצירה. ועשיה שבו הוא אצילות דאבי"ע דעשיה, הרי נתקנו א"ק ואבי"ע דאצילות, ונעשו מהיודי"ן דהמשה הויו"ת, והלבישו לא"ק ואבי"ע דא"ק הנזכר לעיל בהשואה גמורה. אחר כך נתקנו א"ק ואבי"ע דבריאה, ונעשה מבריאה דכל החמשה עולמות, שהוא מההי"ן ראשונות דחמשה הויו"ת, על דרך הנזכר בא"ק ואבי"ע דאצילות, והלביש לא"ק ואבי"ע דאצילות בשוה. אחר כך נתקן א"ק ואבי"ע דיצירה, על דרך הנזכר לעיל, ונעשה מיצירה דכל העולמות, והלביש לא"ק ואבי"ע דבריאה בשוה. אחר כך נתקן א"ק ואבי"ע דעשיה על דרך הנזכר, ונעשה מעשיה דכל העולמות, והלביש לא"ק ואבי"ע דיצירה בשוה. הרי נכללו ונתקנו חמשה עולמות א"ק ואבי"ע, שהם חמשה הויו"ת והם כ"ה עולמות כנזכר לעיל. ונתבאר שם כי כל הכ"ה בחינות הנזכרות הם **בא"ק ואבי"ע דא"ק**. ועל דרך זה כ"ה בחינות בא"ק ואבי"ע דאצילות, וכ"ה בחינות בבריאה, וכ"ה בחינות ביצירה, וכ"ה בחינות בעשיה. וכולם נכללו ונתקנו כנזכר לעיל, בכללות ובפרטות.
75

תרשים ב – ה.
76

כִּי אפילו שיעשה בחינת כלים לעולם הנקודים, ויתלבש האור שלהם בתוכם **עֲדַיִין לֹא הָיָה כֹּחַ בַּמְקַבְּלִים** התחתונים שהם עולמות בי"ע **לְקַבֵּל** ולסבול את **הָאוֹרוֹת שֶׁל** א"ק שיוצאים דרך **הָעֵינַיִם הָאֵלֶּה** דהיינו אפילו שיעשה בחינת כלים בעולם הנקודים, כדי לצמצם בהם את האורות השייכים לתחתונים, לא יהיה כח בעולמות בי"ע לקבל את אור המאציל, **אֲשֶׁר מְקוֹם הִתְפַּשְּׁטוּתָן** של אורות הנקודים **הוּא בִּמְקוֹם הַטַּבּוּר** שהוא שליש תחתון דתפארת **עַד סִיּוּם הָרַגְלַיִם שֶׁל א"ק** כַּנִּזְכָּר לְעֵיל[77], **וְלָכֵן**[78] המאציל היה צריך לעשות עוד תיקון, **וּמַה עָשָׂה** המאציל כדי להמעיט את האור עוד יותר **טֶרֶם שֶׁהוֹצִיא הָאוֹרוֹת הָאֵלּוּ** דנקודים **דֶּרֶךְ הָעֵינַיִם, צִמְצֵם**[79] את עַצְמוֹ הא"ק **צִמְצוּם אַחֵר**[80], שהוא צמצום שני, לאפוקי מהצמצום הראשון[81] שהיה כביכול באור הא"ס, **וְהוּא**[82]

כרם שלמה ש"ח פ"ב אות ב' – ומה שכתב - והנה ראה המאציל כי עדיין לא היה כח במקבלים. פירוש, אפילו שיעשה בחינת כלים, ויתלבש האור בתוך הכלים, עדיין לא יהיה כח בהמקבלים התחתונים לסבול האורות האלו של בחינת העינים, שהם עולם הנקודים, אשר מקומם הוא מן הטיבור ולמטה עד סיום הרגלים.
77

ע"ח ש"א עָנָף ד' מ"ב די"ג ע"ג – והנה אבאר לך עתה דרך קיצור מופלג כללות כל העולמות אשר במקום החלל הזה, שבין אור מקיף דיושר של א"ק ובין הכלים שלו דיושר כנ"ל. והנה ענין זה נתבאר במקום באריכות גדול כל דבר ודבר בפני עצמו, ושם במקומו יתבאר לך איך מבחינת היושר דא"ק יצאו ונתגלו אורות רבים, אשר כללותיהם הם האורות הבוקעים ויוצאים מן האזנים שבו ולחוץ, אחר כך יוצאים אורות החוטם, ואחר כך אורות הפה הנקרא עקודים, וכל אלו האורות הם בדרך יושר לבד, ואין להם בחינת עיגול כלל. ואחר כך יצאו אורות עינים דא"ק, הזה ואלו נקרא עולם הנקודים, ויש בהם ב' בחינות, עיגולים ויושר. **ומקום מצבן ומעמדן הן מהטיבור דא"ק הזה עד סיום רגליו**, שהמקום הזה נקרא כללות נה"י דא"ק.
78

כרם שלמה ש"ח פ"ב אות ב' – לכן צריך עוד בחינה אחרת לזה, והוא כמו שכתב בסמוך, והוא להעלות האור הזה של הנה"י ולהרחיקו משם, ועוד כדי שיצא עוד מעט הארה דרך העינים, ועל ידי זה יכלו הכלים האלו לקבל האורות האלו של הנקודים, ואז יוכלו עוד התחתונים מהם לקבל האורות האלו על ידי עוד דבר אחר, והוא הפרסא שכתבה לקמן בסמוך, והיא לצורך עולם הבריאה. וזהו מה שכתב **ולכן מה עשה** וכו', עכשיו התחיל לבאר אופן ההתרחקות איך היתה, על ידי העלייה שמן הטיבור ולמעלה, ולבאר עוד ענין הפרסא שהיתה על ידי ההתרחקות הזה, וכל ידי זה יוכלו התחתונים לקבל האור, והוא טרם שהוציא האורות האלו דרך העינים וכו', מפני שאם אחר שהוציא האורות דרך העינים צמצם עצמם, היכן ישכנו האורות של העינים, אם לא בתוך הכלים, והכלים צריכים להיות מטיבורו ולמטה, והנה"י של א"ק הם מלאים מן האורות שלהם, כי לא יסבלו ניצוצי האורות הגדולים של הנה"י היוצאים אליהם דרך גומות העור של הנה"י. ועוד כי עיקר הנקודים האלו הם נעשים מן אורות פנימיות הנה"י שיוצאים דרך העינים, אם לא יעשה צמצום בהם איך יוצאים דרך העינים ויעשו מהם עולם הנקודים. ולכן קודם יציאת אורות העינים נעשה הצמצום הזה.
79

בית לחם יהודה ש"ח פ"ב דכ"ג ע"א – צמצם עצמו צמצום אחר. כן הגירסה באוצרות חיים. ובשער ההקדמות דף יו"ד ריש ע"א, כתב צמצום שנית. ועיין בדברינו בפרק א' דלעיל ד"ה ענין צמצום שני.
80

שער ההקדמות, דרוש ד' בעולם הנקודים די"ח ע"ד – והנה כשעלה ברצון המאציל להאציל עולם הנקודים, וכוונתו היתה לעשות להם בחינת כלים, כדי שיהיה כח בעולמות התחתונים לקבל אור עליון, כמבואר בדרושים הקודמים. וראה המאציל א"ס כי עדיין אין כח ויכולת בתחתונים לקבל האורות האלו היוצאים דרך נקבי העינים, אשר הם מתפשטים ממקום הטבור של א"ק ועד רגליו כמו שיתבאר, ולכן קודם שהאציל האורות האלו היה היה עוד צמצום שני אחר בא"ק, על דרך הצמצום הנזכר לעיל בא"ס, והוא שכל האור שהיה

שֵׂכֶל הָאוֹר שֶׁהָיָה מִתְפַּשֵּׁט בְּתוֹךְ הָא"ק הַזֶּה מִטַּבּוּרוֹ עַד סִיּוּם רַגְלָיו שהם[83] הָאוֹרוֹת דמ"ה וב"ן דע"ב, סמ"ב דס"ג, עסמ"ב דמ"ב ועסמ"ב דב"ן הכוללים, הֶעֱלָהוּ בַּחֲצִי גּוּף הָעֶלְיוֹן דא"ק מֵהַטַּבּוּר וּלְמַעְלָה, מעל הפרסא, וְנִשְׁאָר הַמָּקוֹם[84] שֶׁמִּן הַטַּבּוּר וּלְמַטָּה[85] שהם שליש התחתון דתפארת ונה"י דא"ק רֵיקָן[86] בִּלְתִּי אוֹר[87] בסוד[88] הלידה, ומן האור שהיה למטה מן הטבור ועלה לטבור מעל לטבור, ממנו יצאו ניצוצות דֶרֶךְ העינים דא"ק והתפשטו והתגלו מהטבור דא"ק עד סיום רגליו.

מתפשט בתוך פנימיותו של א"ק הזה, ממקום טבורו ולמטה, העלהו למעלה ממקום הטבור בחצי גופו העליון, ונשאר מקום הנזכר מן הטבור ולמטה בלי אורות.
81

ע"ח ש"א ענף ב' מ"ת די"א ע"ג – דע כי תחלת הכל היה כל המציאות אור פשוט, ונקרא אור אין סוף ב"ה, ולא היה שום חלל ושום אויר פנוי, אלא הכל היה אור א"ס. וכשעלה ברצונו להאציל הנאצלים ולברוא הנבראים לסיבה נודעת, והוא ליקרא רחום וחנון וכיוצא, ואם אין בעולם מי שיקבל רחמיו ממנו איך יקרא רחום, וכן על דרך זה שאר הכינויים, הנה צמצם עצמו באמצע האור שלו, בנקודת המרכז האמצעי אל הסביבות והצדדים, ונשאר חלל בנתים. **וזה היה צמצום ראשון של המאציל העליון**, וזה המקום חלל עגול בשוה מכל צדדין, עד שנמצא עולם האצילות וכל העולמות נתונים תוך עגול זה, ואור אין סוף מקיפו בשוה.
82

כרם שלמה ש"ח פ"ב אות ב' – ומה שכתב והוא שכל האור וכו'. בא לפרש ענין הצמצום מה פרושו ועניינו, והוא שכל האור שהיה מתפשט בתוך הא"ק הזה, מטיבורו עד סיום רגליו, העלהו בחצי גוף העליון שמהטיבור ולמעלה, ונשאר המקום שמן הטיבור ולמטה ריקן בלתי אור. ור"ל כי אחר כך מזה חלק האור שהיה מן הטיבור ולמטה ועלה למעלה, ממנו יצא ניצוצות דרך העינים, ונתפשטו לחוץ, ונעשו עולם הנקודים.
83

תרשים ב – ו.
84

איפה שלימה, שער הנקודים פ"ב ד"ה ע"ד)ב(– שמן הטבור ולמטה ריקם וכו'. בע"ח נ"ב השמ"ש - כתב הרב במבוא שערים ש"ב ח"א פ"ג ד"ח ע"א [ובהנדפס מחדש דף ג' ע"א], וכן כתוב בשער ההקדמות סוף ד"ט ע"ד[וז"ל - כי כאשר נתרוקנו הכלים דתנה"י דא"ק, אז לא יכלו לעמוד במקום הגבוה ההוא, ואז חיצוניות הכלים דתנה"י ירדו לבי"ע. חיצוניות הפנים לבריאה, וחיצוניות האחור ליצירה, וחיצוניות דחיצוניות האחור לעשיה. ואחר שנתפשטו העגולים והיושר דנקודים, סביב הכלים דפנימיות דתנה"י דא"ק, וחזרו האורות דתנה"י למקומם, אז חזרו הכלים וחיצוניות הנ"ל שירדו לבי"ע, וחזרו לעלות למקומם, ולא מצאו מקום, כי כבר לקחו מקומם עגולי הנקודים, ואז עמדו שם מחוץ לעגולי הנקודים באחור, כנגד מקומם הראשון ביושר, והיו שם עד היום הזה וכו', עד כאן לשונו.
85

השמ"ש]א[– נ"ב, כתב הרב מבוא שערים שער ב' ח"א פ"ג ד"ח ע"א, כי כאשר נתרוקנו הכלים דתנה"י דא"ק, אז לא יכלו לעמוד במקום הגבוה ההוא, ואז חיצוניות הכלים דתנה"י ירדו לבי"ע. חיצוניות הפנים לבריאה, וחיצוניות האחור ליצירה, וחיצוניות לחיצוניות האחור לעשיה. ואחר שנתפשטו העיגולים והיושר הנקודים סביב הכלים דפנים דתנה"י דא"ק, וחזרו האורות דתנה"י למקומם, אז חזרו הכלים דחיצוניות הנ"ל שירדו לבי"ע, וחזרו לעלות למקומם, ולא מצאו מקום, כי כבר לקחו מקומם עיגולי הנקודים, ואז עמדו שם מחוץ לעיגולי הנקודים באחור, כנגד מקומם הראשון ביושר, והיו שם עד היום הזה כו'.
86

איפה שלימה, שער הנקודים פ"ב ד"ה ע"ד)ג(– ריקם בלתי אור וכו'. ואף על פי שהאור חזר ובקע הפרסא, ונתפשט במקומו, ואם כן מה הועיל הצמצום. קושיא זו תירץ אותה מהרח"ו ז"ל בגליון ע"ח וז"ל - והטעם שעל ידי עלייתו למעלה, יצא אור חדש, ובודאי שהאור ההוא בא ממועט, אפילו שהוא ס"ג עצמו, היו יכולים לקבלו, מפי מורי ז"ל עד כן.

הרב ז"ל מבאר כאן כי כמו שעולם הנקודים נאצל ועומד מהשליש התחתון דתפארת שהוא מהטבור דא"ק עד סוף רגליו, כך גם כל עולם תחתון או פרצוף תחתון עומד מטבורו של העולם או הפרצוף העליון ולמטה. עם זאת **בעומק דברי קודשו** של הרב ז"ל יש כאן ערבוב של מספר סוגיות של סדר עמידת העולמות והפרצופים, בנין ונתינת מוחין מעולם לעולם ומפרצוף לפרצוף. הרב ז"ל מתחיל דווקא מלמטה מהפרצופים התחתונים ועולה למעלה עד א"ק.

וְהַמַּשְׂכִּיל[90] יקיש[91] **יָבִין**[92] **וְיִדְמֶה מִלְּתָא לְמִלְּתָא** להבין[93] דבר מתוך דבר בסברה ישרה, ובהשקפה[94] טובה, שכמו שכאן בא"ק היה בחינת צמצום, שהאורות דשליש התפארת התחתון והנה"י דא"ק עלו למעלה

87

בית לחם יהודה ש"ח פ"ב דכ"ב ע"א – ריקם בלתי אור. ואם תאמר מה הועיל הריקנות מאחר שנולד אור חדש, ובקע הפרסא וירד למטה. ויש לאמר כמו שכתב בהגהות מהרח"ו שבסמוך שהאור בא ממועט, יעו"ש. כי בקיעת הפרסא אינה בקיעה ממש, דאם כן מה הועילה הפרסא. אלא כמו שכתב מורינו הרב יעקב צמח ז"ל במבוא שערים דף ב' ע"ד ז"ל - בקיעה זו היא דוגמת בקיעת הגוף, עד כאן לשונו. פירוש, כדוגמת האורות היוצאים מנקבי התפארת הגוף, בסוד - ואחר עורי נקפו, זאת הנזכר בפרק א' דלעיל, וכן מצינו בשער הכוונות בסוד ופירוש עלינו, שהחסדים המגולים תחת המסך מרוב הארתם ודוחקם, הם בוקעים את המסך, ועולים למעלה, ובקיעה זו היא שנעשה במסך נקבים צרים ודקים, יעו"ש. ומה גם שהוא בוקע ב' בקיעות, בקיעת הפרסא והגוף, שאז נחלש כחו, ויוצא אור מועט, מה שאין כן אם כל האור ההוא בחצי גוף התחתון דא"ק.

88

ע"ח ש"כ פ"ג מ"ת דצ"ו ע"ג – דע כי הנה הפסוק אמר בילדכן את העבריות וראיתן על האבנים, ואמרו רז"ל כי האבנים הם הירכיים של אשה, שכאשר יולדת מצטננות ומתקששות כאבנים, ולכן נקרא אבנים. ולהבין זה נבאר תחלה מה ענין הלידה ומי גרם אותה, והענין הוא כי יש אורות רבות בבטן אמא עילאה על ידי העיבור כנ"ל, וזהו גורם שהולד כנ"ל, שהוא ז"א, רוצה לצאת ולהולד, ולהיות פי רחמה צר וסתום, אי אפשר אל הולד לצאת מתוכה. לכן כאשר בא זמן הלידה, שנגמר זמן העיבור, וכבר נתקן ונצטייר העובר, אז בחינת האורות והרוחניות שיש **בנה"י** דאמא, מסתלקין משם ועולין למעלה בגוף אמא עצמה, במקום שהעובר עומד שם בבחינת עיבור, **ואז מתרבים שם האורות**, כי הנה יש שם אור של התפארת עצמו דאמא, **והאורות של מחצית גוף התחתון** שלה כנ"ל, וכל האורות דזו"ן אשר עומדין שם בסוד העיבור, ואין הבטן שלה יוכל לסבול כל רבוי אורות ההם. ואז האורות של בחינת אמא עצמה שהם בעל הבית, **הם דוחקין את האורות** של זו"ן שאינם שלה, שהוא אורח, ומוציאין אתה לחוץ דרך פי היסוד שלה, ונבקע ונפתח רחמה ויוצא הולד לחוץ. ונמצא כי עליות והסתלקות אורות דנה"י דאמא מלמטה למעלה כנ"ל, הוא לב' תועליות, אחד לצורך הלידה כנ"ל, כי על ידי עלייתן מתרבים שם האורות, ודוחקין את העובר, ומוציאין אותו לחוץ. והשני הוא לצורך המוחין דז"א, כמבואר אצלינו שאינן נכנסים בז"א אלא אחר היותן מלובשים בנה"י דאמא, ולכן **הוצרכו להתרוקן מן האורות שלהם**, כדי שיתלבשו במקומם אורות המוחין דז"א, כי ב' בחינות האורות שלה ושל ז"א אי אפשר להיות שם ביחד.

גמרא סוטה די"א ע"ב – ויאמר בילדכן את העבריות וגו', מאי אבנים, אמר רבי חנן סימן גדול מסר להן, אמר להן בשעה שכורעת לילד, ירכותיה **מצטננות כאבנים**, ואית דאמר כדכתיב - וארד בית היוצר והנה הוא עושה מלאכה על האבנים, מה יוצר זה ירך מכאן וירך מכאן, וסדן באמצע, אף אשה ירך מכאן וירך מכאן והולד באמצע.

89

יפה שעה)א(– והמשכיל יבין וידמה מילתא למילתא, איך בכל האצילות בחינת חצי התפארת ונה"י, תמיד מאירים בעולם התחתון כו'. נה"י דעתיק לא"א כו'. ואם תאמר והלא א"א לא לנה"י דעתיק הוא מלביש לבד, כי גם כל ז' תחתונות דעתיק מתלבשים בא"א כנודע. יש לאמר דעיקר גדלות א"א לא היה אלא על ידי נה"י דעתיק שנתלבשו בתחילה בתוך א"א על ידי החו"ג, היוצאים מפי היסוד דעתיק בתוך גופא דא"א, ומגדלים אותו, כמו שכתב רז"ל בפרק א' דאו"א וז"ל - והנה גם החו"ג יוצא כך מפי היסוד ומתגלים בתוך א"א להגדילו, על דרך הנזכר בזעיר אנפין, יעוין שם. ואחר שנתגדל והלביש כל ז' תחתונים דעתיק, וגם ז"א הוא כהאי גונא כשהוא מתגדל, עולה ומלביש לכל חג"ת דאימא, כנזכר בפרק א' משער סדר האצילות.

מן הטבור להוציא את עולם הנקודים, כמו כן הוא בכל עולם ועולם, ובכל פרצוף ופרצוף, ובכל שיעור קומה **תמיד** הבחינה העליונה מתקנת את הבחינה שלמטה ממנה באותה דרך ומאירה לה, כלומר צריך להבין **איך**[95] יציאת הנהגה

הגהות וביאורים)א(– עיין מבוא שערים ד" ט ע"א, ועיין תורת חכם דמ"ח ע"א.
91

מבוא שערים ש"ב ח" פ" ד"ג ע"ג - **והמשכיל יקיש וידמה מילתא למילתא.** איך בכל העולמות, בחינת נה"י וחצי תפארת שבפרצוף אחד. הם המולידים כנגדם פרצוף האחר, כי הרי נה"י דא"ק הם המוציאין הארות כל עולם האצילות, ששרשו הוא פרצוף עתיק יומין. ונה"י דעתיק, לא"א. ונה"י דאריך, לא"א. ונה"י דאו"א, לז"א. ונה"י דז"א, לנוקבא.
92

כרם שלמה ש"ח פ"ב אות ג' – מה שכתב והמשכיל יבין וידמה מלתא למלתא וכו', מפני שלא אמר זה הענין אלא על הנה"י דא"ק להוציא האצילות, ולא אמר ענין הצמצום הזה על עולם או פרצוף אחר, ולכן אמר וידמה מלתא למלתא וכו'.
93

גמרא מגילה דכ"ד ע"ב – תניא אמרו לו לרבי יהודה הרבה צפו לדרוש במרכבה, ולא ראו אותה מימיהם, ורבי יהודה התם **באבנתא דליבא תליא מילתא.**
94

נהר שלום דל"ד ע"א – וראיתי מה שכתבו מעלת כבוד תורתם, על ענין עבודת ה', שקצרתי במקום שהיה ראוי להרחיב מעט הדיבור, אמת הוא כי לכתחילה קצרתי בו, ויען ראיתי כמה מהנזק יצא ממה שכתבו בזה המקובלים שקדמו, כי רבים חללים הפילו, וחלול כבוד הוי"ה, וכבוד התורה, ה' יכפר בעדם, כי כל דבריהם לא על פי התורה הם, ואינם מיוסדים על האמת, ומהם יצאו אבות, ומאבות תולדות הריסת יסודי התורה ח"ו, ה' יכפר. וכל זה לא שלמדתי בדבריהם ח"ו, אלא שפעם אחת הוכרחתי בעל כרחי לעיין בדף אחד שכתוב בו קצור מה שכתבו בענין זה, וכמעט **שקרעתי בגדי** לראות דברים אשר לא כן על הוי"ה, ה' יכפר. וכבר מילתי אמורה להם כי עידי בשמים, כי כל עסקי ולמודי אינו רק בדברי האר"י זלה"ה, ותלמידו מהרח"ו ז"ל לבדם, ובלעדם אין לי עסק בשום ספר מספרי המקובלים ראשונים ואחרונים, ואפילו בדברי שאר תלמידי האר"י ז"ל לא למדתי, וכשיזדמן לפני דבר מדבריהם אני מדלגו. כי על כן **איני כמזהיר, אלא כמזכיר,** למען הוי"ה אל יהי לכם מגע יד בדבריהם, ובפרט בענין זה השמרו לכם, פן יפתה לבבכם. אלא כל לימודכם לא יהיה אלא בעץ חיים, ובספר מבוא שערים, ובשמונה שערים המפורסמים, שכולם דברי אלהי"ם חיים. ואני קצרתי בענין זה כל מה שאפשר, כי יראתי פן יפלו דפים אלו ביד מי שעדיין לא למד דברי האר"י ז"ל כראוי, ויחשדני שלמדתי בספרים אחרים. ולא כן הוא כאמור, **ולכן קצרתי בו, ופזרתי בהקדמה. אמנם הכל כתוב שם בהקדמה, אלא שצריך השקפה טובה להבין דבר מתוך דבר,** והם......
95

בית לחם יהודה ש"ח פ"ב דכ"ג ע"ב – איך בכל אצילות בחינת חצי תפארת ונה"י תמיד הם מאירים בעולם שלמטה. מצאתי בגליון ע"ה כתב יד, שנכתב בצידו **דוד פארדו** לאו דווקא חצי תפארת, כי אין נמצא בדברי הרב ז"ל שום פרצוף שמתחיל מחצי תפארת של פרצוף העליון שעליו, אלא או שליש או ב' שלישים, ולא נחית הרב הכא רק להודיע שכל נה"י של עליון יאיר אל התחתון, עד כאן לשונו. ולעניות דעתי נראה דעיקר הוקשיא ליתא, כי כל מקום שכתב רז"ל חצי תפארת הוא סובל ג' פירושים. או מחצית ממש, כמו שמצינו בפרק ג' דשער השבירה, שכתב רז"ל שנתפשט כלי הכתר דנקודים עד מקום מחצית התפארת. וכן בפרק ה' דשער י"ג ריש כלל א', ששם קרי למחצית התפארת מחצית בדקדוק ממש, יעו"ש. או שליש או ב' שלישים כמו שמצינו בשער ההקדמות דף כ"ט ע"ב דקרי לב' שלישים בשם מחצית, ולשלישי בשם מחצית, שכתב שם וז"ל - עוד יש תועלת שלישית עליית האורות דנה"י דאימא למעלה, כי הנה הם עולים עד חצי העליון דתפארת דאימא תחת החזה, ונמצאו עומדים בחצי התחתון ותפארת דאימא יעו"ש. הרי דלשליש העליון דתפארת שהוא עד החזה, קרי ליה חצי העליון, ולב' שלישים התחתונים ותפארת קרי להו חצי התחתון. ובסוף פרק ג' דשער כ"ה קרי לשליש התחתון דתפארת בשם מחצית, שכתב שם וז"ל - אך כתר דז"א נעשה מחצי התפארת דתבונה מטבורא ולמטה. וכתב עלה מהרח"ו ז"ל - ונראה לי חיים כי במקום אחר נתבאר שמתחיל מהחזה,

בכל אצילות ר"ל בכל פעם שנאצל עולם או פרצוף או כל שיעור קומה, אז **בזונת** חדשה ואורות חדשים

וזו"ן תפארת ונה"י של הבחינה העליונה **תמיד**[97] הם המולידים את הבחינה שלמטה מהם, והם[98]

מאירין בעולם תמיד[99] או בפרצוף **שלמטה** מהם, והשבע[100] ספירות התחתונות של השיעור קומה העליון

שהם ב' שלישים דתפארת דתבונה, עד כאן לשונו. הרי מבואר להדיא דשליש התחתון שהוא מטבורא דגופא ולמטה, נקרא בשם חצי תפארת. וטעם לשנויים אלו, נראה לעניות דעתי לפי ששליש האמצעי דתפארת הוא כלול מחצי העליון ומחצי התחתון של התפארת, ולכן לפעמים כוללו עם חצי העליון, ולפעמים כוללו עם חצי התחתון, והענין יתפרש כפי הדרוש ההוא. ועיין עוד בדברינו בפרק א' דשער כ"א ד"ה ועמדו וכו'. ובפרק א' דשער כ"ג ד"ה למעלה וכו', ובפרק א' דשער ל"ו ד"ה באמצעית.

[96]

איפה שלימה, שער הנקודים פ"ב ד"ה ע"ד)ד(– חצי תפארת ונה"י וכו'. בע"ה כתב יד נ"ב וז"ל הרב דוד פארדו - לאו דווקא חצי תפארת, כי אין נמצא בדברי הרב ז"ל שום פרצוף שמתחיל מחצי תפארת דפרצוף העליון ממנו, רק משליש אחד, או שני שלישים, ולא נחית להודיע רק שכל נה"י של עליון יאיר אל התחתון, עד כאן לשונו. אמנם עיין במבוא שערים ש"ה ח"א פרק ט"ז דף מ"ד ע"ב בהנדפס מחדש, ששם מבואר בהדיא שחצי תפארת מאיר בז"א, שכתב שם וז"ל - ובהיות לו גם מוחין דאבא, לוקח חצי תפארת דאימא וכו', יעיין שם. וכך כתב הרב דב"ש בהגהותיו על השמ"ש, בשער כ"א פרק א', והביא ראיה משער כ"ה פרק ה', יעיין שם.

[97]

מבוא שערים ש"ב ח"א פ"ג ד"ג ע"ג – והמשכיל יקיש וידמה מילתא למילתא, איך בכל העולמות, בחינת נה"י וחצי תפארת שבבפרצוף אחד. **הם המולידים** כנגדם פרצוף האחר, כי הרי נה"י דא"ק הם המוציאין הארות כל עולם האצילות, ששורשו הוא פרצוף עתיק יומין. ונה"י דעתיק לא"א. ונה"י דא"א לאו"א. ונה"י דאו"א לז"א. ונה"י דז"א לנוקבא.

תורת חכם דמ"ח ע"ד – ונקדים מה שכתב שם בשער ב' ח"א פ"ב וז"ל - איך בכל העולמות בחינת נה"י וחצי תפארת של העליון, הם המולידים בפרצוף התחתון, כי הרי נה"י דא"ק הולידו עולם האצילות. זה סוד שיצאו מן העינים דא"ק בחינת נצח הוד ששורשו הוא פרצוף עתיק, ונצח הוד דעתיק לא"א. ונה"י דא"א לאו"א. ונה"י דאו"א לז"א. ונה"י דז"א לנוקבא, עד כאן. אם כן בחינת הנה"י של המלכים דחג"ת הנקראים או"א בערך הנה"י הוציאו המלכים דנה"י. אף על פי שכלם יצאו מן העינים דא"ק, שזהו העתיק של כל מלך ומלך, אבל שאר הפרצופים שמעתיק ולמטה של כל פרט, יצאו זה מזה, ולא עוד אלא שגם מלכי החסד יצאו מנה"י דמלכי הדעת, ושל הגבורה מן החסד, ושל התפארת מן הגבורה, שזו המיתה של מלכי הדעת בערך החסד אינו נקרא מיתה. והדעת נקרא או"א בערך החסד.

[98]

כרם שלמה ש"ח פ"ב אות ג' – והמאירין שכתוב כאן, צריך לגרוס לגרוס והם מאירין.

[99]

שער ההקדמות, דרוש ד' בעולם הנקודים די"ט ע"א – והמשכיל יבין וידמה מלתא למלתא אך בכל העולמות הנאצלים, **תמיד מאירים** בעולם שלמטה מהם, הם בחינת חצי תחתון דתפארת ונה"י, כי מצינו איך חצי תפארת ונה"י דז"א מאירים בנוקבה. ונה"י דא"א ואו"א מאירים לז"א. ונה"י דעתיק יומין לא"א. וכן התפארת ונה"י דזה א"ק מאירים לעתיק יומין ולכל עולם האצילות, כמו שיתבאר.

[100]

ע"ח ש"ג פ"א מ"ב דט"ז ע"ב – וזה האדם נרמז בקוצו של יו"ד דשם הוי"ה, כי הוא בחינת הכתר של כללות העולמות, ואור א"ס בכח התלבשותו בחכמה דא"ק זה, האציל תחתיו עולם האצילות, וזה סוד כולם בחכמה עשית. וחכמה הנ"ל נתלבשה במלכות דא"ק, וזה המלכות ירדה ונתלבשה **בסוד שבע ספירות שלה תוך עשר ספירות** דעולם האצילות, והיה זה כדי לקשר א"ק בעולם האצילות, ועל דרך זה בכל עולם ועולם כמו שנבאר בע"ה. וראש זו המלכות שהם ג"ר שבה נשארו במקומם, ושבעה תחתונות שהם גופא דילה, של שבע ימי בראשית, הם נתלבשו בעשר ספירות דאצילות. וזה הבחינה נקרא עתיק יומין, שהם שבע ימים העתיקן מן מלכות דא"ק. והשבעה תחתונות נחלקים לעשר ספירות, כי ראשונה כלולה משלוש, על דרך היכל

מתלבש ומאיר בכל השיעור קומה שמתחתיו• בחינה א' - **ז"א ונוקבא.** הנוקבא הנזכרת היא רחל[101] עקרת הבית, הנאצלת[102] מאחורי הנה"י דז"א, והיא נבנית ומקבלת מוחין על ידי החסדים וגבורות המתפשטים תוך נה"י דז"א, ותשעה הפרקין של הנה"י דז"א בונים את הנוקבא, **כי** כך מצאנו כי מהחזה[103] דז"א שהם ב' השלישים התחתונים דתפארת עד הטבור דז"א נעשה הכתר דנוקבא, ו**נה"י דז"א** בונה ו**מאיר אל הנוקבא** פרצוף דז"א, שהיא רחל עקרת הבית, ומבחינת תשעה פרקין דנה"י דז"א היא מקבלת את המוחין דיליה• בחינה ב' - **או"א רז"א,** או"א הנזכרים[104] כאן

קודש קדשים שכולל שלוש. וזה העתיק נעשה נשמה לא"א, שהוא כתר דאצילות, וגם הוא מתפשט בתשעה ספירות אחרות דאצילות, ואור א"ס תוך א"ק(תוך העתיק ואא"א, מלביש לשבעה תחתונות לזה העתיק, וחו"ב דאצילות מלבישים לא"א השבעה תחתונות שלו לבדו)בהתפשטותם בז"א על דרך הנזכר לעיל, ונקראו או"א. וז"א הוא שש ספירות דאצילות מלביש לאו"א את שבעה תחתונות שלהן, וכל קצה הוא צורת ו' הם ו"ק, שש פעמים שש, גימטריא אל"ה, ובהם מתלבש הבינה הנקרא מ"י, ונעשה אלהי"ם, מ"י בר"א אל"ה. ונוקבא דז"א הוא המלכות דאצילות מלבשת להז"א שבעה תחתונות שלו, בסוד נקבה תסובב גבר, ובעת הזווג שוה היא אליו פנים בפנים, ודי בזה.

גמרא נידה דכ"ד ע"ב – תניא אבא שאול אומר ואיתימא רבי יוחנן, קובר מתים הייתי פעם אחת רצתי אחר צבי, ונכנסתי בקולית בקולית של מת, ורצתי אחריו שלש פרסאות וצבי לא הגעתי, וקולית לא כלתה, כשחזרתי לאחורי אמרו לי של עוג מלך הבשן היתה. תניא אבא שאול אומר קובר מתים הייתי, פעם אחת נפתחה מערה תחתי, ועמדתי בגלגל עינו של מת עד חוטמי, כשחזרתי לאחורי אמרו עין של אבשלום היתה. ושמא תאמר אבא שאול נס הוה, אבא שאול ארוך בדורו הוה, ורבי טרפון ארוך בדורו הוה, ורבי טרפון מגיע לכתפו. רבי מאיר ארוך בדורו הוה, ורבי מגיע לכתפו. רבי ארוך בדורו הוה, רב ארוך בדורו הוה, ורבי חייא מגיע לכתפו. ורבי חייא ארוך בדורו הוה, ורב מגיע לכתפו, ורב ארוך בדורו הוה, ורב יהודה מגיע לכתפו. ורב יהודה ארוך בדורו הוה, ואדא דיילא מגיע לכתפו. פרשתבינא (שם של איש)דפומבדיתא קאי ליה לאדא דיילא עד פלגיה, וכולי עלמא קאי לפרשתבינא דפומבדיתא עד חרציה (עד מותניו).

101

תרשים ב – ז.

102

כרם שלמה ש"ח פ"ב אות ג' – מה שכתב כי נה"י דז"א מאיר לנוקבא הוא פשוט, מפני שהנוקבא היא נאצלת מאחורי הנה"י דז"א, והיא נבנית על ידי החסדים והגבורות המתפשטים בתוך הנה"י דז"א, ואלו נעשים צלם דמוחין שלה, והם מתלבשים בתוך לבוש של נה"י דז"א, והם נכנסים ומתלבשים בתוך הנוקבא, ועל ידיהם נבנת על ידי התשעה פרקין של נה"י דז"א.

103

ע"ח ח"ב של"ח פ"ג מ"ת דס"א ע"ד – ואמנם **רחל מתחיל הכתר שלה מהחזה ולמטה עד סיום רגלי ז"א ממש,** באופן כי בסיום רגלי לאה ועקבי לאה משם מתחיל כתר רחל למטה מרגלי לאה. וזה שאמרו רז"ל מה שעשתה יראה עטרה לראשה, עשתה ענוה עקב לסוליתא, ר"ל רגלים דלאה שהיא הנקרא ענוה, עשתה יראה שהיא רחל כתר לראשה כנ"ל. אבל הלשון עדיין צריך ביאור כי מלשון רז"ל נראה כי מהעקב עצמו של ענוה נעשית עטרה ליראה, ולא אמרו שכתר היראה היא תחת עקב דענוה. לכן צריך לבאר הענין יותר בפרטות, כי הנה כפי הנ"ל נמצא שמראש כתר דלאה עד סיום רגלי דרחל הם זה סוד דעת דת נה"י, כי המלכות שבז"א היא עצמה שורש רחל כנודע, ומהראוי היה ששתי נשים הללו אחת אהובה רחל, ואחת שנואה לאה, לא יוכל להסיר חלק השנואה בעבור האהובה, כי חלק כחלק יאכלו שניהן וירשו מקום בעליהן ז"א שוה בשוה, ותקח לאה ג' ספירות וחצי, שהם דעת חסד וגבורה וחצי תפארת העליון, ותקח רחל מחצי תפארת ולמטה, עד סיום רגלי ז"א, שהם ג' ספירות אחרות וחצי תחתון של תפארת. ואמנם אין הדבר כך אלא שלאה לוקחת שליש עליון מג' שלישים דתפארת (דז"א עד החזה, אך רחל וכו'(ורחל לוקחת **כל ב' שלישים תחתונים דתפארת** דז"א לכתר שלה, כמבואר במקום אחר, ושם נתבאר טעמים רבים, ואחד מהם הוא שבחזה נשלם יסוד אמא, לכן משם ולמטה שאורות החסדים הם בגלוי נבנית רחל באחורי ז"א, וכל זה נתבאר לקמן.

104

הם ישסו"ת, הנקראים או"א תתאין, והמוחין[105] דז"א מתלבשים תוך ישסו"ת בסוד **צל"ם**, כאשר ה**צ' דצל"ם** מתלבשת תוך תשעה הפרקין של הנה"י דישסו"ת, ואלו[106] מתלבשין בכל שיעור הקומה דז"א, והופכים[107] להיות עצם מעצמו ובשר מבשרו. ו**נה"י ד**ישסו"ת שהם **או"א** תתאין, שהם[108] בחינת המלכויות דאו"א עילאין, וישסו"ת המלבישין לנה"י דאו"א עילאין **מאירין אל הז"א.** בחינה ג' - **א"א ואו"א**, נה"י[109] דא"א מתלבש בפרצוף ז"א ומאיר לו, וחסד וגבורה דא"א[110] שהם הזרועות דיליה מתלבשים בפרצופי או"א ומאירים להם, ואיך כותב כאן הרב ז"ל כי נה"י

כרם שלמה ש"ח פ"ב אות ג' – ומה שכתב והמשכיל יבין וידמה מילתא למילתא, מפני שרצונו לומר שהדבר מפורש אצל הנה"י דאו"י לאצילות הז"א, ומשם תקיש לכל המקומות, כי משם תבין איך מלכות דתבונה ודישראל סבא, שהם נקראים נה"י דאו"י דא"א, המלכות שלהם באחורי הנה"י יושבים, והישסו"ת נקראים או"א.

105

ע"ח שכ"ג פ"א מ"ת דק"ו ע"א – והענין כי הנה נתבאר לעיל כי בעת לידתו, עלו אלו האורות של הכלים של נה"י דתבונה למעלה בחצי תחתון של התפארת שלה, ונתרוקנו אלו הכלים מן האורות שלהם עצמן, ולא נשאר בהם שום חיות כלל ועיקר, בסוד אין התורה מתקיימת אלא במי שממית עצמו עליה. ואז בהיותן כלים ריקים נכנסו לתוכן המוחין דז"א, שהם מן החכמה שבו עד למטה, שהם תשעה ספירות, ונתלבשו בתשעה פרקין שיש בנה"י של התבונה, ואחר כך נתלבשו כולם תוך ז"א מחכמה שבו ולמטה, כמו שנבאר בע"ה. ונמצא כי הכלים והגוף של אלו המוחין הם בחינה אחת, שהם הכלים וגופניות התבונה עצמה, אבל האורות והרוחניות והנשמה שבהם הם המוחין של הז"א עצמו, אמנם לפי שכבר נסתלקו אורות שלהם, ונכנסו אורות הז"א במקומם, לכן אלו הנה"י דאמא מתחלפין מטבעם הראשון, ונהפכים להיות עצם מעצמו ובשר מבשרו של הז"א, עצמו וכגוף עצמו דמיין ממש, ואינן נקראין אלא בשם גופא דז"א ממש.

106

תרשים ב – ח.

107

בראשית ב' כ"ג – ויאמר האדם זאת הפעם עצם מעצמי ובשר מבשרי לזאת יקרא אשה כי מאיש לקחה זאת.

108

ע"ח שי"ד פ"ט מ"ב דע"ד ע"א – ודע כי הבינה היא בחינת תשעה ספירות הראשונים, **והתבונה היא בחינת המלכות של הבינה** הנזכרת לעיל. ודע כי כמו שרחל נוקבא דז"א עם שהיא בחינת מלכות שלו, עם כל זה מלבישתו מהחזה ולמטה, **כן תבונה זו שהיא המלכות דבינה**, מלבשת את הבינה מהחזה ולמטה בלבד. **ע"ח ש"כ פ"ה מ"ק דצ"ז ע"ג** – ואמנם דע כי **כשאנו אומרים שלוקחין כולם באמצעית תבונה, ר"ל וגם מישראל סבא**, וכן כשאנו אומרים שלוקחין על ידי הבינה ר"ל וגם מאבא עילאה. ופירוש הענין הוא, כי הלא כל בחינת אלו הם נמשכין מזווג או"א, ואם כן צריך שבכל בחינה מאלו החמשה שהם נרנח"י, יהיה בהם חלק או"א.

ע"ח ח"א שכ"ה דרוש א' מ"ב ד"א ע"ג – נמצא כי ב' צלמים זכר ונקבה, זו בחינת חיה, וזו בחינת נשמה, וצלם אבא נעשית נשמה אל צלם דאמא, ומתלבש בתוכו ונעלם שם, לכן תמיד **אין אנו מדברים אלא בצלם דאמא וממנו יתבאר צלם אבא, וזכור ואל תשכח.**

109

תרשים ב – ט.

110

ע"ח שט"ז פ"ו דפ"ב ע"ב – ואמנם מה שאו"א הם מלבישין גוף א"א, הוא בינה וחג"ת דא"א, והבינה נעשה כתר לשניהן, ובבחינה זו אנו קורין הבינה כתר, **אך החג"ת נעשה גוף לשניהן, צד ימין לאבא, וצד שמאל לאמא.** ואמנם כבר ידעת כי **חסד גבורה הם ב' דרועין**, שהם ו' פרקין כנזכר פרשת ויחי דף רס"ב, תמיד חסד חסדים, גבורה גבורות, **והנה מאלו הב' זרועות נעשו או"א**, וסדר פרקין אלו הם כך, ב' פרקים עליונים הם חכמה דאבא וחכמה דאמא, מזרוע ימין לאבא, ומזרוע שמאל לאמא, וב' פרקים האמצעים הם בינה לאבא, ובינה לאמא, מחסד לאבא, ומגבורה לאמא, על דרך הנ"ל. הרי ב' מוחין חו"ב לאבא מזרוע ימין חסד, וב' מוחין חו"ב לאמא מזרוע שמאל גבורה. נשארו ב' פרקים, א' מזרוע ימין חסד, וא' מזרוע שמאל גבורה, והם ב' עיטרין חו"ג דאהסינהו או"א לברייהו תפארת, כנזכר באדרא רצ"ב.

דא"א מאירים לאו"א, אלא[111] הכוונה היא לפרקין העליונים דנה"י דעתיק יומין, המתלבשים בחג"ת דא"א, ומאירין[112] דרך גופא דא"א לאו"א, כמו שמבואר בסידור[113] למרן הרש"ש, או אפשר שבגדלות ראשון או"א מלבישים לנה"י דא"א, ובגדלות שני לחג"ת דא"א, כמו שמבאר האש"ל. **ופרקין עילאין דנַ֫ה"י**[114][115] דעתיק יומין המלובשין[116] בחג"ת

111

ע"ח שי"א פ"ד דנ"א ע"ג – ועתה נדבר איך מתלבש העתיק יומין בא"א, כי הלא רישא דעתיק יומין נשאר מגולה, ואין הא"א מלבישו רק מז' תחתונות דעתיק ולמטה. ואמנם חג"ת דעתיק יומין מתלבשין בכח"ב דא"א, לפי שהם סוד רישא, וצריכין כל אחד מהם מדה בפני עצמה, אך גופא דא"א אין העתיק יומן מתלבש בו כסדר הזה. אך הנצח דעתיק נחלק לג' פרקין, **פרק א' בחסד דא"א**, פרק ב' בנצח דא"א, ונשאר פרק ג' למה שנבאר. וההוד דעתיק נחלק לג' פרקין, **פרק א' בגבורה דא"א**, פרק ב' בהוד דא"א, ופרק ג' נשאר למה שנבאר. ויסוד דעתיק נחלק לב', כמבואר אצלינו שאין בו רק ב' פרקים, יסוד ועטרה, ואז **היסוד נתלבש בתפארת דא"א**, ועטרה ביסוד דא"א, ומלכות דעתיק נתלבש במלכות דא"א, לפי שאחר כך צריך להוציא ממנו פרצוף שלם של הנוקבא, לכן לקחה מדה שלימה כנ"ל. ועתה נשארו ב' פרקין תאין דנצח הוד דעתיק, ואלו נתחברו יחד במלכות דעתיק, ושם נתלבשו, ונעשה מהם בחינת ב' דדין של בחינת המלכות דא"א, בב' צדדין שהם עתה (נעשו) בחינת דדי בהמה שהם למטה, ואז היו מניקים לז' נקודות הראשונים, שהם ז' כלים הנקרא ז' מלכים שמתו, שהם למטה בבריאה כנ"ל, ומשם היו יונקים להחיות עצמן לבן.

112

תרשים ב - י.

113

תרשים ב - י"א.

114

איפה שלימה, שער הנקודים פ"ב ד"ו ע"א (ה) – ונה"י דא"א מאירים לאו"א וכו'. וכך כתב בשער כ"ג פרק ב', ובשער מ"ו סוף פרק א', ובכל מקום שתמיד הנה"י של העליון הם מתלבשים בפרצוף התחתון. אמנם בשער ג' פרק א' ופרק ב' כתב כי ז' תחתונות דפרצוף העליון הוא מתלבש בפרצוף התחתון יעוין שם. וכך כתב בשער אנ"ך ריש פרק ח' כי ז' תחתונות דכתר דא"א, הם מתלבשים תוך מוחא סתימא, יעוין שם, והוא היפך ממה שכתב כאן. וכבר כל המפרשים עמדו בזה, תורת חכם דף קכ"ח ע"א, והרב יפה שעה בפרקין אות א'. ובשער ג' פרק א' בהההגה. ובשער כ"ג פרק ב' בהההגה המתחיל - א"ה, יעוין שם. והרב שמן זית בגליון אוצרות חיים כתב יד שלו וז"ל - **שמ"ן** נראה לעניות דעתי שהכוונה היא על נה"י דעתיק שבחג"ת דא"א, המאירים לאו"א, ועיין בע"ח שער א"א פרק ז' ודוק, עד כאן לשונו. ובע"ח כתב יד נ"ב וז"ל - א"מ תימא שהרי נה"ת מאירים חג"ת ונה"ים דעתיק, כנודע מסדר התלבשות עתיק בא"א, וראיתי שהרמ"ד ז"ל הכריח בפירושו לאדרא זוטא (הנקרא עומר מן(, כי א"א מתחיל מחזה דעתיק, אך הוא היפך מכל דרושי הרב ז"ל, וצ"ע. ודע כי תהילות לשם יתברך מצאתי ישוב בכתבים חדשים, כי כשאנחנו אומרים נה"י, הוא בגדלות ראשון, אך בגדלות שני תמיד ההלבשה עד חג"ת, ונזכר בפירוש בדרושי קדישא רבה, שעתיק עולה ומלביש לחג"ת דא"ק, וכן הנוקבא עולה בגדלות עד מקום לאה, ומלבשת לכל השבעה תחתונות, וכן הז"א בגדלות עולה עד חג"ת דאו"א, כנזכר בדרושי הפסח. וכן או"א תחלה הלבישו לנה"י דא"א, ואחר כך עלו לחג"ת, ולכן או"א הם תמיד פנים בפנים בגדלות שלם)ר"ל בגדלות ב'(. וכן א"א הלביש תחלה תנה"י דעתיק, ואחר כך גם לחו"ג, כי הארת החסד והגבורה אשר בכתר וחכמה הם בחינת יחידה וחיה, ובאים בגדלות)ר"ל בגדלות ב'(. וכן עתיק מלביש א"ק מטבור ולמטה, ובשבת עולה עד הגרון. ונמצא כי בגדלות הפרצופים אין שום חילוק, רק בכללות האצילות יש שינוי, כי בחטא אדם הראשון הוא עומד מטבור א"ק ולתתא, ואינו תמיד מהמחזה, וכן בזו"ן, אבל בג"ר דאצילות אין שינוי, והבן זה היטב. וזכיתי למצוא בע"ח ח"א שער א' שכתב הרב גם כן כמסתפק בדבריו, ומתרץ להדיא כך, יעוין שם עד כאן לשונו. וכן תירץ הרב יפה שעה ז"ל ולפי דבריהם ז"ל, במנחת שבת שהז"א עולה למעלה עד דיקנא דא"א, ומקבל פרצוף חמישי, שהוא מקבל פרצוף הכתר, וכן כל הפרצופים, נמצא שעלה ז"א למעלה מאו"א, ולא עד חג"ת לבד, אם כן זה הכלל שנתן הרב ז"ל באיזה זמן הוא. והרב יוסף דעת ז"ל תירץ על קושיית א"מ הנז"ל וז"ל - דברי הרב הם על בחינת צלמי המוחין **ול"ם**, ונ"ב עוד וז"ל - אם יעזור השם אינו כן, וכבר הם נדחים לעיל שער ג' פרק א', ועיין לקמן שער ח' פרק ב', מה שכתב הרב ז"ל עצמו, עד כאן לשונו. ולעניות דעתי נראה לתרץ במה שכתב רז"ל בדרוש הדעת, בהתחלקות

דא"א מאירים לפרצופי או"א. בחינה ד' – **עתיק וא"א**, כאן יש קושיה גדולה שנתקשו בה כל המפרשים, הרי כל ז' תחתונות דעתיק יומין מתלבשים תוך כל פרצוף א"א, אלא הכוונה היא על הנה"י של החלק המגולה דעתיק, ר"ל הנה"י של ג' ראשונות דעתיק,)ג' ראשונות דעתיק הם הרדל"א(שמאירים ונותנים מוחין לפרצוף א"א. **ונ֣ה֣"י**[117] דחב"ד **דע֣תיק** מאיר ונותן מוחין לפרצוף **א"א. ונ֣ה֣"י דא"ק** הוליד את בחינת עולם האצילות, ונותן מוחין ל֣פרצוף הראשון דאצילות, הנקרא **ע֣תיק** יומין, ול֣כל שאר ה֣בחי֣נות שבעולם ה֣אצ֣ילות כמו שנ֣תבאר בע"ה. ג֣ם[118] תבין כי בכל בחי֣נ֣ת[119] הו֣צ֣אות האורות החד֣שים

העשר ספירות, יעוין שם שבהקדמה ההיא אמר שם כל המקומות הנזכרים לעיל. כי במקום שכתב הרב שפרצוף התחתון הוא מלביש לנה"י דפרצוף העליון, היינו לפי ערך שקורא שרשי המוחין דכתר חב"ד, ותרין עטרין ודעת חג"ת וכו'. ובמקום שכתב שמלביש לז' תחתונות, הוא לערך שקורא שורשי המוחין כתר, ותרין עטרין ודעת חב"ד, ופרקין עילאין דנה"י חג"ת וכו'. ובזה מתיישבים דברי הרז"ל כל מקום שנראים סותרים זה לזה. גם בזה אמר שם מה שכתב בשער כ"ג פרק א' מ' דצלם כחב"ד חג"ת, ובפרק ד' כתב כחב"ד, ולפי זה נתיישב הכל. אחר כך עיינתי בסוף הכללים שבתחלת ע"ח בד"ה על דרך דיבור המתחיל להאר"י ז"ל וכו', ונראה לעניות דעתי שכוונתו כמו שכתב, וקל למבין.

115

בית לחם יהודה ש"ח פ"ב דכ"ג ע"ב – ונה"י דא"י לאו"א. כן הגירסה במבוא שערים דף ג' ע"ג, ובאוצרות חיים, יעו"ש. אבל בשער ההקדמות דף י"ט ע"א גרסינן ונה"י דא"י דא"א מאירים לז"א, יעו"ש. ולפי גירסת ע"ח ומבוא שערים ואוצרות חיים קשה, והלא או"א הם מלבישין על הג' אמצעים דא"א ולא על נה"י שלו. והנה התם באוצרות חיים נ"ב הגה"ה מרבינו שלמה מולכו וז"ל – **שמ"ן** נראה לעניות דעתי שהכוונה על נה"י דעתיק שבחג"ת דא"א המאירים לאו"א, ועיין בע"ח בשער א"א פרק ז', עד כאן לשונו. נראה שכוונתו ליישב קושיא הנזכרת. ונראה לעניות דעתי ליישב, כי אחרי שנולדו או"א ירדו לבריאה, וינקו מדדי בהמה, ואחר כך עלו באצילות, והלבישו על א"א, כמבואר בפרק א' דשער י"ז, ומסתמא תחלה הלבישו על נה"י דא"א קתני הכא, ונה"י דא"י דא"א לאו"א. ועוד יש לפרש, והוא כמו שכתוב בפרק ה' דשער ט' שבזמן אצילות זו"ן נתעלו נה"י דא"א ונתלבשו בחג"ת דאו"א וכו', ובסוף דבר כתב דתרין פרקין עלאין דנצח והוד דא"א נשארו למעלה, פרק א' דנצח באבא, ופרק א' דהוד באימא, ואלו הם שם תמיד לעולם, יעו"ש.

116

הגהה לשמ"ן באוצרות חיים – שמ"ן נראה לעניות דעתי שהכוונה היא על נה"י דעתיק שבחג"ת דא"א, המאירים לאו"א, ועיין בע"ח שער א"א פרק ז', ודוק.

117

בית לחם יהודה ש"ח פ"ב דכ"ג ע"ב – ונה"י דעתיק לא"א. עיין להרב יפה שעה ז"ל שהקשה - ואם תאמר והלא א"א לא לנה"י דעתיק בלבד הוא מלביש, אלא כל הז' תחתונות דעתיק מתלבשין בא"א, יעו"ש מה שתרץ. ובע"ח כתב יד נ"ב א"מ - תימה שהרי נה"י מאירים חג"ת, ונהי"ם דעתיק כנודע מסדר ההתלבשות, והאריך מאד, ובסוף דבר מסיק כתירוץ הרב יפה שעה ז"ל, יעו"ש.

118

בית לחם יהודה ש"ח פ"ב דכ"ג ע"ג – גם תבין כי בכל הוצאת אורות חדשים היה קודם להם ענין הצמצום. ענין אורות חדשים היינו שעדיין לא היו במציאות כלל, ומשום הכי הוצרך בחינת הצמצום, כדי שעל ידי עליית האורות למעלה בסוד מ"ן, גורמין זווג למעלה, ועל ידי הזווג נולד אורות חדשים גמורים. ולפי שלא היה תחלה בפנימיות א"ק כי אם ע"ב וס"ג בלבד, כמו שמבואר בדברינו בריש פרק א' דלעיל, משום הכי נתן טעם לצמצום. שהוא כדי להאציל אורות חדשים, שהם מ"ה וב"ן, כי הם חדשים ממש, מה שאין כן באורות אח"ף, ושערי רישא, ודיקנא דא"ק, שלא הוצרכו לבחינת צמצום כלל, לפי שבחינת ע"ב וס"ג כבר הם נמצאים בא"ק. ובמה שביארנו יתורץ שאלת הרב יפה שעה ז"ל בפרק א' דטנת"א, בד"ה לכן נתחיל וכו'. ועיין עוד בדברינו דהתם בד"ה ונאמר וכו', ששם כתבנו תירוץ אחר.

43

להאצילות, **היה קודם להם ענין הצמצום,** כי קודם לכן לא היו אורות אלו במציאות בכלל, לכן הוצרך את בחינת הצמצום, כדי שיעלו האורות דנה"י של השיעור קומה העליון בסוד מ"ן, ובעלייה זאת הם גורמים לזיווג באורות העליונים, ועל ידי זיווג זה נולדים אורות חדשים שלא היו בתחילה לשיעור קומה שתחתיו.◆

הרב ז"ל מבאר כאן כי כל הולדה של כל עולם או פרצוף, חייב העולם או הפרצוף העליון לצמצם את הנה"י שלו כדי להוליד את התחתון ממנו. **כי כן מצינו בא"א[120] שצמצם** את האורות דנה"י[121] **שלו כדי**

119

שער ההקדמות, דרוש ד' בעולם הנקודים די"ט ע"א – עוד מזה יתבאר לך כי בכל זמן הוצאת אורות להאצילות, צריך ענין הצמצום, כנזכר בדרושים הקודמים.
120

ע"ח שי"ז פ"ב מ"ת דפ"ג ע"ד – ונבאר עתה בחינת זמן העיבור של זו"ן איך היה, וכבר נתבאר לעיל כי נעשו מב' בחינות שהם ז' תחתונות דמ"ה, וז' תחתונות דב"ן זולת הכתרים הז'. ונבאר סוד העיבור ונאמר כי הנה אחר שנתקנו או"א נשארו עתה בחי' ז' מלכים שמתו, ועדיין היו בלי תיקון, ואמנם הם בחינת ז' תחתונות דב"ן כנודע, גם אז היה **עדיין א"א בלתי התלבשות מטבור ולמטה עד סיום רגליו, והיה מגולה מבלי לבוש.** וכדי לתקן הז' מלכים שמתו, אשר מהם נעשה זו"ן הנ"ל, היה צריך שיהיה בסוד העיבור בתוך אמא. וזה סוד העיבור, **הנה תחלה אסף א"א את רגליו,** ר"ל **כי נה"י שלו שעדיין היו מגולין כנ"ל נתעלו למעלה עד הג' אמצעית חג"ת דא"א עצמו,** המתלבשים תוך או"א מקודם זה כנ"ל, גם עתיק התחיל לאסוף ב' פרקין האמצעים שלו)על גבי(ב' פרקין הראשונים דנצח הוד שלו, והיו מלובשים ב' פרקין עליונים תוך ב' פרקין אמצעים, אבל היסוד דעתיק אינו צריך לעלות כי הוא מסתיים למעלה בחזה דא"א. ואחר כך הלבישו החסד והגבורה וחצי תפארת העליון דאריך אנפין לאותן ב' פרקין אמצעים דנצח הוד ואת היסוד דעתיק. ואחר כך הלבישו נצח הוד דא"א לחסד גבורה שלו עצמו, וחצי תפארת התחתון שבו הלביש את חצי העליון, והיסוד דא"א הלביש אחר כך את חצי תפארת תתאה שבו, ועלתה העטרה אל יסוד שבו, והלבישה את היסוד עצמו שבו. ואחר כך עלו חג"ת דז"א והלבישו לנצח הוד ועטרת היסוד דא"א. ואחר כך עלו נה"י דז"א, והלבישו לחג"ת דז"א עצמו. ואחר כך עלתה הנוקבא שהיא המלכות בסוד העטרה, והלבישה את היסוד דז"א. ונמצא שעלו בחינת זו"ן למעלה, ונמצא ז"א כלול ג' גו ג' שהם ו"ק שבו, ג' כליל בג', ונרמז זה פרשת בשלח דף נ' ע"א בתוספתא - ג' רוחין דכלילין בג' הוי שקיעין כו'. ונודע כי ז"א הוא בחינת רוח, והמלכות נקראת אבן, וזהו אבנין שקיען ודי בזה. ועתה יתבאר איך נתלבשו גם הם תוך או"א, והוא כי אחר כל הנ"ל הלבישו או"א וישראל סבא ותבונה את כל הבחינות הנ"ל, כי כבר נתבאר לעיל שאורך אלו הד' פרצופים הם כשיעור אורך הנ"ל, שהם חג"ת דא"א, נמצא כי או"א נשארו כמו שהיו בראשונה תמיד, לפי שהם קצרי קומה כנ"ל, **אבל עתיק וא"א שהם ארוכים הוצרכו לעלות קצוותם התחתון ולכלול אותן בקצוותן העליון,** והנה גם זו"ן היו יכולים לישאר שם כמו שהוא ולא להלביש קצוותם התחתון בעליון, כי אורך הו"ק אינם כל כך גדולים, ואם כן למה הוצרכו לכלול ולהיות בחינת ג' כליל בג', ואמנם תשובת שאלה זו נתבאר באריכות, כי הכוונה היתה לקבצם ולקשרם יחד שיהיו רשות היחיד באחדות, ולא רשות הרבים דרך פירוד, כי זו היתה סבת מיתת המלכים בראשונה, ובזה נמצא כי זו"ן הם עומדין באמצע בין נה"י דא"א ובין פנימית או"א, ואז היו שם בתוך פנימית או"א בסוד עיבור, כדרך הולד הניתן במעי אמו.

ע"ח ח"ב שכ"ח פ"ב מ"ת די"ח ע"ג – ונתחיל מן הראשון, ונאמר כי הנה עיבור ראשון היה בבחינת א"א עצמו, בבחינת נה"י שבו, ומן הזיווג שבו עצמו נעשה ו"ק הז"א, בבחינת ג' כלילין בג'. ועניין זווג א"א הוא זה, כי הנה נתבאר לעיל כי אין בא"א רק תשע ספירות לבד, ולא נזכר בו בחינת מלכות, האמנם היסוד שבו כלול מזו"ן, כדמיון התמר הכלול מזו"ן, בסוד צדיק כתמר יפרח, הנזכר בזוהר. **ואז נתעלו נה"י שלו בחג"ת שלו,** אשר שם שם מעמד ומצב או"א כנודע, כי אבא מלביש חסד וחצי תפארת הימין, ואימא מלבשת גבורה וחצי תפארת השמאל. **ועלה הנצח דא"א בחסד שלו,** אשר שם אבא, **ועלה ההוד דא"א בגבורה,** אשר שם אמא, **ועלה היסוד דא"א בתפארת,** אשר שם בחינת הדעת, שהוא היסוד של שניהן, חציו כאן וחציו כאן. ואז על ידי התלבשות נה"י שלו תוך או"א עצמן, אשר הם זכר ונקבה ממש, שמשו אז על ידי יסוד דאריך אנפין הכלול מזכר ונקבה מיניה וביה, **ואז הוציא את החיצוניות ו"ק דז"א,** ג' כלילין בג', ואת הנוקבא בסוד

לאפקא לו"ן כל שכן לאפקא את או"א **כנזכר במקומו, וכן היה בזה הא"ק** כנזכר לעיל,

שהוציא את עולם האצילות הנקרא[122] זו"ן בערך א"ק, **ואין להאריך בזה**[123][124] מפני שא"ק הוא בחינת **שורש** דכללות העולמות, וא"א הוא בחינת **שורש** דכללות הפרצופים, כך[125] שכל הפרטים שהרב ז"ל מגלה טפה ומעלים ומכסה באלפים אמות בא"ק, מתגלים בפרטי פרטים בפרצוף א"א, והמשכיל[126] יבין ראשית דבר מאחריתו[127]. **זאת ועוד** כל דבר הנעשה בשורש, נעשה בכל הענפים, שהם כל העולמות והפרצופים, והואיל ונעשה

פסיעה לבר כמבואר אצלינו, ועיין לעיל היטב. ותכלית כוונתו היה להתלבש בתוכם כנ"ל ונמצא שעליית נה"י דא"א במקום חג"ת שבו, היה לטעם הנ"ל להתלבש תוך או"א, שהם זו"ן, ועל ידם גם היסוד שבו יזדווג מיניה וביה כמו שנתבאר.
121

שער ההקדמות, דרוש ד' בעולם הנקודים די"ט ע"א — וגם כן יתבאר לך למטה במקומו, איך גם א"א צמצם אורות נה"י שלו, כדי להאציל לז"א ונוקביה, ודי למבין.
122

רחובות הנהר ד"ב ע"ב — והענין כי כל פרצוף תחתון מחבירו נקרא בן אליו, והוא מברר בירורי פרצוף העליון ההוא שעליו, ומעלה אותם לפרצוף שעל גבי פרצוף שעליו לתקנם. וכמו שכתב במבוא שערים ש"ב ח"ג פ"ט וז"ל - **וכל תחתון מחבירו נקרא בן אליו**, והוא המעלה המ"ן שלו. נמצא כי כל הפרצופים דכל העולמות נקרא בנים, שהן זו"ן, אלא שכל פרצוף נקרא בן שהוא בערך הפרצוף שעליו, ונקרא או"א בערך הפרצוף שתחתיו, ונקרא א"א בערך הפרצוף התחתון השלישי אליו, ונקרא עתיק בערך הפרצוף התחתון הרביעי אליו, נמצא שכל פרצופי כל העולמות נקראים זו"ן, שהם ו"ק.
123

בית לחם יהודה ש"ח פ"ב דכ"ב ע"ג — בהגהות השמ"ש ז"ל ד"ה עיין לעיל וכו'. בסוף הדיבור ואחר כך חיצוניות מ"ה יצא מהמצח, והוא מ"ה החדש עד כאן. כך צריך לגרוס, כן הוא בע"ח כתב יד.
124

השמ"ש]בן[— נ"ב, עיין לעיל בפרק א' דשער טנת"א מ"ב, ותקרא כל פרק המתחיל - דע כי ד' בחינות כו', ותראה מה בחינה עלה למעלה מן הפרסא, ומה בחינה ירד ובקע הפרסא, ומה בחינה יצא מן העינים. וכללות דבריו שם הוא, כי ב' בחינות מ"ה ומ"ן הכוללים דא"ק הם שעלו למעלה, בבחינת פנימיות וחיצוניות, ועלו למ"ן לע"ב וס"ג הכוללים, כדי להזדווג, כדרך זו"ן שעולים למ"ן לאו"א. ואחר כך יצא חיצוניות ב"ן מן העינים, שהוא הנקודות. ופנימיות ב"ן ופנימיות וחיצוניות מ"ה בקעו הפרסא, וירדו למקומם. ואחר כך חיצוניות מ"ה יצא מהחיצוניות כו', והוא כו', ובכאן הכתיבה חתוכה.
125

ע"ח שט"ז פ"ה דפ"א ע"ג — כי א"ק הוא מציאות א"א. **רחובות הנהר ד"ט ע"ב** — ואף על פי ששם לא נזכר כי אם עד בחינת א"א, **כבר נודע כי בחינת א"א המוזכר בדברי הרב ז"ל, הוא בחינת א"ק, שהוא א"א הכולל**, ודו"ק. **כלל** — בחינת א"ק הוא בכללות העולמות, ובחינת א"א הוא בכללות הפרצופים, וכל מה שיש בא"א יש בא"ק, רק בא"ק הרב לא הרחיב את הדיבור, והמשכיל יבין ראשית דבר מאחריתו.
126

מבוא שערים ש"ב ח"א פ"ה ד"ד ע"א — והנה נתבאר בפרק ג' כי העשרה נקודות התחילו מהטיבור דא"א עד למטה, ואמנם סדר התחלקות הוא על דרך שביארנו בש"ד ח"ב פ"ב, **האיך ז"א מלביש את א"א, וכן הענין כאן**, כי כתר הנקודים מלביש את חצי תפארת דא"ק, שהוא חצי הגוף מהטיבור ולמטה.....
127

מבוא שערים ש"ג ח"ב פ"ג דכ"ב ע"ד — ...והוא ממש דוגמת הז"א המלביש את או"א, מעט מעט בכניסת המוחין שלו, עד שמלביש כל ז"ת דלהון, וכן הענין בכאן **אלא שלא רצינו להאריך בו, כי הוא מקום גבוה**, ומשם תבין מוצא דבר.

בחינת צמצום זה בנה"י דא"ק כדי להוליד את הנקודים, כך נמשך דבר זה בכל העולמות והפרצופים שהם הענפים דא"ק,
כי כל שיעור קומה צמצם את עצמו ממש כמו א"ק לאפקא את השיעור קומה שתחתיו, שנקרא ז"א בערכו[128].

הרב ז"ל ביאר בפרקין את הכלל שקודם כל הוצאת אורות חדשים היה קודם להם ענין הצמצום, וכן הוא כאן בעולם
הנקודים, כי קודם יציאת האורות דנקודים דרך העינים דא"ק, צמצם א"ק את עצמו, בזה שהעלה את כל האורות דיליה
שהיו מתחת לטבור מעל לטבור, שהם האורות דפנימיות בחינת מ"ה וב"ן דא"ק, סמ"ב דס"ג, עסמ"ב דמ"ה, ועסמ"ב
דב"ן[129] כדי לאפקא לעולם הנקודים, אבל כדי שאורות אלו לא יחזרו בחזרה למטה, הניח המאציל פרסא באמצע הגוף
דא"ק, הנקראת באדם התחתון שרעפת. **והנה אזור ש**א"ק **צמצם** את **עצמו**[130] קודם שיצאו האורות
דנקודים דרך העינים, **הניזוז**[131] **זוד פרסא** והוא כמו קרום[132] דומיה לפרוכת[133] המבדילה בן הקודש לקודש

128

רחובות הנהר ד"ג ע"ב – הרי מבואר כי **כל פרצופי כל העולמות הם זו"ן למה שלמעלה מהם**, ושכל
חמשה פרצופים דכל עולם הם זו"ן, שהם ו"ק, לחמשה פרצופים של עולם שלמעלה מהם, כל פרצוף לפרצוף
שכנגדו בעולם העליון. המשל בזה כי חמשה פרצופי האצילות הם זו"ן, שהם ו"ק לחמשה פרצופי א"ק,
וחמשה פרצופי א"ק כל אחד נקרא או"א לפרצוף שכנגדו בחמשה פרצופי האצילות, **וגם חמשה פרצופי א"ק
גם הם נקראו זו"ן, שהם ו"ק בערך הקודם אליו**, וכמו שכתב הרב בשער ההקדמות בדרושי א"ק וז"ל -
ועתה יתבאר ענין אחד נמשך מן האמור, והוא כי הנה שם אדם אינו נקרא אלא הזכר והנקבה, שהם זו"ן, שהם
מ"ה וב"ן, **ונמצא כי א"ק הוא בחינת זו"ן מ"ה וב"ן בערך הקודם אליו, ודי בזה**, ויש בו כללות ע"ב ס"ג
מ"ה ב"ן, **וכן בחינת אורות היוצאים ממנו יחד הם זו"ן**, כלול מע"ב ס"ג מ"ה ב"ן. והנה מ"ה וב"ן
שבהם שהם נקרא אחרי התיקון עולם האצילות, הוא בחינת זו"ן של אלו ההארות חיצוניות, ולכן נקרא אדם
דאצילות, ולכן אינו מתפשט אלא מהטיבור דא"ק ולמטה, וכן אדם זה דאצילות כולל ע"ב ס"ג מ"ה ב"ן,
והמ"ה וב"ן שלו שהם זו"ן דאצילות, יוצא מהטיבור דא"א ודאו"א משם ולמטה, עד כאן לשונו. **הרי נתבאר
היטב מה שכתבנו, כי אפילו א"ק עצמו הוא זו"ן, שהם ו"ק, שהם מ"ה וב"ן, בערך הקודם אליו**, ואלו
המ"ה וב"ן הכוללים שבו נפרטים לעסמ"ב, שהם עשר ספירות, שהם החמשה פרצופים שבו, כל זה
בפנימיותו. וכן על דרך זה במ"ה וב"ן הכוללים בחיצוניותו, שנפרטים לעסמ"ב, שהם עשר ספירות, שהם
חמשה פרצופים שבו, ואותם המ"ה וב"ן הפרטים שהם זו"ן, שהם הו"ק שבהחיצוניותו, המתפשטים מטבורו
ולמטה, נפרטים גם הם לעסמ"ב, שהם עשר ספירות, והם הם חמשה פרצופי האצילות, המלבישים לא"ק
מטבורא דיליה ולתתא, ואינם רק זו"ן שהם ז' קצוות, אלא שנפרטו לעשר ספירות, ומהם נעשו עתיק, וא"א,
ואו"א, וזו"ן דאצילות.

129

תרשים ב – י"ב.

130

כרם שלמה ש"ח פ"ב אות ד' – מה שכתב והנה אחר שצמצם. פירוש, קודם **שיצאו האורות האלו דרך
העינים, שהוא בתחילת עלייתם מן הנה"י**, והוא כדי שלא יחזרו האורות האלו לירד במקומם מפני ריבוי
האורות שהם למעלה מן הטבור.

131

בית לחם יהודה ש"ח פ"ב דכ"ג ע"ג – הניח חד פרסא באמצע גופו במקום טבורו. מה שכתב במקום
טבורו, הוא מצד האחור, אבל מצד הפנים הוא מתחיל ממקום החזה, כמבואר בפרק ג' דשער י"ד, וז"ל - והנה
זאת הפרסא אינה ביושר, רק כי כאשר מתחלת מצד הפנים היא מתחלת מתחת החזה ממש, וכשמסתרחבת
ומתפשטת עד האחור, היא עומדת כנגד מקום הטבור, יעוין שם.

132

כרם שלמה ש"ח פ"ב אות ד' – אז הניח חד פרסא שהוא כמו קרום, דומיה דפרוכת המבדלת בין הקודש ובין
קודש הקדשים, אלא שזה הקרום שהוא חד פרסא היא מונחת ברוחב הגוף, דהיינו מבפנים מצד פנים, ונמשכת
ברוחב עד צד האחור מבפנים.

133

קדשים **באמצ֟ע** ר"ל לרוחב **גֻּופֻו** דא"ק **במקום טבורו מבפנים** ר"ל[134] ממקום החזה דא"ק מצד
הפנים באלכסון עד מקום הטבור מצד אחור, **כדי שֶׁיּפסיק** **בנתיים**[135] ר"ל ביניהם, בין האורות שעלו
למעלה מן הטבור, לבין הכלים דתנה"י דא"ק הנמצאים למטה מן הטבור, שלתוכם יתלבשו האורות החדשים כמו
שיתבאר לקמן, וכל[136] זה דוגמת האדם התחתון שיש באמצע גופו פרסא המבדילה בין איברי הגוף העליונים, שהם
איברי הנשימה, לבין האיברים התחתונים שהם מערכות העיכול ובני המעיים, והסיבה לזאת הפרסא היא כדי שהאורות
דתנה"י שעלו מעל לפרסא לא יחזרו והתפשטו שוב בחזרה למקומם הראשון. **וזֶה֟**[137] **סוֹד** הפסוק[138] **יהי**

שער ההקדמות, דרוש ד' בעולם הנקודים די"ט ע"א – והנה אחר אשר א"ק צמצם אורותיו אשר מטבורו
ולמטה, והעלם למעלה כנזכר, אז עשה **חד פרסא ופרוכת וקרום** מפסיק בפנימיות גופו, במקום טבורו לרוחב
הגוף באמצעו, להפסיק בין חציו העליון לחציו התחתון, ועל ידי כן נשאר כל האור ההוא שעלה למעלה על גבי
הפרסא, וזהו סוד מה שאמרו בספר הזוהר בפרשת בראשית דף ל"ב על פסוק ויאמר אלהי"ם יהי רקיע וגו',
אמר רבי יצחק אית קרומא במציעות מעוי דבר נש פסיק מתתא לעילא וכו', ורזא דא והבדילה הפרוכת
לכם וגו'.
134

ע"ח שי"ד פ"ג מ"ת דע"א ע"ב – וצריך שתדע ענין אחד והוא **כולל בכל בחינת הפרצופים**, והענין כי
בא"א באמצע גופו, יש חד פרסא ומסך, מבדיל בין חצי העליונה לחצי התחתונה, כנראה בחוש הראות,
ומבשרי אחזה אלו"ה איך יש קרום אחד, מחיצה המפסקת בין איברי הנשמה)הנשימה(שהם הריאה והלב,
ובין איברים התחתונים שהם כבד ובני מעיים כנודע. **והנה זה הפרסא אינו ביושר, רק כי כאשר מתחלת
מצד הפנים היא מתחלת מתחת החזה ממש, וכשמשתרחבת ומתפשטת עד האחור, היא עומדת)נמוכה עד(
כנגד מקום הטבור**, כנראה בחוש הראות, בחוש הטבע. וזהו נקרא יותרת הכבד, קרומא דפסיק גו מעוי דבני
נשא, כנזכר בזוהר פרשת בראשית על פסוק - יהי רקיע בתוך המים.
שער ההקדמות, דרוש בתקון או"א דכ"ז ע"ג – ודע כי באמצע גופו של א"א יש מסך אחד, הנקרא חד
פרסא, המבדיל לרחבו אל גופא, והפרסא הזו מבדלת בין סיום רגלי או"א הנכללים מארבע פרצופים הנזכרים
לעיל, ובין התחלת זו"ן. ועל דרך זה הוא בכל הפרצופין, כי כל פרצוף יש חד פרסא מבדלת באמצע גופו
לרחבו.
והנה הפרסא הזו אינה ממש שטוחה ביושר ברוחב הגוף, והנה קצתה אשר נדבקת בדופני הגוף בצד
הפנים היא מתחלת **ממש בסיום מקום החזה, וכשנשטחת ומתפשטת לצד אחורי הגוף, היא נמוכה כנגד קו
הטבור**, וזו היא נקראת יותרת הכבד, קרומא דמפסיק במציעו מעוי דבני נשא, כנזכר בפרשת בראשית בפסוק
יהי רקיע בתוך המים.
135

כרם שלמה ש"ח פ"ב אות ד' – ומה שכתב כדי שיפסיק בינתים. פירוש, פירוש. פירוש, כדי להבדיל בין חצי העליון של
הגוף לחציו התחתון, כי איברי חצי העליון דומים לאיברי חצי התחתון, ומבשרי אחזה אלו"ה כי חצי העליון
הם איברי הנשימה, כמו הריאה והלב, והחצי התחתון הם איברי האכילה כמו האיצטומכא ובני המעיים וכו'.
והונחה זאת הפרסא כאן, מפני שלא יחזור האור וירד למטה במקומו הראשון, שהוא בתוך הנה"י.
136

לקוטי תורה למהרח"ו ד"ה ע"ב – הנה, באדם יש ארץ ושמים, **כי הטרפש** המפסיק בין אברי נשימה, ובין
אברי המאכל לבדם, הוא הרקיע הנטוי על הארץ. לכן למעלה הן כל אברים הרוחניים, הלב והריאה והמוח
וכיוצא, ולמטה כל אברי הגשמיים החומריים, נמצא האדם חצי העליון נגד שמים, וחצי תחתון נגד הארץ.
137

כרם שלמה ש"ח פ"ב אות ד' – ומה שכתב זה סוד יהי רקיע בתוך המים וכו'. פירוש, כי בזוהר כתב על
פסוק יהי רקיע בתוך המים, כי כמו שיש חד קרומא באמצעית גוף דבר נש, ופסיק מעילא לתתא וכו', כך
הרקיע הוא מבדיל בין מים למים, פירוש בין מים העליונים, למים התחתונים, ועל האי קרומא שקמאר
באמצעות מעוי דבר נש, הוא רומז על זה הפרסא שבאמצע גוף א"ק, כי בצלם אלהי"ם עשה את האדם.
138

בראשית א' ו' – ויאמר אלהי"ם יהי רקיע בתוך המים ויהי מבדיל בין מים למים.

רָקִיעַ שהוא הפרסא **בְּתוֹךְ הַמַּיִם וִיהִי מַבְדִּיל בֵּין מַיִם לָמָיִם** בֵּין[139] המים העליונים, שהם האורות שמעל לפרסא, לבין המים התחתונים, שהם האורות החדשים שירדו מתחת לפרסא כלקמן, והתלבשו בכלים דתנה"י דא"ק, **כִנְזְכָּר בְּסֵפֶר**[140] הַזוֹהר פרשת **בְּרֵאשִׁית דַּף ל"ב** ע"ב **אִית קְרוּמָא זִדָא בְּאֶמְצָעִית מֵעוֹי דְּבַר נָשׁ** יש קרום באמצע גוף האדם בפנימיותו, **דְּאִיהוּ פָּסִיק מֵעֵילָא לְתַתָּא** והוא מפסיק בין האיברים העליונים הפנימיים, שהם איברי הנשימה, שהם עיקר חיות האדם, לבין האיברים התחתונים הפנימיים, שהם איברי המאכל, **וְשָׁאִיב מֵעֵילָא וְיָהִיב לְתַתָּא** ושואב חיות[141] מהאיברים העליונים, ונותן לאיברים התחתונים. **וְאֵז נִשְׁאָר כָּל הָאוֹר** שעלה מהתנה"י דא"ק **לְעֵילָא מֵהַאי פָּרְסָא** שהם[142] האורות מ"ה וב"ן דע"ב, סמ"ג דס"ג, עסמ"ב דמ"ה ועסמ"ב דב"ן, **וְהָיָה שָׁם** האור **דְזוּזָק**

139

גמרא חגיגה דט"ו ע"א – תנו רבנן, מעשה ברבי יהושע בן חנניה עומד על גב מעלה)מדרגה(בהר הבית, וראהו בן זומא)שהיה תלמיד צעיר(ולא עמד מלפניו)של רבי יהושע(, אמר לו מאין)אתה בא (ולאין)פונות מחשבותך(בן זומא, אמר לו צופה הייתי)במעשה בראשית(**בין מים העליונים למים התחתונים**, ואין בין זה לזה)במקום חיבורם(אלא שלש אצבעות בלבד, שנאמר - ורוח אלהי"ם מרחפת על פני המים, כיונה שמרחפת על בניה ואינה נוגעת. אמר להן רבי יהושע לתלמידיו, עדיין בן זומא מבחוץ)ולא מבין מעשה בראשית(, מכדי)המצב של(ורוח אלהי"ם מרחפת על פני המים, אימת הוי)מתי היה, זה היה(ביום הראשון, הבדלה)בין המים העליונים למים התחתונים היתה)ביום שני הוא דהוי)שהיתה(, דכתיב - ויהי **מבדיל** בין מים למים.

גמרא פסחים דק"ד ע"א – אמר רבי יהושע בן לוי, המבדיל צריך שיאמר מעין הבדלות האמורות בתורה, מיתיבי סדר הבדלות היאך אומר, המבדיל בין קודש לחול, בין אור לחושך, בין ישראל לעמים, ובין יום השביעי לששת ימי המעשה, בין טמא לטהור, בין הים לחרבה, **בין מים העליונים למים התחתונים**, בין כהנים ללוים ולישראלים, וחותם בסדר בראשית.

140

זוהר בראשית דל"ב ע"ב עם תרגום וביאור – **אמר רבי יצחק, אית קרומא במציעות מעוי דבר נש** יש קרום באמצע המעיים של האדם הנקרא טרפש, והוא כעין מסך שמצד פני האדם, וקרום זה נמצא בפנימיות האדם, ומתחיל מצד הפנים מהמחזה, ויורד עד מקום הטבור מצד אחור, **דאיהו פסיק מתתא לעילא** שהוא מפסיק מלמטה למעלה, בין החלקים הפנימיים שבגוף האדם שלמעלה, שהם הריאה והלב, שהם איברי הנשימה, לבין החלקים הפנימיים שגוף האדם שלמטה, שהם הכבד ומערכת העיכול, שהם איברי המאכל, **ושאיב מעילא ויהיב לתתא** ושואב חיות מהלב שלמעלה מהקרום ומשפיעם למטה.
שלחן ערוך, יורה דעה ס"ד י"ב – הכוליא יש עליה שני קרומים. העליון חייבים עליו, התחתון והחוטים שבה אסורין ואין חייבים עליהם. ולובן שבכוליא חלב שעל הכליות נאסר ולא שבתוך הכליות. ואף על פי כן נוטל אדם לובן שבתוך הכוליא ואינו צריך לחטט אחריו. ויש מחמירין לחטט אחריו. **הגה:** ואם לא חטטו אחריו והניחו קצתו תוך הכוליא לכולי עלמא מותר אם נתבשל כך)ב"י בשם הגהות אשירי, שכ"כ בשם א"ז(. ודוקא מה שבתוך הכוליא אבל מה שעל הכוליא לכולי עלמא אסור)ד"מ בשם רא"ש פרק גיד הנשה ושכן הוא בש"ס(. **יותרת הכבד** - יש מצריכין לנקר הקרום העליון של צד הכבד משום חלב הקרב שמונח עליו. ויש מחמירין עוד לנקר השומן שתחת הקרום ההוא)רא"מ ור"ח(. אבל צד פנים של צד הריאה אין צריך ניקור כלל)ת"ה וא"ז(. אבל המנהג לנקר ולהסיר שני קרומים דלמא אתי למטעי)ס"ה וא"ז(.

141

כרם שלמה ש"ח פ"ב אות ד' – ומה שכתוב ושאיב מעילא ויהיב לתתא. פירוש, שאיב **חיות** מלעילא, מן חצי העליון כדי הספקה של התחתון, ויהיב לתתא.

142

תרשים ב – י"ג.

ומהודק עם האורות שהיו כבר מעל הטבור, שהם ס"ג דע"ב וע"ב דס"ג, ואורות[143] אלו שעלו מעל לפרסא העלו מ"ן לע"ב דס"ג, ואז על ידי עליית מ"ן זאת נעשה זיווג דמוחין דא"ק, שהם הטעמים דע"ב וס"ג דא"ק, הנקראים ע"ב דע"ב דא"ק וע"ב דס"ג דא"ק, ומכח הזיווג זה נמשך אור חדש אשר הוא יורד למקום האורות שמעל לפרסא, נמצא כי במקום שמעל לפרסא יש ג' בחינות של אורות, **האחד** הם האורות שהיו לפני עליית אורות התנה"י דא"ק מעל לפרסא, והם האורות של ס"ג דע"ב וע"ב דס"ג, **השני** האורות שעלו מהתנה"י דא"ק מעל לפרסא, והם מ"ה וב"ן דע"ב, סמ"ב דס"ג, עסמ"ב דמ"ה, ועסמ"ב דב"ן, **השלישי** הוא האור החדש שנמשך מזיווג ע"ב וס"ג דא"ק, **ובגלל דוחק**[144] האורות הנמצאים מעל לפרסא **או**[145] **בוקע** האור[146] החדש **בהאי פרסא, ויורד**[147] האור החדש הנולד מזיווג הטעמים דע"ב וס"ג דא"ק **והאיר בשאר הגוף** ר"ל בכלים של שליש התחתון דתפארת ונה"י דא"ק שהם נמצאים **מהטבור ולמטה,** וממלא האור החדש שהוא[148] פנימיות וחיצוניות מ"ה ופנימיות ב"ן את

143

שער ההקדמות, דרוש ד' בעולם הנקודים די"ט ע"א – והנה כאשר האור הנזכר עלה כולו בחצי התפארת העליון דא"ק, על גבי הפרסא, נתרבה האור אשר שם יותר מבתחילה, ונעשה האור הזה בבחינת מיין נוקבין אל בחינת הטעמים של ס"ג, שהם אורות האזן חוטם ופה, אותם אשר הם שרשים פנימיים בתוכם, ולא אל האורות היוצאים משם ולחוץ, אלא לאורותיהם הפנימיים שבתוכם עצמם. ואז על ידי מ"ן אלו שעלו אל הטעמים דס"ג, אז נזדווגו בחינת ס"ג עם בחינת ע"ב שהיא בגולגלתא דא"ק כנזכר לעיל, ומכח זווג ההוא נמשך אור חדש מהם, וירד למטה וירד למטה ובקע הפרסא הנזכרת.

144

ע"ח ש"ח פ"א מ"ת דל"ה ע"ג – ובהעלות אור זה למעלה היה זה בדרך (נ"א צריך) מ"ן, ויצא אור חדש, וירד דרך פנימיות של זה האדם, וירד דרך הפרסא, וירד לנה"י של זה האדם, ובוקע משם זה האור חדש הפנימי, ויצאו לחוץ דרך העור ומשם מאיר אל הנקודות כנזכר על פסוק - ואחר עורי נקפו זאת, בטעם השני. נמצא כי הנקודות נעשה על ידי ב' אורות, אור היוצא לחוץ והוא אור הראשון, ועל ידי אור פנימי החדש, הבוקע ויוצא לחוץ, והנה זה האור פנימי יצא לחוץ מכל צדדין אחורי העור, ולכן נעשו עגולים כנזכר בטעם שני. גם היה ענין אחר כי כיון שהאור הראשון היה במקום החזה (נ"א הזה) ושם נשאר שורשו להאיר לחוץ, וכשיורד אור החדש נפגעו **יחד שם הג' אורות,** אור הא"ק עצמו מבחינת תפארת שלו, ואור הראשון שעלה מנה"י, ואור החדש, **ולכן הם דחוקים הרבה,** ובפרט כי כשעובר והולך להאיר לנה"י הוא צריך לבקוע בחוזק אותו הפרסא, ולעבור ולירד, לכן מכח אלו הבחינות כשהוא בוקע ויוצא בעור, להאיר לאלו הנקודות הוא יוצא בחוזק נמרץ, והוא נעשה עגול.

145

תרשים ב – י"ד.

146

כרם שלמה ש"ח פ"ב אות ד' – ומה שכתבת ויורד והאיר בשאר הגוף וכו', ר"ל אף על פי שהאור הזה של הנה"י עלה למעלה, על כל פנים כבר כתב לקמן כי על ידי עלייתו נעשה בבחינת מ"ן, ונולד בחינת אור חדש מן הטיבור ולמעלה, וירד ובקע דרך הפרסא, והאיר להנה"י הריקנים, שהם מן הטיבור ולמטה. אם כן מה שכתב כאן - ויורד והאיר וכו', הוא חוזר על **האור החדש.**

147

בית לחם יהודה ש"ח פ"ב דכ"ג ע"ג – ויורד ומאיר בשאר הגוף מהטבור ולמטה. מבואר היטב בשער ההקדמות דף י"ט ע"א וז"ל - ומכח זווג זה נמשך אור חדש מהם, וירד למטה ממקום הטבור עד סיום הרגלים, תמורת אור הראשון שהיה שם תחלה, אשר הוא היה בחינת נקודות דס"ג, ועלה על גבי ההיא פרסא, ועוד לא ירד, כי שם נשאר תמיד בחצי גוף העליון, ואור החדש הוא אשר ירד עתה למטה מן הפרסא. והרי עתה נתבאר מה שנתחדש בבחינת אורות הפנימיים שבתוך א"ק, והבן זה היטב, עד כאן לשונו. וכבר כתבנו בפרק א' דלעיל ד"ה הוא בחינת ס"ג וכו', שרז"ל אזיל כפי אותה שיטה ששינינו, שלא היה תחלה בא"ק כי אם ע"ב וס"ג בלבד, יעוין שם.

148

49

הכלים של תנה"י דא"ק, ומפנימיות התנה"י דא"ק מאיר לעולם הנקודים הנמצא מחוץ לא"ק. **וזהו**[149] **בחינת הפרסא** הנעשית בפנימיות א"ק, הוא **הנזכר** בספר הזוהר הקדוש **בריש אדרא** רבא דקכ"ח ע"א

איפה שלימה, שער הנקודים פ"א ד"ה ע"א)א(– והנה פנימיות הב"ן עם חיצוניות ופנימיות המ"ה בקעו הפרסא וירדו למטה במקומם הראשון. וזה נקרא אור החדש שבטבע הפרסא, ונקרא חדש מכמה טעמים, אם מטעם שבתחלה לא היה ע"ב וס"ג דוקא בפנימיות א"ק כי אם ע"ב וס"ג דוקא, ועל ידי זווג נולד מ"ה וב"ן, והם חדשים ממש. ואם מטעם כשעלו פעם שנית בבחינת מ"ן לע"ב וס"ג כדי להוציא חיצוניות ב"ן ונת"א לחוץ, ונשארה חיצוניות ב"ן עם הנת"א דס"ג למעלה מהפרסא, ופנימיות הב"ן עם המ"ה בקעו הפרסא וירדו למטה, הנה פנימיות הב"ן נקרא חדש, יען כי הוא מגולה בלי חיצוניותו שהיה מלביש עליו תחלה, והוא עומד במקום שהיה עומד חיצוניות הב"ן בתוך א"ק, ונתחדש האור בעמידת המקום ההוא. ואם מטעם שעל ידי זווג ע"ב וס"ג קנה פנימיות הב"ן הארה מחודשת על ידי הזווג ההוא, ונקרא חדש על שמה.
149

כרם שלמה ש"ח פ"ב אות ה' – ומה שכתב וזהו בחינת הפרסא הנזכר באדרא. פירוש, זהו הפרסא הנעשית כאן בפנימיות הא"ק, שהוא בהטיבור שלו, והיא הנזכרת בריש אדרא רבא, שנעשית פרסא באמצע גוף הא"ק שעל ידה הנקודים האלו הם יוצאים לחוץ, ומקבלים הארה כפי השיעור, ולא יותר מדאי.
150

ספר הזוהר, אדרא רבא דקכ"ח ע"א עם תרגום וביאור – **ואלה המלכים אשר מלכו בארץ אדום לפני מלך מלך וגו'. זכאין אתון צדיקייא** אשריכם הצדיקים, **דאתגלי לכון רזין דרזין דאורייתא** שנתגלה לכם סודי הסודות של התורה, **דלא אתגליין לקדישי עליונין** שלא נתגלו למלאכים הקדושים העליונים.... **תאנא עתיקא דעתיקין** דהיינו דא"ק הנקרא א"א בערך פרצופי עתיק יומין וא"א שגם הם נקראים עתיקין וזקנים, וא"ק **טמירא דטמירין** טמיר ומתלבש תוך פרצופי עתיק וא"א שגם הם טמירין ומתלבשים בתוך כל פרצופי האצילות, **עד לא זמין תקונוי דמלכא** עד שלא הוציא את את שם מ"ה החדש מהמצח לתקן את המלכים דמיתו, **ועטורי עטורין** וגם לא הוציא עדיין את העטרות דהיינו עולם הנקודים שיצא בבחינת המלכויות הנקראים עטרות, שהוא שם ב"ן שיצא בראשונה, ובבחינה הזאת קרה מקרה המלכים. **שירותא וסיומא לא הוה** אז עדיין לא נתגלה עולם האצילות וכל שכן לא נתגלו עולמות בי"ע. **והוה מגליף** וא"ק היה מחוקק, ר"ל מעלה את האורות הנמצאים תחת הטבור למעלה מהטבור, ונשארו הכלים דתנה"י דא"ק ריקים מכל אור, **ומשער ביה** והיה א"ק משער בעצמו שהאורות דמ"ה וב"ן שהיו נמצאים מתחת לטבור ועלו למעלה יעלו מ"ן לטעמים דע"ב וס"ג דא"ק, כדי שהזדווגו ע"ב וע"ב דע"ב וס"ג דא"ק להוציא אור חדש. **ופריס קמיה חד פרסא** ופרש א"ק לפניו בפנימיותו מסך, כעין פרוכת באמצע גופו, ממקום החזה מלפניו עד מקום הטבור מאחור, והיא הסרעפת באדם התחתון, **ובה גליף ושיער מלכין** ועל ידי האורות שמעל לפרסא בדוחק גדול, ואז שיער שיצא חיצוניות שם ב"ן דרך העינים מחוץ לא"ק, שהוא עולם הנקודים, סוד המלכים שמלכו מהטבור דא"ק עד סוף רגליו ומתו, ופנימיות שם ב"ן ופנימיות וחיצוניות שם מ"ה ירדו והתפשטו בשליש התחתון דתפארת והנה"י דא"ק בפנימיותו, **ותקונוי לא אתקיימו** עם כל זאת התיקון דעולם הנקודים לא התקיים, כאשר בספירת הכתר היה פגם, באו"א וישסו"ת היה ביטול, ושבע הספירות התחתונות ירדו לבי"ע, **הדה הוא דכתיב** וזה שכתוב **ואלה המלכים אשר מלכו בארץ אדום לפני מלך מלך לבני ישראל**, שהם שבעה מלכים שמלכו ומתו, והם סוד ז' הספירות התחתונות דנקודים, דעת בלע, חסד יובב, גבורה חשם, תפארת הדד בן בדד, נצח הוד שהם תרי פלגי דגופא שמלה, יסוד שאול מרחובות הנהר, מלכות בעל חנן בן עכבור. **מלכא קדמאה** המלך הראשון שהוא סוד עולם הנקודים הנקראים מלכים, **לבני ישראל קדמאה** הוא קדמון לעולם התיקון הנקרא בני ישראל, **וכלהו דגליפו** וכולם ר"ל עולם הנקודים נחקקו ומלכו, **בשמהן אתקרון** ונקראו בשמותם הנזכרים בתורה בלע, יובב, חשם, הדד, שמלה, שאול, בעל חנן, **ולא אתקיימו** ולא התקימו כי נשברו, **עד דאנח להו** עד שהניח את הכלים שלהם בעולמות בי"ע, **ואצנע להו** והצניע את האורות שלהם בכלים דכח"ב. **ולבתר זמנא** אחר זמן כאשר הגיע זמן תיקון המלכים האלו, **הוא אסתלק בההוא פרסא** עלו האורות שהיו מתחת לפרסא וגרמו שוב לזיווג הטעמים דע"ב וס"ג דא"ק בסוד כד סליק ברעותא, כי – ואדם אין לעבד את האדמה, ר"ל עוד לא נברא האדם התחתון לעלות מ"ן, ועל ידי זיווג זה נולד מ"ה החדש,

בדרוש ואלה המלכים אשר מלכו בארץ אדום לפני מלך מלך לבני ישראל, **וזהו** הכלל **מה שכתוב ב**ספר[151] **הזוהר** פרשת נח דס"ה ע"א **דאית זזד פרסא** כי יש מסך אחד **בין המאציל**

שכך נקרא כל פרצוף עליון **לכתר** של הפרצוף שתחתיו, וכל[152] פרצוף עליון נקרא א"ס בערך לבחינת הפרצוף שלמטה ממנו, וכן[153] כאן בא"ק הנקרא מאציל בערך עולם הנקודים, יש חד פרסא בטבורו, ושם נמצא הכתר דנקודים, שעל ידי פרסא זאת עולם הנקודים מקבל הארה, ולא יותר מדאי. וכן[154] הוא כך בין כל פרצוף לפרצוף, הכתר של הפרצוף התחתון נמצא בטבור של הפרצוף העליון, שהוא מקום הפרסא מבפנים, **והבן**[155] **זה היטב**[156] העליון שהפרצוף נקרא מאציל בערך הפרצוף התחתון, והוא הולידו ומתקנו, ונקרא הפרצוף עליון עילת העילות בערך הפרצוף התחתון, והכתר של הפרצוף התחתון נמצא במקום הפרסא של הפרצוף העליון, ומלבישו משם ולמטה.◆

ואתתקן בתקונוי ושם מ"ה החדש תיקן את המלכים דמיתו, והתלבש א"ק במלבושים שלו, שהם עולם פרצופי האצילות.
151

ספר הזהר, פרשת נח דס"ה ע"א עם תרגום וביאור – אחר שנאצל פרצוף עתיק דאצילות, **רעו דמחשבה עלאה למרדף אבתרייה ולאתנהרא מניה** אז היה רצון של מחשבה עליונה של הרדל"א דעתיק לרדוף אחרי א"ק כדי לקבל הארה ממנו, כי **חד פריסו אתפריס** כעין מסך אחד נפרס תוך פנימיותו של א"ק במקום הטבור, ומתחת לטבור זה מבחוץ עומד הרדל"א דעתיק, שהוא בחינת הכתר, **ומגו ההוא פריסא** ומתוך הפרסא הזאת של א"ק יוצאת הארה לכתר דאצילות, **ברדיפו דההיא מחשבה עלאה** על ידי רדיפת מחשבה זו העליונה של הרדל"א, שרוצה להשיג ולקבל הארה ושפע מא"ק.
152

מבוא שערים ש"ב ח"ג פ"ה די"ג ע"ד – ונבאר ענין זה בעולם האצילות, **וממנו יתבאר לשאר העולמות כולם.** הנה האור העליון היורד מא"ק אל עולם האצילות, הנה אותו האור נקרא א"ס, **כי כל האורות שהם עליונים, נקראים א"ס לבחינת עולם אשר למטה ממנו.**
153

כרם שלמה ש"ח פ"ב אות ה' – והואיל והזוהר אמר סתם על כל פרצוף ופרצוף, ואין ידוע על איזה פרצוף אמרה למילתיה, כי כמה גולגלתין יש בלית לון חשבונא, אבל הכא גם כן על הענין שלנו הוא גם כן בכלל זה המאמר, והוא כי **בין** המאציל שהוא הא"ק להכתר שהוא הכתר של האצילות, שהם הנקודים האלו, הפרסא המפסקת ביניהם היא זאת הפרסא שדברנו עליה כאן.
154

תרשים ב – ט"ו.
155

כך הלשון בספר אוצרות חיים.
156

כרם שלמה ש"ח פ"ב אות ה' – ומה שכתב עוד מה שכתוב בזוהר דאית חד פרסא בין המאציל לכתר. פירוש, כי הזוהר לא אמר זה על א"ק הזה, אלא אמרו סתם על כל שיעור קומה, פירוש על כל פרצוף ופרצוף שיש לו חד פרסא בתוכו מצד הפנים שלו, וזהו קמיה. וביאור המילה פירוש הוא מלבישו לזה העליון מן החזה או הטיבור שלו ולמטה. ונמצא כי זה הפרצוף התחתון הוא למטה מזה הפרסא של הפרצוף העליון, והפרצוף העליון הזה הוא נקרא מאציל לזה הפרצוף התחתון, כי הוא הולידו ומתקנו. ונקרא גם כן עילת העילות לגבי זה התחתון, אבל לא נקרא עילת כל העילות, כי עילת כל העילות הוא נאמר על א"ק או על הא"ס האמיתי, אבל הפרצוף העליון לגבי התחתון הוא נקרא עילת העילות דווקא. ונמצא שזה הפרסא היא מונחת למעלה מזה הכתר של הפרצוף התחתון, וזהו פירוש מלת **בין**, פירוש בין חצי הפרצוף העליון שהוא בהטיבור שלו, הנקרא מאציל לראש פרצוף התחתון הנקרא כתר.

וְאָמְנָם אֱמֶת הוּא כִּי כַּמָּה גּוּלְגַּלְתִּין אִית דְּלֵית לְהוֹן חוּשְׁבְּנָא כי כמה כתרים יש
שאין להם חשבון ומספר, כמו[157] שמבואר לקמן שהכתר דפרצוף התחתון נמצא בטבור של הפרצוף העליון, שהוא
בשליש התחתון דתפארת של הפרצוף שעליו, ושם נמצאת הפרסא כדי למעט את האור, כדי שהפרצוף התחתון יוכל
לקבלו, **כַּנִּזְכָּר** בזוהר[158] **בְּרֵישׁ אִדְרָא** רבא דקכ"ח ע"ב, **וְהַכֶּתֶר**[159] **דְּפַרְצוּף ז"א** דאצילות נעשה
מהשליש התחתון של התפארת והנה ז"א דאימא, ולמעלה מהכתר דפרצוף ז"א **יָהִיה** נמצא **הַפַּרְסָא דְּאִמָּא**
הנמצא בטבור דיליה **מַפְסִיק אֵלָּיו** בסוד[160] **עוטר ישראל בתפארה, וכֵיּוֹצֵא** בָזֶה[161] בכל עולם, ובכל
שיעור קומה, בכל פרצוף, במקום שנמצא הכתר של הבחינה התחתונה שם יהיה במקום הפרסא של הבחינה
שמעליו, **אֲבָל**[162] **הַכֶּתֶר שֶׁל כָּל כָּל** עולם **הָאֲצִילוּת הוּא נִפְסָק עַל יְדֵי הַהוּא פַרְסָא
שֶׁל הָא"ק**, וכן כל כתר של עולם תחתון יהיה נמצא במקום הפרסא של העולם שמעליו, ונקרא[163] ו"ק בערך

---

[157]

ע"ח שכ"ג פ"ג מ"ת דק"ו ע"ג — וזה סוד מה שכתוב בתיקונים, הכתר הוא אימא על ברא, גם אמרו
בתקונים כי כל הכתר הוא אהי"ה. והענין הוא, כי מבחינת אימא הנקרא אהי"ה כנודע, **נעשית כתר דז"א
כנודע**, כפי מה שבארנו. ודע כי לא ז"א לבד, אלא על דרך הנזכר לעיל הם כל בחינות של הכתרים, של שאר
הפרצופים, כמו א"א, או"א, נוקבא דז"א, **כי כולם כתריהם נעשה מן תפארת העליון שעליו**, על דרך זה
שבארנו בכתר דז"א. והנה גם כן יתבאר לך, כי הרי מבשרי אחזה אלו"ה, והרי אין אנו רואים שהאדם התחתון
שבעולם הזה יש בו כתר עם המוחין בתוכו, למעלה מן המוחין שלו.

[158]

ספר הזוהר, אדרא רבא דקכ"ח ע"ב עם תרגום וביאור — **ומהאי** ומזאת **גולגלתא** דכורא דא"א, **נפיק חד
עיבר** חיוור יוצא דרך לבנונית אחת, **לגולגלתא דזעיר אנפין** נמשכים לראש דז"א, **לתקנא רישיה** לתקן את
המוחין דיליה, **ומהאי** ומז"א **לשאר גולגלתין דלתתא** נמשך אור לשאר הפרצופים התחתונים, **דלית
לון חושבנא** שאין להם חשבון ומספר, בכל עולמות אבי"ע.

[159]

כרם שלמה ש"ח פ"ב אות ה' — ומה שכתב והכתר דז"א יהיה פרסא דאימא מפסיק אליו. פירוש, הוא הדבר
האמור לעיל כי כל פרצוף תחתון הוא כנגד הנה"י וחצי התפארת של פרצוף העליון, והז"א גם כן הוא ידוע
שמלבישה את האימא שהיא הבינה, מן הטבור או מן החזה שלה ולמטה, ובאמצעות גופה יש חד פרסא. ולכן
נמצא כי הפרסא שלה היא למעלה מן הכתר שלו, והיא מפסקת בינה לבין הכתר שלו.

[160]

ברוך אתה.....,, **עוטר**)הכתר של(**ישראל**)ז"א הנקרא ישראל(**בתפארה**)נמצא בתפארת דאימא(.

[161]

ע"ח שי"ד פ"ג מ"ת דע"א ע"ב — וצריך שתדע שתדע ענין אחד והוא **כולל בכל בחינת הפרצופים**, והענין כי
בא"א באמצע גופו, יש חד פרסא ומסך, מבדיל בין חצי העליונה לחצי התחתונה, כנראה בחוש הראות,
ומבשרי אחזה אלו"ה איך יש יש קרום אחד, מחיצה המפסקת בין איברי הנשמה)הנשימה(שהם הריאה והלב,
ובין איברים התחתונים שהם כבד ובני מעיים כנודע. **והנה זה הפרסא אינו ביושר, רק כי כאשר מתחלת
מצד הפנים היא מתחלת מתחת החזה ממש, וכשמתרחבת ומתפשטת עד האחור, היא עומדת)נמוכה עד(
כנגד מקום הטבור**, כנראה בחוש הראות, בחוש הטבע. וזהו נקרא יותרת הכבד, קרומא דפסיק גו מעוי דבני
נשא, כנזכר בזוהר פרשת בראשית על פסוק - יהי רקיע בתוך המים.

[162]

אבל פירושו באמיתות הדברים.

בראשית י"ז י"ט — ויאמר אלהי"ם **אבל** שרה אשתך ילדת לך בן וקראת את שמו יצחק והקמתי את בריתי
אתו לברית עולם לזרעו אחריו. **מפרש רש"י** אבל לשון **אמתת דברים**, וכן **אבל** אשמים אנחנו.

[163]

רחובות הנהר ד"ג ע"ב — הרי מבואר כי **כל פרצופי כל העולמות הם זו"ן למה שלמעלה מהם**, ושכל
חמשה פרצופים דכל עולם הם זו"ן, **שהם ו"ק** לחמשה פרצופים של עולם שלמעלה מהם, כל פרצוף לפרצוף

העליון • הרב[164] ז"ל ביאר לעיל כי כדי שיקבלו עולם הנקודים את האורות היוצאים מא"ק היו ב' פעולות, האחת העלאת האורות שנמצאים מתחת לטבור מעל הטבור, והשניה פריסת המסך בתוך פנימיות א"ק, וכבר נתבאר לעיל כי סיבת הצמצום היה כדי שיוכלו התחתונים לקבל האור. כאן הרב ז"ל מבאר כי הסתלקות האור שנמצא מתחת לטבור ועלייתו מעל לטבור היה מספיק כדי שיהיה יכולת לעולם האצילות לקבל האור, והפרסא נועדה בעצם לעולמות הבריאה יצירה ועשיה שיהיה כח בהם לקבל את האור העליון, וב' פעולות הצמצום האלו נעשו אף על פי שלא נעשה עולם האצילות עדיין, וכל שכן עולמות בי"ע. **ואמנם**[165] **ודאי שע"י הסתלקות האור** הנמצא בכלים של התנה"י דא"ק **למעלה מהטבור,** לפעולה זאת של הסתלקות האורות שהיו מתחת לטבור **היה מספיק לשֶׁיהֶיה יכולת ב**עתיד לכשיעשה **עולם אצילות לקבל האור שלהם** ר"ל האורות

שכנגדו בעולם העליון. המשל בזה, כי חמשה פרצופי האצילות הם זו"ן, שהם ו' לחמשה פרצופי א"ק, וחמשה פרצופי א"ק כל אחד נקרא או"א לפרצוף שכנגדו בחמשה פרצופי האצילות, וגם חמשה פרצופי א"ק גם הם נקראו זו"ן, שהם ו' בערך הקודם אליו, וכמו שכתב הרב בשער ההקדמות בדרושי א"ק וז"ל - ועתה יתבאר ענין אחד נמשך מן האמור, והוא כי הנה שם אדם אינו נקרא אלא הזכר והנקבה, שהם זו"ן, וב"ה, ונמצא כי א"ק הוא בחינת זו"ן מ"ה וב"ן בערך הקודם אליו, **ודי בזה,** ויש בו כללות ע"ב ס"ג מ"ה ב"ן, וכן בחינת אורות היוצאות ממנו כולם יחד הם זו"ן, כלול מע"ב ס"ג מ"ה ב"ן. והנה מ"ה וב"ן שהם, שהם נקרא אחרי התיקון עולם האצילות, הוא בחינת זו"ן של אלו ההארות חיצוניות, ולכן נקרא אדם דאצילות, ולכן אינו מתפשט אלא מהטיבור דא"ק ולמטה, וכן אדם זה דאצילות כולל ע"ב ס"ג מ"ה ב"ן, והמ"ה והב"ן שלו שהם זו"ן דאצילות, יוצא מהטבור דא"א ודאו"א, משם ולמטה עד כאן לשונו. הרי נתבאר היטב מה שכתבנו, כי אפילו א"ק עצמו הוא זו"ן, שהם ו"ק, שהם מ"ה וב"ן בערך הקודם אליו, ואלו המ"ה וב"ן הכוללים שבו נפרטים לעסמ"ב, שהם עשר ספירות, שהם החמשה פרצופים שבו, כל זה בפנימיותו, וכן על דרך זה במ"ה וב"ן הכוללים בחיצוניותו, שנפרטים לעסמ"ב, שהם עשר ספירות, שהם חמשה פרצופים שבו, ואותם המ"ה וב"ן הפרטים שהם זו"ן, שהם הו"ק שבחיצוניותו, המתפשטים מטבורו ולמטה, נפרטים גם הם לעסמ"ב, שהם עשר ספירות, **והם הם חמשה פרצופי האצילות המלבישים לא"ק מטבורא דיליה ולתתא, ואינם רק זו"ן,** שהם ז' קצוות, אלא שנפרטו לעשר ספירות, ומהם נעשו עתיק וא"א ואו"א וזו"ן דאצילות.

164

שער ההקדמות, שער ד' מדרושי הנקודות די"ט ע"א – ואמנם היו כאן ב' פעולות, אחת היא הצמצום הנזכר, והיא עליית האור הנזכר לעיל מן הטבור ולמעלה, והשני היא נתינת אותה פרסא במקום ההוא. וכבר נתבאר לעיל כי סיבת הצמצום היה כדי שיוכלו התחתונים לקבל האור. אמנם פעולת הצמצום היתה לצורך עולם האצילות, הוא הנעשה אחר כך מעולם הנקודים כשנתקנו, כמו שיתבאר, ועל ידי הצמצום שהוא עליית אור הנקודות בפנים למעלה מן הטבור, הספיק להיות יכולת בעולם האצילות לקבל האור, להיותו עומד מן הטבור ולמטה, וכבר האור שלהם הפנימי עלה למעלה כנזכר. אבל עדיין לא מספיק זה לכשיהיה כח גם בעולם הבריאה שלמטה מן האצילות לקבל אור עליון, ולכן הוצרכה פעולת הפרסא, כי על ידי הפרסא נתמעט האור שעלה מעוט שני, ועל ידי כך היה יכולת בעולם הבריאה לקבל האור העליון כאשר יהיה נברא אחר כך בעתו ובזמנו. **ובזה תבין** מה שנתבאר אצלנו איך הונח פרסא ומסך מבדיל בין עולם האצילות אל עולם הבריאה, באופן כי הצמצום והפרסא היו לצורך האצילות ולצורך הבריאה.

165

כרם שלמה ש"ח פ"ב אות ו' – ומה שכתב עולם האצילות והבריאה, אף על פי שעדיין לא נעשית עולם האצילות, וכל שכן עולם הבריאה, הרב ז"ל מדבר על העתיד כשיתקן עולם הנקודים הזה, ויקרא אצילות, וכשיבוא אחר כך עולם הבריאה. והוא כי על ידי שנתרחק האור ועלה למעלה, זהו לצורך תועלת עולם האצילות לשיהיה בו כח לקבל האור על ידי הרחקה, וזהו נקרא מעוט בצד מה. ולצורך קבלת מאור הזה עולם הבריאה על ידי עולם האצילות, לא היה מספיק זה המיעוט האחד, אלא צריך מיעוט שני גם כן. ועל ידי השני מיעוטים האלו, שהוא ההרחקה והפרסא, אז יש יכולת בעולם הבריאה לקבל האור העליון. וכדי שלא תטעה ששני דברים אלו הם שניהם לצורך עולם האצילות, לזה כתב שלצורך עולם האצילות אין צריך כי אם מיעוט אחד, שהוא ההרחקה, והמיעוט השני שהוא הפרסא, הוא לצורך עולם הבריאה.

השייכים לעולם האצילות, ולא היה צריך את הפרסא בשביל עולם האצילות, **אבל** הסתלקות האור למעלה מהטבור

לא היה מספיק לתת כזה לעולם הבריאה שהוא יותר קטן וחלש מהאצילות (צריך לגרוס **לשיוכל גם הוא לקבל אורו**) גם כן, ולכן הוסיף המאציל **בזיינה אזזרת** של מעוט

שני, והיא **להניזז שם** את **אותו** ה**מסך** ו**הפרסא הנזכר לעיל**, כך שהאור העליון יתמעט עוד

מיעוט בשביל שעולם הבריאה יוכל לקבל את האור העליון.

הגהה זאת היא לא מרבי חיים ויטאל, אלא מהמחברים, כמו[166] שהרב ז"ל כתב בהקדמה לשער ההקדמות **את הכלל הידוע** אם הדרוש שהוא שמע מהאר"י הקדוש, או שהדרוש הוא מהמחברים. **הגהה מהרח"ו ז"ל והטעם**[167]

שהסתלקות האור מעל לטבור ועשיית הפרסא היה מספיק **שעל ידי עלייתו** של האור **למעלה** בסוד מ"ן עד

חו"ב דא"ק, והסתלקות זאת גרמה לזיווג ע"ב דע"ב דא"ק עם ע"ב דס"ג דא"ק, מזיווג זה **יצא אור חדש**, ואור

החדש הזה בקע את הפרסא, **וכולמי**[168] **שהחוך יהווו** שבקע את הפרסא **בא ממועט, אפילו**[169] **שהוא**

משם ב"ן החדש הנולד משם ס"ג עצמו, היו יכולין עולמות בי"ע **לקבלו** על ידי פרסא זאת. **מפי מורי זלה"ה** שהוא מכלי שני ולא מכלי ראשון.

המשך הדרוש דמ"ת מספר אוצרות חיים

וכדי שלא נחשוב שגם סילוק האור וגם הפרסא היו לצורך עולם האצילות, לא כך הוא, אלא סלוק האור היה לצורך

האצילות, והפרסא לצורך בי"ע, **נמצא שהם ב' דברים,** האחד **צמצום האור** הנמצא מתחת

לטבור ועלייתו **למעלה** היה כדי **שיוכל** עולם **האצילות לקבל האור שלו,** והשני[170] **ענין**

166

ע"ח הקדמה לשער ההקדמות ש"ו ע"א – להרח"ו, דע כי קצת מחברינו כתבו להם ספרים מה ששמעו ממורי זלה"ה וזולתו על שמו, וכולם כתבו הדברים בתוספת וגרעון כפי בחינת הכותבים, וידיעתן, ובהבנתן, הניחו מקום למה קושיות. **לכן אין לסמוך על אותן הספרים וצריך להרחיק מהם.** ודע כי כל מה שכתבתי כאן, **הכל שמעתי ממורי זלה"ה,** לכן כתבתי הכל בחבור אחד לבד, ומה ששמעתי מהמחברים משם מורי זלה"ה, מה שדרוש וגילה להם קודם שלמדתי עמו, הכל כתבתי גם כן לבדו, ועל שם אמרו **מפי מורי זלה"ה.**
167

בית לחם יהודה ש"ח פ"ב דכ"ג ע"ג – בהגהות מהרח"ו ז"ל והטעם שעל ידי עלייתו למעלה יצא אור חדש. הוא אור ב"ן הכללי שנולד בפנימיות א"ק.
168

בית לחם יהודה ש"ח פ"ב דכ"ג ע"ג – ובודאי שהאור ההוא בא ממועט. מבואר לעיל בד"ה ריקם בלתי אור, יעוין שם.
169

בית לחם יהודה ש"ח פ"ג דכ"ג ע"ג – אפילו שהוא משם ס"ג עצמו. כלומר אפילו דשם ב"ן החדש הוא נולד משם ס"ג עצמו, כי המ"ה נולד משם ע"ב, כמו שכתוב בסוף פרק ג' דשער התיקון בטעם הראשון, יעוין שם.
170

מבוא שערים ש"ב ח"א פ"ב ד"ב ע"ד – והנה כיון שבעולם הנקודים היה עיקר התחלת גילוי הכלים, הוצרך הצמצום הנזכר, כדי למעט האור, ויוכלו כלי הנקודים לסובלו, וגם כי בהיותן מצומצם שם היו דחוקים מאוד, ועל ידי זה יוצאים בחוזק דרך העינים, ומתפשטים למטה. והוכרח גם כן לעשות הפרסא, ולהמעיט יותר האורות היוצאים דרך הפרסא כנזכר לעיל. **והטעם תוספת המעטתו על ידי הפרסא אינו לענין עולם**

המסך וה**פרסא** היה כדי שיוכל גם עולמות ה**בריאה** יצירה ועשיה ל**קבל** את **אורו.**
ותבין ותשכיל בזה איך[171] יש[172][173] **פרסא**[174] אחרת, ולא הנזכרת לעיל, והיא בחינת מסך[175]

הנקודים עצמו, שהוא עולם האצילות אלא לצורך עולם הבריאה שתחתיו, שהיא יכולת בו לקבלו האור הנמשך לו. ובזה תבין מה שכתוב ח"ב איך יש מסך פרסא בין הבריאה באצילות, ולמה מן האצילות אל מה שלמעלה ממנו אין צריך מסך ממש, רק ריחוק מקום בלבד, שהוא הצמצום הנזכר לעיל, כי עלה למעלה מהטיבור, ונתרחק מן הנקודות אשר מנגד הטיבור, ולמטה מבחוץ.
171

איפה שלימה, שער הנקודים פ"ב ד"י ע"ב)ו(– איך יש פרסא וכו'. עיין שער ההקדמות דף י"ט ריש ע"ב, ותראה ענין פרסה זו, היא פרסא שבין עולם לעולם, ואינה פרסא זו הנזכרת לעיל.
172

בית לחם יהודה ש"ח פ"ב דכ"ג ע"ג – איך יש פרסא בין אצילות לבריאה. היא פרסא אחרת, והיא בחינת המסך שבין עולם לעולם, כנזכר בפרק א' דשער מ"ז, ובשער ההקדמות דף ע"ד ע"ד, יעוין שם.
173

הגהות וביאורים)ב(– פירוש ענין פרסא שיש בין עולם לעולם, ולא פרסא זו, כתב יד.
174

פרסא, גימטריא מיעוט אור ע"ה.
175

ע"ח ח"ב שמ"ז פ"א מ"ק דק"ד ע"ד – דע כי כאשר עלה בחפץ הא"ס להאציל ולברוא ולצור ולעשות עולמו, כלול מארבע עולמות אבי"ע, וראה כי לא היה כח בעולמות לקבל את האור הגדול של הא"ס, ולא די בתחתונים, אלא אפילו בספירות עצמן, אפילו של האצילות, לא היה בהם כח לקבל אור עליון. כי ספירת חכמה לא היתה יכולה לקבל אור עליון אם לא על ידי אמצעית ספירת כתר, ועל דרך זה כל השאר. ולטעם זה הוצרכו כל אותן התקונים הנזכר אדרא זוטא ובאדא רבא, ומטעם זה הוצרך לעשות ארבע עולמות אבי"ע. והענין, כי בכל העולמות יש בחינת עצמות וכלים, ותחלת הכל נתפשט הא"ס בסוד עשר ספירות דאצילות בסוד כלים, כי הלא ענין התפשטות מורה התעבות האור יותר ממה שהיה, ונמצא כי עשר ספירות אלו הם עשר כלים, ונעשו מצד התפשטות הא"ס עצמו, רק שנתעבה האור ונעשה כלים על ידי התפשטות, ואחר התפשטות הזה אשר על ידי נעשים עשר כלים, אז נתלבש עצמות א"ס בתוכם, וזה סוד עצמות וכלים. והנה כאשר הגיע התפשטות הנ"ל עד המלכות דאצילות, ראה המאציל העליון שאין כח בתחתונים לקבל האור ההוא אם יתפשט יותר, ואז כאשר נגמר הכלי העשירי דאצילות, **נעשית שם מסך ופרגוד אחד, המפסיק בין האצילות לשאר העולמות שלמטה הימנו.** ואז הכה אור א"ס יתברך המתפשט עד שם במסך ההוא, ואז בכח ההכאה של הירידה, ופגע שם חזר לעלות בסוד אור חוזר למעלה למקומו, ואז נגמר עולם האצילות בבחינת הכלים, ואז חזר הא"ס להתלבש בהן בסוד העצמות כנ"ל, לכן עד המקום שמגיע אור הא"ס על דרך הנ"ל נקרא עולם האצילות, כי האור עצמו הוא)דק(רק שהוא אחר התעבותו כנ"ל.... הרי הם ד' בחינות אשר בהם יובדלו פרטי האצילות מיניה וביה, **אבל כולם הם בלתי מסך כלל ועיקר,** לכן נקרא עולם האצילות, כי האור הא"ס עצמו נתפשט בכולו בלתי מסך. **ואמנם משם ולמטה אין א"ס עצמו מתפשט, רק הארה היוצאה ממנו דרך מסך והוא כי המסך ופרגוד, המבדיל בין אצילות לבריאה כנ"ל.** הנה מחמת אותו ההכאה של אור העליון המגיע עד שם כנ"ל, הכה בפרגוד ההוא, ומכח אותם העשר ספירות דאצילות שהגיע עד שם, והכה שם באור שלהם, הנה נתנוצצו מהם אורות **ועברו דרך מסך ההוא ונעשה למטה העשר ספירות דבריאה** מהתנוצצות עשר ספירות דאצילות שעליהן, על ידי המסך, מכח עשר ספירות דכלים נעשו עשר ספירות דכלים אחרים, ומכח עשר ספירות דעצמות, נעשו עשר ספירות דעצמות אחרים דבריאה. וכן בסוף הבריאה **נעשה שם מסך אחר,** ומחמת הכאת עשר ספירות דבריאה בבחינת עצמות וכלים במסך, נעשו עשר ספירות דיצירה. וכן מיצירה לעשיה, **על ידי מסך ההוא.** ובזה תבין למה נקרא זה אצילות, וזה בריאה, וזה יצירה, וזה עשיה, **כי יש מסך מבדיל בין זה לזה ואין זה דומה לזה כלל.** אמנם החילוק שיש בין אצילות לג' עולמות הוא, שאצילות האור הא"ס נוקב ועובר בו עד סוף האצילות בלתי שום מסך כלל, אך משם ולמטה יש מסך והבדל בין בריאה ליצירה, בהיות לבריאה מסך ומבדיל אחד, וליצירה שני מסכים, ולעשיה שלושה מסכים,

וּפַרְגּוֹד אֶחָד **בֵּין** עוֹלָם הָ**אֲצִילוּת** לְעוֹלָם הַ**בְּרִיאָה**, וכן[176] בין כל עולם ועולם, בין עולם הבריאה לעולם היצירה, בין[177] עולם היצירה לעולם העשיה. ✦

ואמנם בפרטות העולם עצמו כמו שיש ד' בחינות באצילות בפרטן כנזכר לעיל, כן יש אל ד' בחינות בבריאה עצמה, וכן ביצירה עצמו.

שער ההקדמות, דרושי אבי"ע דרוש א' דע"א ע"ד – ובזה יתבאר לך טעם כי אחר שהכל נשתלשל מאור הא"ס עד סוף העשיה, למה התחלקו לארבע עולמות אבי"ע, ובמה נתחלקו זה מזה. אבל העניין מובן עם הנזכר, **כי בין כל עולם ועולם יש מסך ממש, מבדיל בין זה לזה, והאורות משתנים מזה לזה בהיותם עוברים דרך מסך, ואין שום עולם מהם נדמה לחברו, ובזה יבדל כל עולם מחברו.** עוד יש הבדל אחד מן האצילות לבדו לכללות ג' עולמות האחרים, והוא כי האצילות אור האצילות נוקב ויורד בו כמו שהוא, עד סוף כל האצילות בלי שום מסך כלל, אבל חלוק פרטיו הוא כנזכר לעיל, שהוא הרחק מקום או שעור רוחב החלון אשר בו עובר האור, אם רחב אם צר, אמנם אין בפרטיו שום מסך כלל. מה שאין כן בשאר ג' עולמות בי"ע, **כי כל האורות שלהם עוברים דרך מסך כנזכר לעיל.** אמנם יש הבדל באלו הג' עולמות בין זה לזה, והוא כי עם היות הצד השוה שבהם שכלם הם מקבלים אורותיהם דרך מסך, אמנם הבריאה נעשית על ידי מסך אחד, והיצירה על ידי ב' מסכים, והעשיה על ידי ג' מסכים. ודע כי בעניין הפרטות שיש בכל עולם ועולם מאלו הארבעה עולמות הם שוים, כי כמו שיש ארבע מדרגות באצילות לבדו, כן יש ארבע מדרגות בכל עולם ועולם מהארבעה, על דרך מה שנתבאר בעולם האצילות ממש. ובזה תבין מה שאמרו בהקדמת ספר התיקונים בדף ג' ע"ב, דעשר ספירות דאצילות איהו וגרמיה וחיויו חד בהון, מה שאין כן בעשר ספירות דבריאה. והעניין הוא כי אור הא"ס עצמו נוקב ויורד עד סוף העשר ספירות דאצילות, בלי עוברו דרך מסך, והוא מתאחד בהם, מה שאין כן בעשר ספירות דבריאה אשר אור הא"ס אינו נוקב ויורד שם, אמנם עובר שם דרך מסך.

חסדי דוד דמ"ט ע"א אות ח' – סדר השתלשלות אבי"ע על ידי א"ק היה באופן זה, כי קו הא"ס נתלבש בחכמה דא"ק, ועבר דרך מעבר לבד בשאר פרצופים, ונתלבש בשבעה תחתונות דמלכות דא"ק. ואור שבעה תחתונות הנזכר נעשו בסוד עשר, וממנו נעשו עשר ספירות דעתיק דאצילות, ולכן המלכות נקרא אני ואין, כי היא מלכות וכתר. וא"א הלבישה ז' תחתונות דעתיק, וכן על דרך זה בכל שאר החמשה פרצופים, עד שנוקבא דז"א הלבישה ז' תחתונות דז"א. נמצא דכל הראשין גולין, ורגליהם מסתיימים בשוה, וכלם נקרא י' דהוי"ה, וחכמה, ואבא, יען כלם מקבלים על ידי חכמה דא"ק. אחר כך נתלבש הקו בחו"ב בא"ק, ועברה דרך שאר פרצופים, ונתלבש בחו"ב דאצילות, ועבר דרך שאר פרצופי אצילות ונתלבש בשבעה תחתונות דמלכות דאצילות, **ונעשית שם מסך אחד, ודרך המסך ירדה ונעשה עתיק דבריאה**, וכל החמשה פרצופים כנזכר בפרצופי האצילות, כי כלם מלבישים זה לזה הז' תחתונות, וכלם נקראים בינה, ה' ראשונה דהוי"ה, כי כלם מקבלים דרך מסך בינה דא"ק, ובינה דאצילות, **וזה סוד המסך האחד שבין אצילות לבריאה**, וזה סוד בינה מקננא בכורסייא. אחר כך נתלבש הקו בחו"ב דא"ק, ודאצילות, ודבריאה, ועבר דרך שאר פרצופים ונתלבש בז' תחתונות דמלכות דבריאה, ונעשה מסך שני, והוא מהז"א דא"ק ואצילות ובריאה, **ודרך המסך ירדה ונעשית עתיק דיצירה**, וכל החמשה פרצופים דיצירה כנזכר, וכלם נקראים ז"א, ו' דהוי"ה, וזה סוד ז"א מקננן ביצירה. אחר כך נתלבש הקו בחו"ב וזו"ן דא"ק, ודאצילות בריאה יצירה, **ונעשה מסך שלישי**, והוא מהמלכות דא"ק, ואצילות, ודבריאה, ויצירה, ודרך המסך ירד אורות ז' תחתונים דמלכות דיצירה, ונעשו עתיק דעשיה וכל החמשה פרצופים דעשיה, וכלם מלבישים זה לזה ז' תחתונות, וראשיהם מגולים, וכלם נקרא מלכות, ה' אחרונה דהוי"ה כנזכר, וזה סוד מלכות מקננא באופן.
176

תרשים ב – ט"ז.
177

לקוטי תורה למהרח"ו, פרשת אמור, אזהרת ונוקב שם הוי"ה מות יומת – נתבאר אצלינו בפסוק ויקוב בן אשה הישראלית, כי צריך שתדע מה שכתוב בזהר שויקוב לשון חור ויקוב חור בדלתו, דבעי לאגנא על אמא. הנה צריך לידע כשנהרג הבל על דבר תאומה יתירה, הנה הרע של קין בא בסוד המצרי שהרג משה, שהוא גלגול הבל, שהרגו קין. והנה הנוקב שם הוי"ה היה בנו של המצרי, והיה כולו רע בלא טוב, ואמו היתה נקראת

הרב ז"ל חוזר ומבאר את בחינת עליית האורות שבתנה"י דא"ק למעלה מהפרסא, ומוסיף פרטים נוספים בסוגיה זאת. ולהבין סוגיא זאת **לעומק,** כבר ידוע כי כל פרצוף הוא בחינת הוי"ה הנחלק[178] לארבעה בחינות פרטיות, הנקראות עסמ"ב שהם טנת"א, וכל אחד מהבחינות האלו דעסמ"ב או הטנת"א נחלקים לעסמ"ב פרטיים, וכן כל אחד מהעסמ"ב הפרטיים נחלקים לעסמ"ב של פרטי פרטים[179]. וכן הוא בשיעור קומת א"ק, כאשר בחינת הע"ב הכללי מתחלקת בדרך זאת, ע"ב[180] דע"ב שהם הטעמים דע"ב, הוא בקרקפתא עד האזניים דא"ק, מהאזניים דא"ק עד טבורו ס"ג דע"ב דא"ק, ומהטבור ולמטה מ"ה וב"ן דע"ן. כל אחד מארבעה בחינות אלו דע"ב מתחלקות לארבעה בחינות פרטיות הנקראות עסמ"ב דעסמ"ב דע"ב. **והחשוב לנו** בסוגיא זאת הם ארבעה הבחינות הפרטיות דע"ב דע"ב, הנקראים[181] עסמ"ב דע"ב דא"ק, וכולם נמצאים ממקום הקרקפתא עד מקום האזניים דא"ק, בבחינה זאת[182] **אין לנו רשות לדבר בה.** וכן בבחינת ס"ג דא"ק, הנחלק גם כן לארבעה בחינות הנקראות עסמ"ב דס"ג דא"ק, כאשר דע"ב הוא מהאזניים דא"ק עד טבורו, וסמ"ב דס"ג מטבורו ולמטה. גם כאן כל בחינה מהעסמ"ב דס"ג נחלקת לארבעה בחינות פרטיות הנקראות

שלומית בת דברי, והיה בה גם כן ניצוץ תאומה יתירה דהבל, שעליה הרגו קין, ולכן נהרג אותו המצרי על דבר שלומית הזאת. והנה ידעת כי יש בין יצירה לעשיה **סוד מסך אחד המפסיק בסוד פרסה, והוא סוד המלכות של אותו עולם,** ואותו המלכות נקראת דל"ת, בסוד **ד'** דאחד. והנה נודע כי חו"ג הוא סוד שם אהו"ה, והנה בן המצרי זה שהוא מצד קין והבל שהם סוד החו"ג, והנה בכח השם הזה שמשם היה יונק, כמו שרמוז בראשי תיבות ויקב בן האשה **"הי**שראלית **"את "הש**ם **"וי**ביאו, שהוא צירוף אחד משם אהו"ה, גם רמוז בראשי תיבות **'את 'הא**בות **'וא**ת **'הי**דעונים, בכח שם זה רצה לנקב **מסך זה,** להמשיך שפע לאימא שהיא בעשיה, וזו ויקב את השם, מלשון ויקב חור בדלתו, שהוא סוד מלכות דיצירה הנקרא דלת.
178

ע'ח ש'ה פ'א מ'ב ד'כ ע'ב – דע כי אין מציאות ציור קומת אדם בעולם, שלא היה בו כללות ארבעה בחינות, אשר כוללים כל האצילות וכל העולמות כולם. ואלו הם, ע'ב כזה יו'ד ה'י וי'ו ה'י. ס'ג יו'י ה'י וא'ו ה'י. מ'ה יו'ד ה'א וא'ו ה'א. ב'ן יו'ד ה'ה ו'ו ה'ה. והנה אלו הארבעה הויו'ת הנחלקים לארבע מלואין, האלו הם ארבעה בחינות אלו, הטעמים שם ע'ב. הנקודות שם ס'ג. התגין שם מ'ה. האותיות שם ב'ן. **וכל אחד מאלו הארבעה הויו'ת כלול מכולם, ויש בכל הוי'ה מהם בחינת טנת'א.**
179

תרשים ב – י'ז.
180

ע'ח ש'ה פ'א מ'ב ד'כ ע'ב – והנה בחינת קרקפתא של זה הא'ק שהוא ראש עד בחינת מקום האזנים שלו, נקרא בחינת שם ע'ב, והוא סוד הטעמים שבו כנ'ל, עם היות שגם בבחינה זו לבדה כלולה טנת'א, אלא שאין לנו רשות לדבר בזה.
181

תרשים ב – י'ח
182

חסדי דוד אות ט' דמ'ט ע'ב – א'ק יש בו עסמ'ב, והם טנת'א, וכל אחד כלול מכולם, ע'ב ס'ג מ'ה ב'ן דע'ב, הם מתפשטים מראשו ועד רגליו, דהיינו ע'ב דע'ב עד האזן, ס'ג דע'ב מהאזן עד הטיבור, ומ'ה וב'ן דע'ב מהטיבור עד רגליו. ועסמ'ב דס'ג מלבישים לסמ'ב דע'ב, דהיינו מהאזן ועד רגליו. ועסמ'ב דמ'ה וב'ן מלבישין לסמ'ב דס'ג, ולמ'ה וב'ן דע'ב. דהיינו מאזן דס'ג ומטיבור דע'ב, **זהו פנימיות דא'ק.** וכולם הוציאו אורם לחוץ להלבישו, כי מע'ב דע'ב המגולה יצאו שערות הראש, שבהם תלויים כמה וכמה מיני עולמות הקודמים אל אבי'ע, **ואין רשות לדבר בהם.** אפילו בדרך משל, רק מהאזן ולמטה, וזה סוד לשכך את האזן, ואלו הלבישו מהקרקפתא עד האזנים דא'ק. ומע'ב דס'ג המגולה יצאו אורות אח'פ ושערות הזקן, והלבישו מהאזן עד הטיבור, וחיצוניות עסמ'ב דמ'ה וב'ן יצאו מהם נקודים וברודים דרך עינים ומצח דא'ק, והלבישו לא'ק מטיבור עד סוף רגליו, ועם חיצוניות עסמ'ב דב'ן יצאו חיצוניות סמ'ב, שהם נקודין תגין אותיות דס'ג, ולכן נקרא נקודים, יען שורשו נקודות דס'ג הנקרא נקודות דנקודות, ולכן הנקודות נקרא פעמים ב'ן ופעמים ס'ג. ועם חיצוניות עסמ'ב דמ'ה יצאו חיצוניות סמ'ב דע'ב. וטעם קריאת המ'ה ברודים, יען ב'ן הכולל היא תולדות מלכות דא'ק, וממנו הז' מלכים דמיתו, ולכן שם ב'ן נקרא נקודות במלכות, ושם מ'ה הכולל הוא תולדות הז'א דא'ק, שהתחלתו מהיסוד הנקרא הדר, כי הוא סוד הדרת פנים זקן, דהסריס אין לו זקן, והוא מלך הדר המחייה את המלכים, וזהו ברודים כמו הדר.

עסמ"ב דעסמ"ב דס"ג דא"ק, ובחינת ע"ב דעסמ"ב דס"ג נחלקת לעסמ"ב דע"ב דע"ב דס"ג. ועסמ"ב דע"ב דע"ב דס"ג דא"ק, והעסמ"ב דע"ב דע"ב דס"ג דא"ק, נחלקים[183] גם לבחינות דטנת"א. **צריך לדעת** כי אף פעם הרב ז"ל לא מזכיר את בחינת כללות ע"ב דע"ב דס"ג בספר אוצרות חיים, שהם **עצמות**[184] אור העינים, אלא רק מבחינת סמ"ב דע"ב דס"ג, שהם בחינת הטעמים דע"ב דס"ג הנקראים אח"פ. וגם הבחינות דמ"ה וב"ן דא"ק מתחלקות לארבעה בחינות פרטיות הנקראות עסמ"ב דמ"ה ועסמ"ב דב"ן, וכל אחת מהם מתחלקת לארבעה בחינות הנקראות עסמ"ב דעסמ"ב דמ"ה, ועסמ"ב דעסמ"ב דב"ן, כך שבכל בחינה כללית של עסמ"ב יש ט"ז בחינות פרטיות. **כבר ביאר** הרב ז"ל האורות הנמצאים בכלים דתנה"י דא"ק עלו מעל לטבור, זאת כדי שיצאו חלק מאורות אלו דרך העינים, עם כל זאת נעשה האור הזה שעלה למעלה מהטבור בחינת מ"ן אל בחינת השרשים הפנימים דאח"פ, שהם[185] נקראים ישסו"ת בערך ע"ב דע"ב וע"ב דס"ג הנקראים או"א עילאין, ומזדווגים הבחינות דאו"א עילאין, וזיווג זה נולד האור החדש. **צריך לדעת** הזיווג שבסוגיה זאת הנקרא ע"ב דע"ב דע"ב דס"ג עם ע"ב דע"ב דס"ג **באמיתות הדברים הוא**[186] זיווג ע"ב דע"ב דע"ב דע"ב דס"ג דא"ק, שהם בחינת הטעמים דטעמים דע"ב וס"ג דא"ק. **וְהִנֵּה**[187] **עַל יְדֵי עֲלִיַּת** [71 ע"ב דל"ו]

הָאוֹר הַזֶּה שֶׁהָיָה **בַּזֹּצֵי הַתַּזְוֹן** דא"ק, מהטבור ולמטה, שהם האורות דמ"ה וב"ן דע"ן, סמ"ב דע"ב, עסמ"ב דמ"ה ועסמ"ב דב"ן **לְמַעְלָה הַטַּבּוּר כַּנִּזְכָּר לְעֵיל,** והתוסף לאור הנמצא מעל לטבור, שהם האורות דס"ג דע"ב וע"ב דס"ג, **אָז נִתְרַבָּה אוֹר גָּדוֹל וְרַב בַּזֹּצֵי גּוּף הָעֶלְיוֹן** דא"ק, כי עתה נמצא במקום התפארת דא"ק אורות דס"ג דע"ב, ע"ב דס"ג, עסמ"ב דמ"ה ועסמ"ב דב"ן, **וַאֲפִילוּ** שסיבת עליית האור שהיה מתחת לטבור היתה כדי שיצא דרך העינים, עם כל זאת **אָז**[188] **נַעֲשָׂה זֶה הָאוֹר** שעלה למעלה מהטבור

183

תרשים ב – י"ט.

184

ע"ח ש"א פ"ד דרוש לרב רבי גדליה הלוי די"א ע"א – ולפי שאין בראיית עינים הבל היוצא, אלא הסתכלות לבד, אינו נעשה אלא הכלים, **והסתכלות ההוא גדול מכל הג' הבלים הנ"ל**, כי הראייה היא י', שמיעה ה', ריחא ו', דיבור ה', הרי ארבעה אותיות הוי"ה, שהם חבת"ם, שהם נר"ן [נ"א נרנ"ח]. **הראייה היא חיה**, י' של השם הנקרא **חכמה**, כי חכמה עליונה מאירה דרך עינים, אלא שאם היה יוצא הבל דרך העינים, **לא היה** אפשר למטה לקבלה. לכן לא נמשך ממנו אלא הסתכלות לבד.

185

רחובות הנהר ד"ח ע"ג – וכן על כל זה בעלות הזו"ן דאצילות עוד לקבל מוחין דיחידה מא"א, כגון במנחה דשבת, והוא מישסו"ת שעלו כבר, ונקרא בשם א"א, מהם מקבלים עתה מוחין דיחידה לפרצוף החמישי דזו"ן, הנקרא כתר, על דרך סדר קבלת המוחין דנשמה, ועל ידי כך נגדל הז"א עד שיעור קומת א"א, שהוא עד טבורא דא"ק, אשר שם שורשו, ונקרא בשם א"א, **וישסו"ת עולים לאח"פ, שהם אורות דס"ג דבינה דא"ק, שורשי ישסו"ת, ואו"א לע"א לע"ב דחכמה דא"ק ,שהוא שורשם**, וא"א לגולגלתא כתר דא"ק שהוא שורשו.

186

תרשים ב – כ.

187

כרם שלמה ש"ח פ"ב אות ו' – מה שכתב והנה על ידי עליית האור וכו', אז נתרבה וכו'. פירוש, כי בלאו הכי כבר היה אור שם בחצי התפארת העליון דא"ק, והוא האור של התפארת עצמו, והוא כמו שיעור עד שיוכל לסבול. ועתה עלה האור שהיה בהנה"י דא"ק, גם כן עלה למעלה במקום חצי התפארת העליון, ונתחבר עמו, ולכן נתרבה האור שם, והואיל ונתרבה האור שם, לכן הועיל זה האור גם כן לבחינת מ"ן לעורר זיווג בין ע"ב דע"ב לע"ב דס"ג להוליד אור חדש, אף על פי שלא עלה עיקרו לבחינה הזאת, דהיינו למ"ן, אלא כדי ליצא דרך העינים, גם כן דרך הגב הועיל לבחינת מ"ן. וזה המ"ן הוא לבחינת הטעמים דס"ג שהם ע"ב דס"ג, שהם השרשים דאח"פ הפנימים. וזה הטעמים דס"ג הם בחינה כמו ישסו"ת לגבי הע"ב דא"ק שהם בחינת או"א עילאין.

188

בבזוינת[189] **מ"ן** בסוד[190] אות א' **אל טעמים דס"ג**, שהם בחינת סמ"ב דע"ב דס"ג, **שֹהֵם** אורות[191] **אזן זוטם פה**, ר"ל אל השרשים הפנימים שלהם שהם[192] בחינת יששו"ת בערך האורות ע"ב דע"ב וע"ב דס"ג הנקראים או"א עילאין, **בתוך הֹגֹוף** דא"ק, **ולא אל האורות היוצאים לזווג דרך הנקבים** דאח"פ דא"ק, ובחינת סמ"ב דע"ב דס"ג העלאתה מ"ן לבחינה שמעליה, שהיא בחינת כללות ע"ב דע"ב וע"ב דס"ג דא"ק, **ואז עֹל ידֹי** עליית ה**מ"ן** אלו העולין שם, נזדווגֹו[193] שם

מבוא שערים ש"ב ח"א פ"ב ד"ב ע"ד – והנה אחר הצימצום והפרסא הנזכר, נמצאו שם האורות רבים מאד במקום החזה, והועיל עליתם שם לצורך מ"ן. וזה תבין ממה שכתוב בש"ה ח"א פ"א ענין או"א שנחלקו לשנים, כל אחד ואחד אבא וישראל סבא, ובינה ותבונה ועיין שם. **והמשכיל יבין כי כן היה כאן**, כי שם ע"ב דא"ק שהם המוחין דגולגלתא מלגו, ושם ס"ג שהוא מאוזן ולמטה עד הטיבור בפנימיות, ולא בבחינת האורות היוצאים לחוץ, אלא האורות בפנימיות עצמן של א"ק, **הנה ע"ב הוא דוכרא שהם המוחין שלו, נזדווגו עם הטעמים של הס"ג שהם מן האח"פ הפנימיים, שהם השרשים אל האורות והענפים היוצאים לחוץ, ואלו הטעמים שלהם ג' הפנימים הם בנוקבא, ונזדווגו יחד**, אז אלו האורות דמטיבורא ולמטה שעלו במקום החזה, היו שם בחינת מ"ן אל הנוקבא, שהיא טעמים דס"ג, ועל ידי מ"ן אלו היה הזיווג הנזכר. **ועל ידי זיווג זה הולידו אור חדש, וירד זה אור חדש, ובקע בהאי פרסא**, כי הרי למעלה ממנו במקום החזה יש עתה אורות רבים מאוד, ואין כח במקום לסובלם, ונבקע הפרסא, וירד האור דרך שם מן הטיבור ולמטה, **וממלא כל אותו המקום שהיה ריקם כנזכר בזה האור החדש הנולד**, וזה שכתוב בפרשת בראשית דף ל"ב וז"ל - ושאיב לעילא ויהיב לתתא וכו'.

189

ע"ח ח"ב שט"ל דרוש א' מ"ב דס"ה ע"א – ענין מ"ן מה ענינם, והנה נודע כי כמו שהאיש נותן מ"ד לאשתו, ונמשכין מן המוח שלו, כן גם כן מן האשה מן מוח שלה יורדין מ"ן ברחם שלה, ומאלו מ"ד הנמשכין מן המוח של הנקבה והזכר, מהם ממש נוצר הולד שהם הנשמות, ואלו הם סוד ב' יודי"ן שיש בצורת **א'**, כי י' עלאה הוא מוח זכר, וי' תתאה מוח נוקבא, ואות ו' בנתיים, **הוא חד פריסא דאתפרס**, הנזכר בזוהר. וי' עילאה מ"ד ויורדין עד ההוא פריסא שהוא ו', וי' תתאה הוא מ"ן ועולין לגבי ההוא פריסא.

190

תרשים ב – כ"א.

191

ע"ח ש"י פ"ב מ"ח דמ"ח ע"א – והנה על ידי עליית מ"ן הנ"ל, שהם)נ"א ששם(האורות הנ"ל, נזדווגו בחינת הוי"ה דע"ב דיודי"ן אשר הם כללות בחינת המוחין דא"ק, **עם בחינת הטעמים דס"ג שהם אח"פ** כנזכר לעיל, כי אלו הטעמים דס"ג לא היה בהם שום שבירה, ולכן הם נזדווגו יחד עם בחינת הע"ב דא"ק, **ואין הכוונה על האורות היוצאין מן הבל אח"פ, רק על בחינת עצמן ופנימיותן ממש**, וכאשר נזדווגו יחד, נולד מהם אור חדש על ידי הזווג הזה.

192

ע"ח ש"ה פ"א מ"ב דכ"א ע"ב – והנה רצה להוציא גם מן מ"ה וב"ן שלו הפנימים חיצוניותם לחוץ, ואז עלו כל בחינת ס"ג הפנימים הטמונים תוך מ"ה וב"ן הפנימים, ועלו עמהם מ"ה וב"ן הפנימיים, ואז אלו מ"ה וב"ן הם מ"ן שלהם אל הטעמים עצמן דס"ג, שאינם מלובשין תוך מ"ה וב"ן, והם בערך או"א אל יששו"ת, כי כמו שלצורך עיבור זו"ן מזדווגין או"א עילאין וישסו"ת נכללין עמהם, כן הכא הטעמים דס"ג מזדווגים עם כל ע"ב. ומכל שכן שנקודים תגין ואותיות דס"ג מתחברים עמהם, וטפלים להם, ולכן אינם עולין בשם. דוגמא יששו"ת כנ"ל.

193

כרם שלמה ש"ח פ"ב אות ו' – ומה שכתב נזדווגו ע"ב עם בחינת ס"ג. פירוש, ע"ב דע"ב עם בחינת ע"ב דס"ג, כך משמע ממקום אחר. ועל ידי הזיווג הזה של ע"ב דע"ב עם הע"ב דס"ג, נולד אור אחר, שהוא נקרא אור חדש, וירד מלמעלה מן הגולגולתא עד שהגיע להחצי התפארת העליון, ואז נתרבה שם האור יותר

ע"ב דע"ב דע"ב **שבגלגלתא דאדם קדמון,** שהוא בחינת דוכרא, חכמה דא"ק **עם בחינת** **הא"ב** דע"ב דע"ב דס"ג **שבו** ר"ל שבא"ק, שהוא בחינת הנוקבא, בינה דא"ק. כאשר בחינת ע"ב דע"ב דס"ג הוא שורש לבחינת סמ"ב דע"ב דס"ג **שהם שרשים של** האורות שיצאו דרך **אזן חוטם פה** דא"ק, **שהם** בחינת ה**טעמים** דס"ג **כנזכר לעיל** הנקראים ישסו"ת בערך מה שלמעלה מהם, ובחינת סמ"ב דס"ג העלתה מ"ן לבחינת ע"ב דע"ב וע"ב דס"ג, ועלייה[194] זאת **היא** הגורם לזיווג דמוחין דא"ק, שהם ע"ב דע"ב דס"ג, שהם בחינת או"א עילאין, ועל ידי הזיווג ע"ב דע"ב עם ע"ב דס"ג דא"ק, שהוא בעצם **ע"ב דע"ב עם ע"ב דע"ב** **דס"ג,** אבל תמיד זיווג זה מוזכר כע"ב וס"ג דא"ק, כמו שמבואר[195] בסידור הטהור למרן הרש"ש. ומזיווג זה נולד אור אחר הנקרא אור חדש, שהוא[196] בעצם **הארה חדשה ביותר** הנקרא אור חדש◆ **ואז נמשך**[197] וירד **אור חדש** זה **מלמעלה** מהגולגלתא היוצא **מן הזווג הזה** דע"ב וס"ג דא"ק, **ובוקע** האור החדש את הפרסא, **ויורד דרך הפרסה מהטבור ולמטה,** וממלא את הכלים דתנה"י דא"ק שהתרוקנו מאורות שעלו מעל לפרסא◆

בתחילת פרק זה הרב ז"ל מבאר כי האור שהיה בכלים דתנה"י דא"ק עלה למעלה מהטבור, וחזר[198] בחזרה למקומו מתחת לטבור, כאן הרב ז"ל מבאר כי האור שעלה נשאר מעל לפרסא, ולא חזר למקומו, **ופשוטו הוא** שמדובר בשני בחינות האור, תחילה[199] היו מתחת לטבור מ"ב דע"ב, סמ"ב דס"ג, עסמ"ב דמ"ה, ועסמ"ב דב"ן כולם בבחינת חצוניות ופנימיות, ועלו כל האורות האלו מעל לפרסא, ונשארו[200] תנה"י דא"ק ריק מכל אור. ואחרי הזיווג דע"ב וס"ג דא"ק,

---

מבתחילה, כי נעשו ג' מיני אורות, ואז על ידי שנדחק שם בקע הפרסא שבתוך הטיבור דא"ק, וירד ומילא את הנה"י דא"ק שנתרוקנו כבר מן האור הראשון שהיה בתחילה בתוכה ועלה למעלה, כדי ליצא דרך העינים.
194

תרשים ב – כ"ב.
195

תרשים ב – כ"ג.
196

מקום בינה אות ס"ה ד"ה ד"ה ע"ב – אור חדש מלמעלה וכו'. קול מהרנ"ש, הקשיתי אני הצעיר, כי בסימן י"א אמר - ואמנם בחינת מ"ה ומ"ן הפנימי של א"ק חזרו לירד ולהתפשט בתוכה למטה מהטבור וכו', ומכאן נראה היותה אור אחד, וקוראה לו שם **חדש**. ואני תרצתי כי אפשר שכיון שאלו המ"ה והב"ן עלו למ"ן, **נתוסף להם הארה חדשה ביותר, ולכן קראם אור חדש.** אבל הכל הולך למקום אחד, כי לא ירדו למטה אלא בחינות מ"ה ומ"ן דפנימיות כנזכר שם. ומורי הרמ"ז תירץ לי גם מכוונת ראש השנה תשכיל שיפה כוונת למה שתרצת בענין מ"ה ומ"ן וכו'. ואמת נכון הדבר, וכעין זה תמצא בסודות הממתיק הדינין שבאותיות מנצפ"ך החדשים, מתחדשות בגבורות, עיין שם מהדורא בתרא.
197

איפה שלימה, שער הנקודים פ"ב ד"י ע"ב)ז(– אור חדש וכו'. עיין מהרנ"ש אות ס"ה, ויפה שעה אות ב', ועיין מה שכתב לעיל בפרק א' בסוף אות א' באורך.
198

ע"ח ש"ח פ"ב מ"ב דל"ו ע"א – וזה סוד יהי רקיע בתוך המים, ויהי מבדיל בין מים למים, כנזכר בזוהר בראשית דף ל"ב - אית קרומא חדא באמצעית מעוי דבר נש, דאיהו פסיק מעילא לתתא, ושאיב מעילא ויהיב לתתא, **ואז נשאר כל האור לעילא מהאי פרסא**, והיה שם דחוק ומהודק, ואז בוקע בהאי פרסא, **ויורד והאיר בשאר הגוף מהטבור ולמטה.**
199

תרשים ב – כ"ד.
200

תרשים ב – כ"ה.

יצא אור חדש, והבחינות[201] שירדו בחזרה לכלים[202] דתנה"י דא"ק הם פנימיות סמ"ב דס"ג, פנימיות וחיצוניות עסמ"ב דמ"ה ופנימיות עסמ"ב דב"ן, כמו שמבאר מרן הרש"ש והאש"ל בפרקין. ובחינת[203] חיצוניות סמ"ב ס"ג וחיצוניות עסמ"ב דב"ן יצאו **דרך** העינים והתפשטו מחוץ לא"ק מהטבור ולמטה, והם הם עולם הנקודים. [204]**אמנם**[205]

האור הראשון שהוא מ"ה וב"ן דע"ב, וסמ"ב דס"ג, ועסמ"ב דמ"ה וב"ן **שהיה בתחלה למטה**
מתחת לטבור דא"ק, **ועלה למעלה** מעל לטבור דא"ק, **שוב**[206] **לא ירד** כולו בחזרה למקומו מתחת

ע"ח ש"ה פ"א מ"ב דכ"א ע"א יפה שעה)**ו**(– ואמנם מ"ה וב"ן הפנימים של א"ק, חזרו לירד וכו'. לאו דוקא שוין, אלא המ"ה ירד כולו בכללות חיצוניות שבו, והב"ן ירד פנימיות שבו לבד, כי החיצוניות כבר יצא דרך העינים, ולא פורש בדברי רז"ל ג' בחינות דס"ג שעלו, ס"ג מ"ה ב"ן דס"ג הכולל, והיו בבחינות וערך ישסו"ת אל אבא ואימא עלאין, אם ירדו אחר כך, כמו המ"ה והב"ן דכללות, או נשארו שם)עיין בשער הקדמות דף י"א, דכתב מפורש דמ"ה וב"ן דס"ג לא ירדו עיי"ש, ולא ראה הרב המחבר את שער הקדמות הנ"ל(.

ע"ח ש"ה פ"א מ"ב דכ"א ע"א בית לחם יהודה – ואמנם בחינת מ"ה וב"ן הפנימית של א"ק חזרו לירד. לאו דווקא הפנימית אלא גם החיצוניות דמ"ה חזרו לירד, רק הב"ן ירד הפנימיות שלו לבד, כי החיצוניות שלו יצא דרך העינים)יפה שעה(, וכן כתב השמ"ש ז"ל בפרק ב' דשער הנקודים ד"ה עיין לעיל וכו'. דהתם כתב כל כללות הדברים הנזכרים פה, יעו"ש.

תרשים ב – כ"ו.

תרשים ב – כ"ז.

יפה שעה)**ב**(– אמנם האור שהיה בתחילה למטה, ועלה למעלה, שוב לא ירד, ונשאר תמיד שם כו'. הוא מדבר על חיצוניות ב"ן האמור לעיל. ולאור היורד מה שקורא אותו בשם תואר חדש, מלבד הטעם כעיקר שכתבנו בעניותין לעיל, עוד נראה שנקרא יען עד עכשיו קודם שעלו האורות שמן הטיבור ולמטה למ"ן, מן הטיבור ולעילא, היו הכלים דגופא דא"ק שמן הטיבור ולמטה, מאירים מחיצוניות ב"ן שבגו גופא, כיון שהאורות היו מלובשים זה בתוך זה כנודע, והשתא שחזיאות ב"ן נשאר לעילא מן הטיבור ולא ירד, נמצא מאירים ומקבלים הארה שלהם על ידי פנימיות ב"ן, וזה הוא דבר חדש אשר לא היה, לכן נקרא חדש ממש.

כרם שלמה ש"ח פ"ב אות ח' – מה שכתוב **אמנם האור הראשון** וכו', **שוב לא ירד** וכו', מפני שכתב לעיל מניה שאור החדש שהיה למעלה מן הטיבור בקע הפרסא וירד בפנים, מן הטיבור ולמטה, וכדי שלא תחשוב שגם זה האור הראשון שחזר וירד במקומו אחר שעלה, לכן כתב **אמנם אור הראשון וכו' שוב לא ירד וכו'**, מלת **אמנם** דייקא פירושו **אבל**. והוצרך לזה להשמיענו שאף על פי שזה האור הראשון הוא עלה לצורך מ"ן, ובעלמא כל מי שעולה בבחינת מ"ן חוזר ויורד, אלא שהוא בבחינת תוספת אחת שנתוסף בזה שעלה למ"ן, הכא אין דומה להמ"ן דעלמה, מפני ששם עיקר עלייתו הוא לצורך המ"ן, ולכן אחר שעלה ועשה מלאכתו חוזר ויורד, אבל הכא אין עיקר עלייתו לצורך המ"ן, אלא עיקר עלייתו היתה להתרחק האור מאותו מקום הנה"י, מפני שיוכלו לסבול, וגם כן לצורך יציאתו מן העינים, ודרך אגב נצרך לעורר מ"ן לצורך זיווג ע"ב וס"ג, לצורך הולדת אור חדש, ופשוט.

איפה שלימה, שער הנקודים פ"ב ד"ו ע"ב)**ח**(– שוב לא ירד וכו'. בע"ח נ"ב **השמ"ש** עיין לעיל בפרק א' דשער תנת"א מ"ב, ותקרא כל פרק המתחיל דע כי ד' בחינות וכו'. ותראה מה בחינות עלה למעלה מן הפרסא, ומה בחינות ירד ובקע הפרסא, ומה בחינות יצא מן העינים. וכללות דבריו דשם הוא, כי ב' בחינות מ"ה וב"ן הכוללים דא"ק, הם שעלו למעלה בבחינת פנימיות וחיצוניות, ועלו למ"ן לע"ב וס"ג הכוללים כדי להזדווג, כדרך זו"ן שעולים למ"ן לאו"א. ואחר כך יצא חיציניות ב"ן מהעינים, שהוא הנקודות. ופנימיות ב"ן עם

לטבור דא״ק, **וְנִשְׁאַר**[207] **שָׁם** בחינת מ״ה וב״ן דע״ב, ופנימיות סמ״ב דס״ג תמיד **מֵהַטַבּוּר וּלְמַעְלָה,** ופנימיות וחיצוניות עסמ״ב דמ״ה ופנימיות עסמ״ב דב״ן חזרו להתפשט בכלים דתנה״י דא״ק הנמצאים מתחת לטבור, וחיצוניות סמ״ב דס״ג עם חיצוניות עסמ״ב דב״ן יצאו **דרך** העינים והתפשטו מחוץ הטבור דא״ק עד סוף רגליו, עם כל זאת שורש[208] האור שיצא **דרך** העינים, שהוא בחינת ג״ר דאותו האור נשאר מעל הפרסא בפנימיותו של א״ק, **וְשָׁם** על[209] גבי הפרסא **הַנִּיחַ שׁוּרְשׁוֹ**[210] **תָּמִיד** להאיר לחוץ, **וּמִשָׁם נִתְפַּשֵׁט** חלק מאור זה שהוא הענף **וַיֵּצֵא דֶרֶךְ הָעֵינַיִם,** והוא חיצוניות הסמ״ב דס״ג וחיצוניות עסמ״ב דב״ן, **וְהֵם הֵם** אורות **הַנְּקוּדִים, וְנִמְשָׁךְ וְנִתְפַּשֵׁט** אור זה דנקודים מֵ**בֵּחזֶזוֹך** מטבור **עַד** סיום רַגְלָיו דָּאדָם קַדְמוֹן כַּנִזְכַּר לְעֵיל.

הרב ז״ל מבאר כאן את התפשטות אור הנקודים שיצא **דרך** העינים דא״ק, אור זה עובר תחילה דרך אורות האח״פ, ולא עולה בשם, ונבלע אור הנקודים באורות האח״פ. ואחר כך יורד מתחת לטבור, ושם מתגלה ועולה בשם. **וְהִנֵּה**[211]

פנימיות וחיצוניות מ״ה בקעו הפרסא וירדו למקומם, ואחר כך חיצוניות מ״ה יצא מהמצח, והוא מ״ה החדש,)כן הגירסה של השמ״ש בע״ח שבכתב יד(.
207

כרם שלמה ש״ח פ״ב אות ח׳ – ומה שכתב שם מהטיבור ולמעלה. פירוש, בפנים ולא בחוץ, אבל לא כל האור שעלה למעלה נשאר שם, אלא השורש שלו, דהיינו הג״ר שלו שנקרא שורשו, וכמו שכתוב אחר כך - ושם הניח שורשו. ודבר פשוט כי כל מקום שכותב הרב ז״ל **שורש פירושו הוא הג״ר**, וענף או הארתו פירושו הוא הו״ק או מלכות.
208

כלל – שורש פירושו הוא הג״ר, וענף או הארתו פירושו הוא הו״ק או מלכות.
209

נהר שלום דכ״ז ע״ג – ...כל הבירורים עם נשמת א״א ובירורים שלו ומבררים מחלקי עתיק, כי כל העשר נקודות של היום ההוא עדיין צריכים תיקון, כי כולם יצאו חסרים ובלתי תיקון, וכולם צריכים תיקון, ועולים הבירורים דא״א עם בירורי אחוריו ונכללים תוך בירורי עתיק, ואז עולים כל הבירורים עם נשמת עתיק לעשר שרשים שלהם שבמלכות דעקודים, ומשם לנה״י דעקודים, ומשם לחב״ת, ומשם לחב״ד, **ומשם לשרשי הנקודות שבפנימיות החזה** דא״ק **שעל גבי הפרסא,** ואז מתעוררים חלקי תנת״א דמ״ה וב״ן דפנימיות המתייחסים לבירורים ההם דא״ק, ועולים עם חלקי נת״א דע״ב וס״ג דפנימים למ״ן, לטעמיים דע״ב ס״ג הפנימיים, ואז מזדווגים ע״ב וס״ג ומוציאים מהמצח חלקי חיצוניות תנת״א דמ״ה, המתייחסים לכל פרטי אותם הבירורים דכל נקודה, ומהעינים חוזרים לצאת תנת״א דב״ן ונקודות דס״ג עם תשלום התשעה ספירות העליונות דכל פרט, ומתחברים אורות וכלים דמ״ה עם אורות וכלים דב״ן, ויורדים דרך אח״פ ומתגלים מטיבור דא״ק ולמטה.
210

ע״ח ש״ח פ״א מ״ב דל״ה ע״ג – גם היה ענין אחר, כי כיון שהאור הראשון היה במקום החזה)נ״א הזה(, **ושם נשאר שורשו להאיר לחוץ,** וכשיורד אור החדש, נפגעו יחד שם הג׳ אורות, אור הא״ק עצמו מבחינת תפארת שלו, ואור הראשון שעלה מנה״י, ואור החדש, ולכן הם דחוקים הרבה, ובפרט כי כשעובר והולך להאיר לנה״י הוא צריך לבקוע בחוזק אותו הפרסא, ולעבור ולירד.
211

כרם שלמה ש״ח פ״ב אות ח׳ – ומה שכתב והנה כל האור הנמשך עד הטיבור וכו׳, הכל נבלע וכו׳. מפני שהוקשה לו למה אנחנו אומרים תמיד שהנקודים הם מתפשטים מן הטיבור ולמטה דווקא, והלא הם מתפשטים מן העינים ולמטה, והיה ראוי שנאמר שהנקודים הם נמשכים מן העינים ולמטה, ולא מן הטיבור דווקא ולמטה. ולזה אמר הואיל והוא נבלע בתוך אורות האח״פ, וסוף האח״פ הם בהטיבור, ואורות האח״פ הם גדולים לאין ערך לגבי אורות העינים, לכן אורות העינים הם מתבטלים באורות האח״פ, כי שירגא בטיהרא מאי אהניא,

כָּל הָאוֹר הַנִּמְשָׁךְ מהעינים **עַד הַטַּבּוּר** דא"ק, **אֲפִילוּ שֶׁהוּא מִבְּחִינַת** האורות שיצאו דרך הָעֵינַיִם[212], **הַכֹּל הוּא נִבְלָע** ומתבטל[213] **וְנִכְלָל בָּ**אורות[214] אזן, חוטם, והפה שהם עולם הָעֲקוּדִים, **וְלָכֵן** אור הנקודים **אֵינֶנּוּ נִכָּר** עד מקום הטבור שהוא מקום סוף התפשטות אורות דאה"פ, ולא עולה אור הנקודים בשם, כי[215] שירגא בטיהרה מאי אהני, **אֲבָל הָאוֹר** דנקודים **הַנִּמְשָׁךְ** [216]**בְּ**מ**ת**ז**ו**ת

ולכן אינם עולים בשם החלק העליון שלהם, דהיינו מן העינים ועד הטיבור, כי אם מן הטיבור ולמטה מפני ששם אותו מקום הוא פנוי מן האורות האחרים, ואין נראה כי אם אורות הנקודים, שהם אורות העינים, ולכן הנקודים הם נקראים מן הטיבור ולמטה דווקא. וזה מה שכתב כאן **והנה כל האור הנמשך עד הטיבור**, פירוש האור היוצא מן העינים, וחלק הנמשך מן העינים ועד הטיבור **אפילו שהוא מבחינת העינים הכל הוא נבלע ונכלל בעקודים**, פירוש אורות היוצאים מן הפה הנמשכים עד הטיבור ולא למטה עוד, **ולכן איננו ניכר**, ור"ל מפני שׁשׁירגא בטיהרא מאי אהניא, ולכן אינו עולה בשם. **אבל האור הנמשך מתחת הטיבור עד רגליו זהו לבדו נקרא בשם נקודות לפי שהוא עומד עתה לבדו**, ר"ל שאין שם אור העקודים מתפשטים שם.

²¹²
הגירסא באוצרות חיים **עין**.

²¹³
מבוא שערים ש"ב ח"א פ"ב ד"ב ע"ג – ואמנם עולם הנקודים האלו, הם מקיפים ומלבישין את הא"ק מטיבורו ולמטה עד סיום רגליו, ואף על פי שהם מתחילין לצאתם מן העינים, הנה הם נבלעים תוך עולם העקודים, **ומתבטל הארתם בתוכו**. אך בסיום עולם העקודים שהוא מהטיבור ולמטה, משם ניכרין, ומתחיל היכר התפשטותם.

²¹⁴
תרשים ב – כ"ח.

²¹⁵
גמרא חולין ד"ס ע"ב – רבי שמעון בן פזי רמי כתיב, ויעש אלהי"ם את שני המאורות הגדולים, וכתיב את המאור הגדול ואת המאור הקטן, אמרה ירח לפני הקדוש ברוך הוא רבונו של עולם אפשר לשני מלכים שישתמשו בכתר אחד, אמר לה לכי ומעטי את עצמך, אמרה לפניו רבונו של עולם הואיל ואמרתי לפניך דבר הגון אמעיט את עצמי, אמר לה לכי ומשול ביום ובלילה, אמרה ליה מאי רבותיה **דשרגא בטיהרא מאי אהני** (נר בצהרים אינו מאיר), אמר לה זיל לימנו בך ישראל ימים ושנים.

²¹⁶
איפה שלימה, שער הנקודים פ"ב ד"ו ע"ב)ט(– מתחלת הטבור עד הרגלים וכו'. בע"ח כתב יד נ"ב אמר מאיר, הרמד"ל כתב בספר עומר מן, מחזה דא"ק ולמטה, והביא ראיה ממה שכתב הרב כי כל שאר הפרצופים הם מן החזה, שהרי כתב כי תמיד חצי תפארת ונה"י הם מאירים לעולם שלמטה, וזה כלל גדול, אם כן אף אני אומר שהוא מן החזה עד כאן לשונו. ואני מודה בזה שהטבור אינו רק שליש תפארת, ואם כן קושייתו יפה. אך מה שרצה לומר כי פירוש טבור, טבורא דליבא איננו נכון, שהרי העקודים לא הגיעו עד החזה, אלא עד הטבור, שאין לומר שם שפירושו טבורא דליבא, כי אורות החוטם עד שם הגיעו. ואם כן בהכרח שיתחיל התפשטות הנקודים תחת העקודים, ואם כן יפה כתב רבינו שהוא מן הטבור. אלא דקצת קשה, שהרי הפרסא היא בין עקודים לנקודים, והיא מתחלת מן החזה מצד הפנים. והרי אורות הנקודים יוצאים מצד פנים, אם כן ראוי היה שיתחיל מן החזה. וכבר הייתי סבור לומר שהכתר של הנקודים מהמחזה עד הטבור, בסוד חצי העליון דכתר בחינת עתיק, שמגיע עד הטבור, וזה שכתב הרב שמתחיל מן הטבור, היינו חצי התחתון דכתר, בחינת א"א, הוא המתחיל מן הטבור. אך לא יתכן זה ממה שכתב הרב לקמן בסוד שני הבלים חולם ושורק, שהחולם הוא הבל הטבור, וחולם על הכתר משמע. ואף על פי שיש לדחוק, דהיינו פירוש חצי הכתר זה דוחק, כי החולם על גבי האות. ובאמת שדעתי היא נוטה לדעת הרמד"ל, אך מה אעשה כי הרב כפל כמה פעמים לומר עד הטבור, עד כאן לשונו. ועיין עוד מה שכתב לעיל אות ה', ומהקדמת סידור של מהרש"ש ז"ל בתיבת באהבה, ומהקדמת רחובות הנהר מפורש יוצא שעתיק מלביש לזו"ן דא"ק שוה בשוה, יעיין שם. וכיון שזו"ן דא"ק הם מטבור ולמטה, כמו שמצינו בזו"ן דאצילות בהלבשתם לא"א, כן הוא עתיק המלביש לזו"ן בשוה,

הַטַּבּוּר עַד רַגְלָיו דא"ק, זֶהוּ לְבַדּוֹ נִקְרָא בְּשֵׁם עולם נְקוּדוֹת, לְפִי שֶׁהוּא עוֹמֵד עַתָּה לְבַדּוֹ. הרב ז"ל מבאר כאן כי עולם הנקודים לא נעשה רק מהארות שיצאו דרך העינים דא"ק, אלא גם האורות שבקעו את הפרסא והתלבשו תוך הכלים דתנה"י דא"ק, בוקעים ומאירים דרך[217] הגומות העור לאורות הנקודים, ומשני בחינות אלו נעשה עולם הנקודים. וְכֵן[218] אוֹתוֹ אוֹר פנימי שֶׁיּוֹרֵד ובוקע דֶרֶךְ הַפַּרְסָא מֵחָדָשׁ[219] וּמְמַלֵּא אֶת הַכֵּלִים דתנה"י דא"ק, והאור זה החדש נולד עַל יְדֵי זִוּוּג ע"ב וס"ג דא"ק הַנַּ"ל שהם בחינת חו"ב דא"ק, גַּם הוּא בּוֹקֵעַ הַגּוּף וְהַכֵּלִים דתנה"י דְאָדָם קַדְמוֹן וְיוֹצֵא לַחוּץ וּמֵאִיר דרך גומות העור בְּאֵלּוּ הָאוֹרוֹת דְנְקוּדִים שיצאו דרך העינים. הֲרֵי ב' מִינֵי אוֹר לְצוֹרֶךְ עולם הַנְּקוּדִים.

הרב ז"ל ביאר כי אורות הנקודים נעשו משני בחינות, אחד הם האורות היוצאים **דרך** העינים, ומתפשטים מהטבור דא"ק ולמטה, והוא עיקר הנקודים הנקרא חיצוניות סמ"ב דס"ג וחיצוניות עסמ"ב דב"ן, והאחד הוא האור החדש שנולד מזיווג ע"ב וס"ג ובקע את הפרסא, וירד מתחת לטבור, והתלבש בכלים דתנה"י דא"ק, ונקרא פנימיות עסמ"ב דמ"ה, ובוקע אור זה את הכלים דתנה"י, ומאיר דרך גומות העור באורות הנמצאים מחוץ לא"ק מטבורו ועד סוף רגליו. בסוגיה זאת מבאר הרב ז"ל כי יש עוד אור אחד, הנקרא **אור שלישי**[220], שהוא[221] בעצם

הוא מטבור דא"ק ולמטה, וכן מבואר בשער תנת"א פרק א' במ"ב, שמ"ה וב"ן הם מטבור דא"ק ולמטה, וכן בחיצוניותם.
217

ע"ח ש"ח פ"א מ"ב דל"ה ע"ג – טעם ב', לפי שהאורות עליונים יוצאים דרך צינור הפה, או החוטם, או האוזן, לכן הם נשארים ישרים, מה שאין כן בנקודות, **שהבל היוצא מנה"י של הא"ק, הוא בוקע בכלים של א"ק**, ויוצא לחוץ בסוד - ואחר עורי נקפו זאת, שהאור הוא בפנים ונוקף ומכה בעור, ויוצא לחוץ מכל צדדי האדם כולו, ואם היה טיבורו פתוח והיה יוצא האור משם אל הנקודים, היה נקודים ביושר כנגד אור הטבור, וקילוחו ביושר. אך אור ההוא יוצא מכל צדדי **העור דרך גומות ושערות שבעור**, לכן הנקודים הם עגולים.
218

כרם שלמה ש"ח פ"ב אות ח' – ומה שכתב וכן אותו אור שיורד דרך הפרסא מחדש וכו'. פירוש, אף על פי שאמרנו שאותו אור היוצא דרך העינים ומתפשט מן הטיבור ולמטה, זהו הנקרא נקודים, על כל פנים גם אותו אור חדש שירד מן הזיווג דע"ב וס"ג דא"ק, וירד ובקע הפרסא, ומלא את הנה"י דא"ק שנתרוקנו מן האור הראשון, גם הוא בוקע את גומות העור שסביב הנה"י, ויוצא ומאיר את הנקודים האלו שמתפשטים מן הטיבור ולמטה, ומתחבר עמהם, וב' אורות האלו יחד הם נקראים נקודים. ונמצא שהנקודים הם נעשו מב' אורות, שהם אור החדש ואור היוצא מן העינים.
219

שער ההקדמות, דרוש ד' בעולם הנקודים – גם אותו אור החדש שבקע וירד דרך הפרסא למטה עד סיום הרגלים תוך פנימיות א"ק, גם הוא מוציא הארתו לחוץ, ובוקע הכלים ההם, ויוצא לחוץ, וגם הוא מאיר בנקודים הנזכרים אשר מבחוץ. ונמצא כי גם זה האור החדש הוא יורד בתחילה תוך פנימיות א"ק, ובוקע ההיא פרסא, ויורד למטה עד סיום רגליו, ואחר כך בוקע הכלים ההם, שהוא בחינת גופו מן הטבור ועד סיום הרגלים, ויוצא הארתו לחוץ, ומאיר בעולם הנקודים.
220

מבוא שערים ש"ב ח"א פ"ד ד"ג ע"ג – כבר נתבאר פרק ב', כי עיקר הנקודים האלו, הם מן האור המתפשט מן העינים, אך אמנם יש להם אור חדש, הנמשך מאותו זווג דע"ב וטעמי הס"ג בעת הצמצום, ויוצא סביבות דופני הכלי הכלי של א"ק, והם הם גומות נקבי העור. והנה גם האור העיקרי שלהם, שהוא אור המתפשט מן העינים, גם הוא נחלק לב' אורות, כי הנה הוא מתחיל להתפשט מן העינים ונמשך עד הטבור, שהוא סיום עולם העקודים, וכל התפשטות ההוא אינו עולה בשם, כי הוא מובלע בעקודים, שאורם גדול, ושרגא בטיהרא מאי מהני. ואמנם התחלת הנקודים הם מן הטיבור ולמטה. הרי נחלק לב' אורות, אחד מן העין עד הטיבור,

האור השני, שממנו[222] נעשו הכלים דנקודים והאור המחיה את הכלים, והוא על ידי הסתכלות[223] האור היוצא **דרך** העינים באורות האח"פ. **עוד**[224] **צריך לדעת הקדמה חשובה** כדי להבין את ענין הכלים דנקודים הנעשים מאורות

ואחד מן הטיבור עד סיום הרגלים. ועוד אור החדש היוצא דרך גומות העור כנזכר, הנה הם ג' מיני אורות ונבאר פה ענינם של הג' אורות האלו, והענין כי האור של העין המתפשט מן הטיבור עד סיום הרגלים, הם הם עצמות הנקודים. ואור החדש היוצא מגומות העור, הם הארות נמשכות אל הנקודות, להאיר הם. **ואור העין המובלע בעקודים מן העין עד הטיבור, ממנו נעשה בחינת הכלים של הנקודים.**
221

ע"ח ש"ח פ"ב מ"ק דל"ו ע"ד – בנקודים אלו יש שלשה מיני אור, אחד הוא האור שמן הטבור דא"ק ולמטה, שבא מחדש אחר עליית האור שהיה שם מתחלה, ועלה למעלה מן הטבור, ונשאר שם, וגרם זווג ע"ב וס"ג פנימים דא"ק, ויורד שם אור חדש בוקע דרך העור, ויוצא לחוץ. אור שני הוא האור שהיה תחלה למטה, ואחר כך עלה משם ויצא דרך העינים, ומאיר למטה מהטבור ולחוץ. **אור השלישי הוא אור הזה הנ"ל, שיוצא מן העינים**, ומתחברים עמו שאר אורות אח"פ, ויורדין גם כן עמו למטה, ומזה האור השלישי נעשו כלים, ומשני ראשונים נעשה העצמות.
222

כרם שלמה ש"ח פ"ב אות ט' – עכשיו בא לפרש מה שכתב לעיל שיש אור שלישי, שממנו נעשו הכלים של הנקודים, והוא שואב מכל הג' אורות של אח"פ. ועכשיו מפרש איך שואב מכל הג' אורות יחד, והלא אינם במקום אחד, כי אורות העינים הוא למעלה, ואורות האוזן הוא מן הצדדים, ואורות החוטם הוא באמצע הפנים, ואורות הפה הוא למטה ממנו. ואיך שואב אור העינים כל השלשה, ולזה אמר כי **והענין הוא באופן זה**, כי אורות האוזן הוא בלאו הכי הוא בשבולת הזקן מתקרבים, ואורות החוטם ואורות הפה שהם בלאו הכי באמצע רוחב הפנים, מתפשטים ויורדים ועוברים גם כן דרך שבולת הזקן, במקום סיום אורות האוזן, ולכן נמצא עתה כי כל הג' אורות הם מתערבים יחד, באופן שכשאור העינים שהוא מתפשט למטה הוא מתראה עמהם, ולכן לוקח מהם איזה הארה מועטת, שמהם נעשו הכלים של הנקודים, וזהו הנקרא אור שלישי. וזהו שכתב **אם כן מוכרח הוא שכאשר נמשך אור העינים דא"ק דרך שם יתערב עמהם.** פירוש, הואיל והאח"פ הם באמצע, לכן מוכרח הוא שיתערב עמהם, ויקח מכל הג' האורות של אח"פ, וזה שכתב **ויקח אור שלהם**, ופשוט.
223

שער ההקדמות, דרוש ה' בעולם הנקודים – ונבאר עתה בחינת אלו האורות הנזכרים שמהם נעשו עולם הנקודים, ונתחיל בענין אור זה השלישי הנזכר לעיל, הנמשך **מהסתכלות אור הראשון היוצא מן העין** בעקודים. דע כי להיות שנתבאר למעלה כי אורות האוזן נמשכים ומתפשטים עד סיום שבולת הזקן, ואורות החוטם עד החזה, ואורות הפה עד הטבור, והנה שם במקום שבולת הזקן נמצאו יחד ג' בחינות הנזכרות, והם אורות האוזן והחוטם והפה. וכאשר אור הראשון של העין יורד גם הוא עתה דרך שם, הנה מוכרח הוא **שמתערב עם ג' אורות הנזכרים**, ואז לוקח מהם בחינת אור להאיר למטה לנקודים כנזכר לעיל.
224

ע"ח ש"ד פ"ב מ"ק די"ח ע"ג – ודע כי בחינת אלו ג' הבלים כולם נמשכו עד כנגד הפה, ושם מתקבצים כולם, כי הבל היוצא מהאוזן הוא מתקבץ נגד הפה, והוא נמשך מלמעלה למטה כנגד הזקן מב' צדדיו, ונמשך עד כנגד הפה. וכן הבל החוטם נמשך דרך אותו ארחא שיש על הפה נגד החוטם שהוא תיקון ג' מי"ג תיקוני דיקנא, וכן הבל הפה נמשך דרך אותו ארחא ב' הנקרא לא החזיק לעד אפו, וג' הבלים אלו מתחברים למטה נגד הפה, והם מתחברים **בסוד נר"ן.** אמנם דע כי טבע של הבל היוצא מפה וחוטם וכיוצא, דרכו להמשיך באורך לחוץ בכח, ואחר שהוא יוצא בקילוח, אחר כך מתפרש לצדדין כנודע בחוש הראות, ובודאי)כי(אף על פי שהכל הוא הבל אחד עם כל זאת יש)קצת ל"ג(חילוק בין קצת ההבל אשר הוא נגד הפה עצמו, או החוטם, אל שאר ההבלים המתפשטים לצדדין. וטעם שההבל שהיה נגד הפה ממש, הנה הוא דבק במקורו קשר אמיץ)דבוק קשור ואמיץ ל"ג(, ותמיד מגיע השפע אליו, וזהו הנזכר בספר הזוהר דא"ס מטי ולא מטי, כי הוא תמיד נדבק בא"ס על ידי אותו קילוח ההבל היוצא מפה בחוזק, ומכה תמיד, **וזה קצת ההבל נקרא פנימי, ושאר ההבל המתפשט נקרא חיצון.** נמצא כי)זה הבל(היותר קרוב **למוצא הפה וחוטם נקרא פנימי, והיותר רחוק נקרא חיצון**, נמצא כי הבל זה הראשון הוא עצמות האור הא"ס ממש המתפשט לחוץ, **ואפילו הבל המתפשט לצדדין אשר נקרא חיצון, גם הוא מההתפשטות עצמו, רק שאינו דומה לראשון שהוא יותר פנימי, עם שהשכל הוא הבל אחד**, וענין זה הוא בג' הבלים הנ"ל. ודע כי מהבל פנימי של האזן נעשה ממנו

האח"פ, והוא כי[225] לכל אחד מאורות האח"פ בעל שיעור קומה פרטי של חב"ד חג"ת נה"י, והם נר"ן פרטיים של כל שיעור קומה, כאשר הנשמה נקראת עצמות בערך רוח נפש הנקראים הארה. ובכללות אורות האח"פ הם שיעור קומה כללי, והם נר"ן כללים, אור האזן[226] נשמה, החוטם רוח, והפה נפש. זאת ועוד החלק העליון דשיעור קומה של האור נקרא חב"ד, ונקרא פנימי בערך החלק התחתון דשיעור קומה הנקרא ו"ק ונקרא חיצוני. גם אור החוטם הוא ו"ק בערך אור האזן, ואור הפה הוא ו"ק בערך אור החוטם. באופן פרטי כל אחד מהאורות האח"פ מתחלק לג' חלקים. אור האזן - האור המתפשט מהאוזן עד מקום החוטם הוא בחינת נשמה דנשמה, והוא חב"ד דאור האוזן, ואור האזן המתפשט ממקום החוטם עד הפה הוא בחינת רוח דנשמה, והוא חג"ת דאור האוזן, ואור האזן המתפשט ממקום הפה עד מקום שבולת הזקן הוא בחינת נפש דנשמה, והוא נה"י דאור האוזן. אור החוטם - האור המתפשט מהחוטם עד מקום הפה הוא בחינת נשמה דרוח, והוא חב"ד דחוטם, ואור החוטם המתפשט מהפה עד מקום שבולת הזקן הוא בחינת רוח דרוח, והוא חג"ת דאור החוטם, ואור החוטם המתפשט ממקום שבולת הזקן עד מקום החזה הוא בחינת נפש דרוח, והוא נה"י דאור החוטם. אור הפה - האור המתפשט מהפה עד מקום שבולת הזקן הוא בחינת נשמה דנפש, והוא חב"ד דאור הפה, ואור הפה המתפשט ממקום שבולת הזקן עד מקום החזה הוא בחינת רוח דנפש, והוא חג"ת דאור הפה, ואור הפה המתפשט ממקום החזה עד מקום הטבור דא"ק הוא בחינת נפש דנפש, והוא נה"י דאור הפה. והשובה הקדמה זאת כי צריך לדעת שבסוגיות דנתינת והשפעת מוחין הרב ז"ל אף פעם לא מדבר במקום הגבוה הזה, אלא בדרך רמז כמו בפרקין, ולכן המשכיל יבין מדעתו כי בחינת שאיבת הנקודים הארה מאורות האח"פ, הם בעצם נתינת והשפעת מוחין של העולם העליון הנקרא ע"ב דס"ג והוא אורות האח"פ, לעולם התחתון הנקרא ס"ג דס"ג והוא עולם הנקודים, אור[227] הפה עיבור, אור החוטם יניקה, ואור האזן גדלות, לכן אורות האוזן הם מוחין דגדלות, ואורות החוטם הם מוחין דקטנות, ודי בזה.

ועוד[228] יש אור שלישי, והוא בהכרזה כי כאשר יורד ומתפשט אור הנקודים ויוצא דרך העין ולמטה ממקום הטבור עד סוף רגלי א"ק, הוא עובר דרך אורות האוזן, חוטם, ופה שהם אורות העקודים (נ"א ועוד אור ג' הוא לקזו כי בהכרזה כשירד אור העין הוא עובר דרך אזן וזוטם פה), הנה הוא ר"ל האור היוצא דרך העין מסתכל באורות

בחינת ראש לנשמה, להיותו עליון יותר אל מוצא מקור ההבל. וההבל החיצון המתפשט הוא בחינת הגוף לנשמה כי כמו שיש בגוף עצמו עצמו החומרי בחינת גוף וראש, גם בנשמה עצמה יש לה בחינת ראש וגוף, כי קצת מהנשמה מתפשט בראש אדם, וקצת אחרון היותר עב מתפשט בגוף אדם. גם מהבל החוטם נעשה ב' בחינות אלו, ראש אל הרוח, וגוף אל הרוח, מפנימית וחיצונית. היותר קרוב אל החוטם הנקרא פנימי נעשה ראש. וחיצונית נעשה גוף. גם מהבל פה נעשה על דרך זה בחינת נפש של ראש, ובחינת נפש של גוף, הרי ביארנו ענין נר"ן.
225

תרשים ב — כ"ט
226

חסדי דוד דנ"א ע"ב אות נ"ה – שורש י"ב פרצופים אלו דאצילות הוא בגולגלתא, ועינים, ואזן חוטם פה דא"ק. דהיינו הגולגלתא שהיא יחידה, הוא שורש עתיק ונוקבא, ונקרא יחידה. והעינים שהם חיה, הם השורש אבא וישראל סבא, ונקרא חיה. והאזנים שהם נשמה, והם שורש בינה ותבונה. והחוטם נקרא רוח, והיא שורש ז"א, שהוא ישראל ויעקב. וקול ודיבור שבפה, הוא נפש, והם שורש לאה ורחל.
227

תרשים ב — ל.
228

בית לחם יהודה ש"ח פ"ב דכ"ב ע"ג – ועוד יש אור שלישי והוא בהכרח כי כאשר יורד ומתפשט אור העין למטה דרך העקודים, הנה הוא מסתכל באורות אח"פ. כי אור היוצא מהעין ברדתו למטה, הנה הוא יכול להסתכל בכל אורות האח"פ כרצונו, אף על פי שאין העין עצמה יכולה להסתכל בצדדי הפנים, ובפה, ובשבולת הזקן, כי המסתכלים הם האורות דס"ג או דב"ן היוצאים מן העינים, ולא העינים עצמם. אומנם עם כל זה אין אור העין נוגע ופוגע באורות האח"ף ממש, רק הוא מסתכל בהם מרחוק, כמבואר בשער ההקדמות דף י"ד ע"ב וז"ל - ואמנם אור העין מתפשט ביושר, ואינו פוגע באור האזן, עד שיגיע אל מקום שבולת הזקן, המכוון ביושר כנגד אור העינים, יעויין שם.

אֵזֶ"פ הָהֵם הנמצאים ממקום האוזן עד הטבור דא"ק, **וְהוּא שׁוֹאֵב מִשָּׁם, וְלוֹקֵחַ מֵהֶם אוֹר לְצוֹרֶךְ עֲשִׂיַּית הַכֵּלִים שֶׁל הַנְּקוּדוֹת,** וְאוֹר הנקודים היוצא דרך העינים דא"ק **לוֹקֵחַ מִשָּׁלוֹשׁ בְּחִינוֹת** אלו, **שֶׁהֵם אוֹרוֹת אֵזֶ"פ. וְהָעִנְיָן הוּא בְּאוֹפֶן זֶה כִּי הֵנָּה נִתְבָּאֵר שֶׁאוֹרוֹת**[229] **הָאֹזֶן נִתְפַּשְׁטוּ עַד שִׁבּוֹלֶת הַזָּקָן, וְאוֹרוֹת**[230] היוצאים מן הָחֹוטֶם ומתפשטים עד החזה, **וְהָאוֹרוֹת**[231] היוצאים מן הַפֶּה ומתפשטים עד הטבור, **עוֹבְרִים גַּם כֵּן דֶּרֶךְ שָׁם** ר"ל דרך שבולת הזקן, וכל[232] אורות האח"פ נפגשים ומתקבצים במקום[233] שבולת הזקן, **וְאִם כֵּן מוּכְרָח הוּא שֶׁכַּאֲשֶׁר נִמְשַׁךְ אוֹר** הנקודים ויוצא דרך **הָעֵינַיִם דָּאָ"ק, דֶּרֶךְ שָׁם יִתְעָרֵב** במקום שבולת הזקן **עִמָּהֶם, וְיִקַּח אוֹר שֶׁלָּהֶם** לצורך תיקון הכלים דנקודים. **וְהִנֵּה** כמו כל שיעור קומה שהוא בן עשר ספירות, כך גם כן שיעור קומת עולם הנקודים הוא בן עשר ספירות, אלא שהם לא ספירות שלמות ממש, שכל אחת בת עשר ספירות פרטיות, אלא רק **עֶשֶׂר נְקוּדוֹת הֵם** ר"ל עשר מלכיות פרטיות, מפני שרק הבחינה התחתונה של אורות סמ"ב דס"ג שהם המלכיות דסמ"ב דס"ג, והמלכיות דעסמ"ב דב"ן יצאו **דֶרֶךְ** העינים, והתשעה בחינות העליונות של הסמ"ב דס"ג נשארו תוך פנימיות א"ק, וְרַק[234] בזמן תיקון המלכים יצאו **דֶּרֶךְ** העינים תשעה הבחינות העליונות דסמ"ב דס"ג ועסמ"ב דב"ן, ודרך המצח יצאו עשר ספירות דמ"ה, **וְהַשְּׁלוֹשָׁה**[235] הנקודות הָרִאשׁוֹנִים שֶׁבָּהֶם שהם כח"ב, **הֵם לוֹקְחִים אוֹר** לכליהם **מִמֵּה**

229

ע"ח ש"ה פ"א מ"ת ד"כ ע"ד – והנה כאשר יצא האור דרך נקבי האזנים ימנית ושמאלית, נתפשטו האורות האלו מבחוץ **ממקום האזנים עד מקום שבולת הזקן**, ונמשך בהתפשטותו מנגד התפשטות שער הזקן הצומח בלחיים בצדדי הפנים, וכנגדו נתפשט ונמשך אור הזה עד שמגיע למטה בשבולת הזקן, ושם מתחברים האורות היוצאים מב' נקבי האזנים, אמנם לא נתחברו בחבור גמור אבל נשאר ביניהם חלל מעט.

230

ע"ח ש"ה פ"ב מ"ת דכ"א ע"א – אחר כך באו הטעמים האמצעיים, והם בחינת אור היוצא מחוטם דא"ק, וחוטם גימטריא ס"ג, גם מכאן נמשך ויוצא אור דרך ב' נקבי החוטם ימין ושמאל, ימין מקיף ושמאל פנימי, על דרך הנזכר באזן, **ונמשכו ביושר עד החזה של זה הא'**'ק, וזהו עיקר האור.

231

ע"ח ש"ו פ"א מ"ת דכ"ד ע"ג – והנה מן הפה הזה יצאו עשר ספירות פנימים, ועשר מקיפים, ונמשכין מנגד הפנים **עד נגד הטבור של זה הא'**'ק, וזה עיקר האור.

232

ע"ח ש"ד פ"ב מ"ק די"ח ע"ג – ודע כי בחינות אלו, ג' הבלים כולם, נמשכו עד כנגד הפה, **ושם מתקבצים כולם**, כי הבל היוצא מהאזן הוא מתקבץ נגד הפה, והוא נמשך מלמעלה למטה כנגד הזקן מב' צדדיו, ונמשך עד כנגד הפה. וכן הבל החוטם נמשך דרך אותו ארחא שיש על הפה נגד החוטם, שהוא תיקון ג' מי"ג תיקוני דיקנא. וכן הבל הפה נמשך דרך אותו ארחא ב' הנקרא לא החזיק לעד אפו, וג' **הבלים אלו מתחברים למטה נגד הפה, והם מתחברים בסוד נר"ן.**

233

תרשים ב – ל"א.

234

רחובות הנהר ד"ד ע"ד – ואז נזדווגו ע"ב וס"ג דעתיק דאבי"ע דאצילות דא"ק, זיווג דרעותא, שהוא זיווג דמוחין, שהם הג' פרצופי הפנימים דחב"ד דעתיק דאבי"ע דאצילות דא"ק, ומוצאין מן **המצח** חלקי חיצוניות תנת"א דמ"ה הראויים לאותם הבירורים שעלו, **ומהעינים חוזרים לצאת חלקי חיצוניות תנת"א דב"ן עם תשלום חלקיו, שהם התשעה ספירות העליונות דכל פרט**, וגם נקודות דס"ג.

235

שֶׁנִּמְשָׁךְ מֵהִסְתַּכְּלוּת האור היוצא דרך **הָעַיִן** בְּאוֹרוֹת הָ**אֲחֹ"פ מִמְּקוֹמָם** ר"ל ממקום יציאת

אורות האח"פ **עַד מְקוֹם הַהִתְחַבְּרוּת** אורות האח"פ **בְּשִׁבּוֹלֶת הַזָּקָן** ושם מתחבר האור היוצא דרך

העינים עם אורות האח"פ **כַּנּוֹדָע**[236],[237] **וְאֵינָם מְקַבְּלִים** הנקודים את **אוֹתָם** האורות מהאח"פ **רַק**

במקום **בְּשִׁבּוֹלֶת הַזָּקָן, כִּי**[238] ג' אורות האח"פ נפגשים במקום שבולת הזקן וּ**מִשָּׁם**[239] **מִתְּזֵילִין הֵן**

ר"ל[240] אורות היוצאים דרך העינים **שֶׁלֹּא עוֹלִים בְּשֵׁם** להסתכל לפגוע ולהתחבר באורות האח"פ, **וְלֹא בְּמַה**

בית לחם יהודה ש"ח פ"ב דכ"ב ע"ג – והשלשה ראשונים שבהם הם לוקחים אור ממה שנמשך מהסתכלות
העין באח"ף ממקומם, עד מקום התחברותם בשבולת הזקן. מבואר מזה שאין אורות העין לוקחים מאורות
אח"ף מחלק המגיע לשבולת הזקן עצמה, אלא הם שואבים אורות האח"ף מכל אורך התפשטות האח"ף,
ממקומם עד מקום התחברותם בשבולת הזקן, וכך כתב בשער ההקדמות דף ט' ע"ב וז"ל - ומן האור שלוקח
הסתכלות העין בהתפשטו למטה כנזכר, הנה ממה שלוקח מן המקום שיש מן מקום העין עד שבולת הזקן, אשר
יש בו ג' בחינות אח"ף, ממנו ניתן אל ג' ראשונות, יעיין שם. רק שאינם מקבלים אותם כי אם עד הגיעם
בשבולת הזקן כדמסיים, כי שם פוגע אור העין באורות אח"ף, כמו שכתוב בדיבור הקודם.
236

הגהות וביאורים)ג(– עיין שער ה' פ"א.
237

יפה שעה)ג(– ואינם מקבלים אותם רק בשבולת הזקן, כי משם מתחילין הם, ולא ממה שבשיבולת הזקן הם.
לא זכיתי להבין פירושו, וכללא הוא בכל ולמעלה כו'. מה שכתב רז"ל כי משם מתחילין אלו דרושי רז"ל, כי
עולם העקודים מתחיל מן הפה דא"ק, ומתפשט עד הטיבור, ומן הטיבור ולמטה מתחיל עולם הנקודים.
)ולעניות דעתי דאשתמטתיה דברי רבינו במבוא שערים דף ו' ריש פרק ב', דשם כתב וז"ל - ואמנם עולם
הנקודים הם מקיפים ומלבישים את א"ק מטבורו ולמטה, עד סיום רגליו, ואף על פי שהם מתחילים מן העינים,
הנה הם נבלעים תוך עולם העקודים, ומתבטל הארתם בתוכו. אך בסיום עולם העקודים, שהוא מהטבור ולמטה
משם נכרים, ומתחיל היכר התפשטותם, יע"ש. שמן ששון(.
238

בית לחם יהודה ש"ח פ"ב דכ"ב ע"ד – כי משם מתחילין הן ולא ממה שבשבולת הזקן ולמעלה. פירוש, כי
אף על פי שהג"ר הם לוקחים הארה מאח"ף, ממקום האזן עד שבולת הזקן, עם כל זה אינם לוקחים אותן
ההארות בהיותם למעלה, אלא בשבולת הזקן דווקא, כי שם מתחילין אורות העין לפגוע באורות האח"ף ולא
למעלה מזה, וכמו שכתוב בד"ה ועוד. וכך כתב באיפה שלימה, ועיין מה שהקשה הרב יפה שעה ז"ל, וכמדומה
לי שהבין הרב יפה שעה דמה שכתב רז"ל כי משם מתחילין הם וכו', קאי על עולם הנקודים, שמתחילים
משבולת הזקן, ומשום הכי הקשה, ובחינם השיג עליו הרב שמן ששון ז"ל. גם מה שכתב הרב שמן ששון
דאשתמטתיה להרב יפה שעה ז"ל לשון מבוא שערים דף נ' ע"ג ריש פרק ב' וכו' וכו', לא ידענא מאי אולמיה
דמבוא שערים טפי, ממאי דמפורש בפרקין גופיה, והלא כל לשון מבוא שערים הנזכר הוא כתוב בפרקין לעיל
בסמוך, ומאי שייך אשתמטתיה.
239

כרם שלמה ש"ח פ"ב אות י' – מה שכתב כי משם הם מתחילין ולא ממה שבשבולת הזקן ולמעלה. פירוש,
כי משם הם מתחילים להתחבר כל הג' אורות של אח"ף ביחד, ואור העין גם כן הוא מתחיל להתחבר
עמהם, ובהפגעם שם במקום ההתחלה של ההתחברות, שהוא בשבולת הזקן, מאותו המקום הם נעשים הג'
כלים של הג"ר של הנקודים.
240

מבוא שערים ש"ב ח"א פ"ד ד"ג ע"ג – ונבאר תחילה סדר ההסתכלות, כי הנה בתחילה פוגע הסתכלות
העין באורות האזן, הנמשכים מלמעלה עד שבולת הזקן, כי עד שם אין אורות החוטם ופה נחשבים, נגד אורות
האזן, ושניהם נכללים בו וטפלים אליו, וממה שהראייה שואבת בהסתכלותה באור האזן, ומכל שכן שחוטם
ופה נכללים בו, הנה ממנו נעשה כלי חכמה כלי דנקודים. ומן הסתכלותה בפה לבדה, משם נעשה כלי בינה
דנקודים. הרי כי הג' כלים ראשונים הם מהסתכלות העין באח"ף ממקומם, עד מקום התחברותם בשבולת הזקן

שֶׁבְּשִׁבּוֹלֶת הַזָּקָן וּלְמַעְלָה, (נ"א בְּשִׁבּוֹלֶת הַזָּקָן, וְלֹא מִמַּה שֶׁבְּשִׁבּוֹלֶת הַזָּקָן וּלְמַעְלָה, וְאֵינָם מְקַבְּלִין רַק בְּשִׁבּוֹלֶת הַזָּקָן, [241]כִּי מִשָּׁם מִתְחַזְּלִים הֵן, וְלֹא מִמַּה שֶׁכְּנֶגֶד הָעַיִן עַד שִׁבּוֹלֶת הַזָּקָן).

צָרִיךְ לָדַעַת כִּי[242] כָּל שִׁיעוּר קוֹמָה כּוֹלֵל ג' פַּרְצוּפִים פְּרָטִים, הַנִּקְרָאִים[243] פָּנִים, אֶמְצַע וְאָחוֹר, וְכָל[244] אֶחָד מֵהַפַּרְצוּפִים הַפְּרָטִים הַלָּלוּ כּוֹלֵל בְּעַצְמוֹ ג' פַּרְצוּפִים פְּרָטִים שֶׁל[245] פָּנִים אֶמְצַע וְאָחוֹר. **וְעוֹד צָרִיךְ לָדַעַת** כִּי[246] בְּכָל הָעֶשֶׂר סְפִירוֹת

כַּנּוֹדָע, וְאֵינָם מְקַבְּלִים אוֹתָם רַק בְּשִׁבּוֹלֶת הַזָּקָן לְבַד, כִּי מִשָּׁם מַתְחִילִין הֵם, וְלֹא מִמָּה שֶׁבְּשִׁבּוֹלֶת הַזָּקָן וּלְמַעְלָה. אַךְ אָמְנָם, כָּל אֶחָד לוֹקֵחַ מִמַּדְרֵגָתוֹ, כֶּתֶר מֵאֹזֶן. וְחָכְמָה מִן חוֹטֶם. וּבִינָה מִן פֶּה.
241

אֵיפֹה שְׁלֵימָה, שַׁעַר הַנְּקוּדִים פ"ב ד"ו ע"ג)י(– כִּי מִשָּׁם מַתְחִילִים הֵם וְכוּ'. פֵּירוּשׁוֹ יוּבַן בְּמַה שֶׁכָּתַב רז"ל בְּשַׁעַר הַהַקְדָּמוֹת דַּף י"ט ע"ד שֶׁכָּתַב שָׁם וז"ל - כִּי הַכֶּתֶר אֲשֶׁר יֵשׁ לוֹ מִמַּשּׁוֹת הָאֹזֶן הָעֶלְיוֹנָה, נִתְקַיִּים כֻּלּוֹ וְלֹא נִשְׁבָּר. הָאָמְנָם לִהְיוֹת שֶׁאֵינוֹ לוֹקֵחַ אוֹר הָאֹזֶן אֶלָּא בְּרִיחוּק מָקוֹם, בִּהְיוֹתוֹ לְמַטָּה בְּשִׁבּוֹלֶת הַזָּקָן, כִּי מַה שֶׁלְּמַעְלָה מִזֶּה מִתְפַּשֵּׁט לִשְׁנֵי צִדְדֵי הַפָּנִים דֶּרֶךְ הָאֹזְנַיִם, וְאָמְנָם אוֹר הָעַיִן מִתְפַּשֵּׁט בְּיוֹשֶׁר, וְאֵינוֹ פוֹגֵעַ בְּאוֹר הָאֹזֶן עַד שִׁיגִּיעַ אֶל מְקוֹם שִׁבּוֹלֶת הַזָּקָן, הַמְכֻוָּן בְּיוֹשֶׁר נֶגֶד אוֹר הָעֵינַיִם וְכוּ', יְעֻיַּן שָׁם בְּבֵאוּרוֹ. וּבָזֶה יוּבַן מַה שֶׁכָּתַב רז"ל הָכָא, כִּי מִשָּׁם מַתְחִילִים הֵם ר"ל כִּי בְּשִׁבּוֹלֶת הַזָּקָן מַתְחִילִים אוֹרוֹת הָעֵינַיִם לְקַבֵּל הֶאָרָה מְאוֹרוֹת אח"פ. וְעַיֵּין מַה שֶׁכָּתַב הָרַב יָפֶה שָׁעָה בְּפִרְקִין בְּאוֹת ב', וּבָאוֹת אל"ף שֶׁלְּאַחֲרָיו, שֶׁהַכֹּל יִתּוֹרַץ בָּזֶה.
242

מָבוֹא שְׁעָרִים ש"ו ח"ב דְּרוּשׁ ב' דנ"ו ע"ב – כְּלָל הָעוֹלֶה כִּי אִימָּא דַאֲצִילוּת לְבַדָּהּ כּוֹלֶלֶת חֲמִשָּׁה פַרְצוּפִים, וְכָל פַּרְצוּף מֵהֶם כּוֹלֵל ג' פַרְצוּפִים שֶׁבּוֹ, **שֶׁהֵם נִקְרָא אָחוֹר, וְאֶמְצַע, וּפָנִים**. וּנְבָאֵר יוֹתֵר בִּפְרָטוּת עִנְיָן הַזֶּה, כְּמוֹ שֶׁנִּתְחַלְּקָה אִימָּא לה' הַפַּרְצוּפִים הַנִּזְכָּרִים, **כֵּן כָּל פַּרְצוּף נֶחְלָק לִשְׁלֹשָׁה**, וְהוּא בְּחִינַת ג' **אַחֲרוֹנוֹת, נה"י שֶׁבּוֹ**, הֵם נִקְרָאִים אֲחוֹרַיִים לב' סִיבּוֹת, אַחַת כִּי הֵם אֲחוֹרַיִים מִכָּל הַגּוּף. וְהַשֵּׁנִי כִּי שָׁם סוֹד הָאֲחוֹרַיִים שֶׁל הָאָדָם, וְהָבֵן זֶה כִּי מִשָּׁם יְנִיקַת אֱלֹהִים אֲחֵרִים מִנֶּקֶב הַפָּעוֹר. **וְג' אֶמְצָעִיּוֹת שֶׁבּוֹ, הֵם פַּרְצוּף הָאֶמְצַע, הַנִּקְרָא אֶמְצַע. וְג' רִאשׁוֹנוֹת שֶׁבּוֹ, הֵם פַּרְצוּף הַפָּנִים מַמָּשׁ**, וְלָכֵן נִקְרָא פָּנִים בְּפָנִים.
243

תַּרְשִׁים ב – ל"ב.
244

ע"ח ח"ב ש"ל דְּרוּשׁ ג' מ"ב דכ"ז ע"ג – כְּבָר נוֹדָע כִּי הַז"א אֵין בּוֹ רַק תֵּשַׁע סְפִירוֹת וְהַמַּלְכוּת מַשְׁלֶמֶת לְעֶשֶׂר, אָמְנָם הַמַּלְכוּת נוּקְבָא דז"א יֵשׁ בָּהּ עֶשֶׂר סְפִירוֹת, כִּי יֵשׁ בָּהּ מַלְכוּת שֶׁבַּמַּלְכוּת. וְהִנֵּה גּוּף שֶׁל ז"א צָרִיךְ שֶׁיִּהְיֶה בּוֹ תֵּשַׁע סְפִירוֹת גְּמוּרוֹת, וְהוּא נֶחְלַק לג' בְּחִינוּ **חִיצוֹן אֶמְצָעִי פְּנִימִי**, וְהִנֵּה כָּל **אֶחָד מֵאֵלּוּ ג' כּוֹלֵל עֶשֶׂר סְפִירוֹת**, וְכָל בְּחִינָה אַחַת מֵאֵלּוּ הַבְּחִינוֹת הִיא כּוֹלֶלֶת ג' סְפִירוֹת. כֵּיצַד בְּחִינַת אָחוֹר הוּא הַנִּקְרָא נה"י דז"א, וְהָעִנְיָן הוּא כִּי אֵין פַּרְצוּף אֶלָּא אִם כֵּן יֵשׁ בּוֹ ג' קָוִין. וְהִנֵּה הַנֶּצַח כָּלוּל מֵעֶשֶׂר סְפִירוֹת אֲשֶׁר כְּלוּלִין בּוֹ, אֵינָם שְׁלֵמִים רַק בְּכָל אֶחָד מֵהֶם יֵשׁ בְּחִינַת נה"י לְבַד, נִמְצָא שֶׁסְּפִירַת נֶצַח שֶׁל ז"א כְּלוּלָה מֵעֶשֶׂר סְפִירוֹת שֶׁהֵם חב"ד חג"ת נה"י, וְכָל סְפִירָה מֵהֶם אֵין בָּהּ רַק נה"י שֶׁבְּכָל אֶחָד וְאֶחָד לְבַד. וְכֵן בִּסְפִירַת הוֹד שֶׁל ז"א הִיא כּוֹלֶלֶת עֶשֶׂר סְפִירוֹת שֶׁבְּכָל סְפִירָה מֵהֶם אֵינוֹ רַק בִּבְחִינַת נה"י שֶׁבָּהּ לְבַד. וְעַל דֶּרֶךְ זֶה סְפִירַת הַיְסוֹד, הִיא כּוֹלֶלֶת עֶשֶׂר סְפִירוֹת שֶׁבְּכָל אֶחָד מֵהֶם אֵין בָּהּ רַק בְּחִינַת כְּלָלוּת נה"י שֶׁבָּהּ לְבַד. וְאִם כֵּן נִמְצָא כִּי ג' אַחֲרוֹנוֹת דז"א הֵם ג' סְפִירוֹת שֶׁכָּל אֶחָד מֵהֶם כּוֹלֵל עֶשֶׂר סְפִירוֹת דִּבְחִינַת נה"י בִּלְבַד. וּבָזֶה תָּבִין לָמָּה אֵין נִקְרָא רַק נה"י כִּי אִם מַה שֶׁאָם יֵשׁ בָּהֶם כְּלָלוּת כָּל תֵּשַׁע סְפִירוֹת גְּמוּרוֹת, וְלָמָּה לֹא יִקָּרְאוּ גַם הֵם חב"ד אוֹ חג"ת. וְהִנֵּה אַף עַל פִּי שֶׁכָּל אֶחָד מֵהֶם יֵשׁ בָּהּ כְּלָלוּת כָּל עֶשֶׂר סְפִירוֹת דִּבְחִינַת נה"י כַּנִּזְכָּר לְעֵיל, עִם כָּל זֶה נֶחְלָקִים כָּל אֶחָד מֵאֵלּוּ שְׁלֹשָׁה לג' פְּרָקִין, כִּי ג"ר שֶׁבַּנֶּצַח נִקְרָא פֶּרֶק א', וְג' אֶמְצָעִית נִקְרָא פֶּרֶק ב', וְג' תַּחְתּוֹנוֹת נִקְרָא פֶּרֶק ג'. וּכְנֶגְדָן יֵשׁ עֶשֶׂר סְפִירוֹת בְּהוֹד דז"א, וְכָל אַחַת כְּלוּלָה מִנה"י לְבַד, וְנִתְחַלְּקוּ לג' פְּרָקִין עַל דֶּרֶךְ הַנִּזְכָּר לְעֵיל בְּנֶצַח. וּכְנֶגְדָן יֵשׁ עֶשֶׂר סְפִירוֹת בִּיסוֹד ז"א, כָּל אַחַת כְּלוּלָה מִנה"י, וְנֶחֱלָקִים לג' פְּרָקִין עַל דֶּרֶךְ הַנִּזְכָּר לְעֵיל בְּנֶצַח. וְהִנֵּה נִמְצָא עַתָּה אֵלּוּ הַנה"י דז"א, שֶׁאֵין בָּהֶם רַק בְּחִינַת נה"י לְבַד, וְאֵין בְּכֻלּוֹ רַק בְּחִינַת נה"י לְבַד, אֲפִילּוּ בִּפְרָטוּת וְנֶחֱלָקִין שְׁלָשְׁתָּן לְתִשְׁעָה פְרָקִין, נִמְצָא עַתָּה פַּרְצוּף שָׁלֵם, וְהֵם ג' פְּרָקִין רִאשׁוֹנִים דַנה"י הֵם חב"ד שֶׁל זֶה הַפַּרְצוּף, וְג' פְּרָקִין אֶמְצָעִים הֵם חג"ת שֶׁל זֶה הַפַּרְצוּף, וְג' פְּרָקִין אַחֲרוֹנִים הֵם

דנקודים היה או פגם, או ביטול, או שבירה. כך[247] יוצא שכתר דנקודים שואב מאור האוזן במקום שבולת הזקן, ובו היה
פגם באחורי הנה"י דיליה, או"א שואבים מאורות חוטם פה במקום שבולת הזקן, ונתבטלו האחוריים שלהם, ולקמן יבאר

נה"י של זה הפרצוף. והרי נשלם פרצוף אחד מתשעה ספירות, וכולם בחינת נה"י לבד, לכן הוא פרצוף קטן
בקומה מאד, כי הרי שלושים ספירות פרטיות שיש בפרצוף הזה, אין בהם רק כללות נה"י לבד, לפי שהוא
שליש גובה קומה....... ועתה נבאר ענין יניקה דז"א, כי אחר שנולד אז נעשה פרצוף אחר יותר פנימי, ויותר
גבוה מזה הראשון, והוא כי יש בו ג' ספירות חג"ת דז"א, וכל אחד מהם כלולה מעשר ספירות, אשר כל אחת
מהם כלולה מו"ק שלמים ולא יותר, באופן שהם שלושים ספירות, וכל ספירה מהם כלולה מו"ק לבד, **ונעשה
מהם פרצוף אחד שלם על דרך הנזכר לעיל בנה"י דז"א.** כי ג"ר דחסד אשר כל אחת כלולה מו"ק לבד,
נקרא פרק עליון דחסד, וג' אמצעים שבו הם פרק אמצעי, וג' תחתונים שבו הם פרק תחתון דחסד. וכן על דרך
זה בספירת גבורה, ג' פרקין, ובספירת תפארת ג' פרקין. ואז נעשים פרצוף ז"א שלם מג' קוין ותשע ספירות,
כי ג"ר דחג"ת הם חב"ד של זה הפרצוף, וג' אמצעיות הם חג"ת של זה הפרצוף, וג' תחתונות הם נה"י של זה
הפרצוף, הנקרא פרצוף אמצעי חג"ת. והענין כי כמו שפרצוף הראשון דאחור, נקרא פרצוף דנה"י, אף על פי
שיש בו עשר ספירות, והטעם הוא מפני שכל שלושים ספירות שבפרטות פרצוף זה, לא היה כל ספירה מהם
כולל רק בחינת נה"י שבה, לכן נקרא כל הפרצוף פרצוף דנה"י. ואמנם השלושים ספירות שבפרטות פרצוף
האמצעי, כל אחד מהם כלולה מו"ק, והרי התוספת האמצעי הוא ענין זה, שבכל הפרטים
שבו נכללו גם מבחינת חג"ת. מה שאין כן בפרצוף דאחור, ועל כן נקרא זה הפרצוף פרצוף חג"ת.
ע"ח ח"ב ש"ל דרוש ד' מ"ב דכ"ח ע"א – אחר כך נעשה לו פרצוף אחר ג' מחב"ד דז"א, על דרך הנזכר
לעיל בכל חלקיו, **ונקרא פרצוף פנימי,** המתלבש תוך פרצוף אמצעי בחג"ת דז"א, והרי נשלם עתה ז"א שלם
בכל חלקיו, שהם ג' גופות זה תוך זה, **וראשון נקרא פרצוף דאחור, ונקרא נה"י** לבד, כי כל ספירות
הפרטיות כלולות מנה"י לבד, אשר על כן זה פרצוף גבוה שליש הקומה. **ופרצוף השני נקרא חג"ת, נקרא
אמצעי,** כי כל ספירות הפרטות נכללין מחג"ת נה"י, וזה גובה שליש האמצעי של קומת ז"א יותר מראשון.
ופרצוף השלישי **נקרא פנימי, ונקרא חב"ד,** יען כל ספירות הפרטות כלולות מתשעה ספירות חב"ד חג"ת
נה"י, ועל כן הוא גדול הקומה שליש יותר וכל ג' אלו, הם ג' לבושין, ושלשתן יחד נקרא גוף שלם גמור אל
הז"א, וזה גבוה מזה, וזה גבוה מזה, **הכל ביחד הוא פרצוף אחד,** ובתוכם נר"ן. ועתה בדרך כללות כל
הפרצוף האחור נקרא עיבור דנה"י, וכל פרצוף האמצעי נקרא פרצוף דחג"ת דיניקה, וכל פרצוף
הפנימי נקרא פרצוף דמוחין.
245

תרשים ב – ל"ג.
246

ע"ח ש"ג פ"ג פ"ב מ"ב [הגהה] צמח דט"ז ע"ד – עשר ספירות דאצילות שהתחילו בהם הסיגים, נראה
לעניות דעתי שרמז שרמז פגם **בעלמא בכתר, וביטול באו"א, ומיתה בשבעה מלכים,** כי בזה הם עשר וזה נודע
בדרושים. ואמר סיגים דרך כלל לבד, שהרי פגם וביטול ומיתה אינם בחינות שוות, וג' אלו נרמזו בזה. כי פגם
בעלמא נרמז בכתר, היינו השערות ונכפפים במקומן, לכן נקרא תיקונים, להורות שהיה בהם קלקול, וזהו
נרמז כאן דקאמר - והדרת פני זקן, דהיינו בצאת המלך הדר. לכן שערות הראש דהיינו דיקנא
נקראים תיקונים כנזכר לעיל. וביטול אחורי או"א, נרמז כי נפלו בפנים ואחור דנוקבא דז"א דאצילות, ולא
נקרא או"א אלא על שם נוקבא דז"א, ונתבטל שמם)נ"א ונתבטלו שמה(. ומיתה נרמז כי לא נקרא בלע, אלא
דעת וכו', וכבר נתבאר בדרושים פגם וביטול ומיתה, וזה שכתבתי נרמז במילת סיגים, בעשר ספירות
דאצילות כנזכר לקמן, וכלל עשר ספירות דאצילות הוא א"א, או"א, זו"ן.
247

חסדי דוד אות ק"ג דנ"ג ע"ד – הכתר דנקודים שקבל אור האוזן, לכן לא נשבר, ומסיבה שקבל הארת האזן
בריחוק מקום, דהיינו בשיבולת, לכן נפגמו אחורי נה"י, וזה נקרא פגם. ואו"א דנקודים שלא קבלו רק מחוטם
פה בשיבולת הזקן, אשר יש שם הארת האזן, לכן נתבטל אחור דאו"א, ונפלו במקום זו"ן, ולא בבי"ע, ולכן
נקרא ביטול. וזו"ן דנקודים שלא קיבלו אפילו הארת האזן כלל, רק מחוטם ופה משיבולת הזקן ולמטה, לכן
מתו ונשברו כליהם, פנים ואחור לבי"ע, ולכן נקרא מיתה. ולכן אותיות שעטנ"ז ג"ץ הם בג' תגין, כי האותיות
הם הכלים, והתגין הם האורות שנסתלקו מתוך הכלים, ולכן התגין כולם על גבי האותיות, מה שאין כן
בנקודות וטעמים, שיש מהם בתוך האותיות, כי הם רומזים על האורות כשהם בתוך הכלים, והג' תגין הם רמז

הרב ז"ל ששבעה תחתונות דנקודים שואבים רק מאורות חוטם פה ממקום שבולת הזקן ולמטה, לכן בהם היתה שבירה גם בפנים וגם באחור, בסוד[248] הפסוק[249] הפח נשבר ואנחנו נמלטנו• הרב[250] ז"ל ביאר כי אור הנקודים היוצא **דרך** העינים דא"ק עובר דרך אורות האח"פ ונבלע בהם, ועל ידי הסתכלותו במקום שבולת הזקן שואב אור הנקודים הארה לעשיית הכלים שלו, כאשר אור הכתר דנקודים מקבל מאורות האוזן, אור החכמה דנקודים מקבל מאורות החוטם, ואור הבינה דנקודים מקבל מאורות הפה, וכל הג"ר מקבלים את האורות לצורך הכלים שלהם **במקום שבולת הזקן. אבל** ז' **נקודות התחתונים אין לוקחין** במקום שבולת הזקן לצורך הכלים שלהם, אלא הם לוקחים **רק** במה **שנמשך מהסתכלות** אור הנקודים **באורות הזוותם והפה** בלבד, ורק **במקום שבולת הזקן ולמטה** עד הטבור דא"ק [דל"ו ע"ג 72] **כנודע. כי** אור **הזוותם מגיע עד הזוזה** דא"ק, ואור **הפה** שהוא עולם העקודים **עד הטבור** דא"ק, והשבעה נקודות התחתונות דנקודים **לא** לוקחים הארה לצורך הכלים שלהם **משיבולת הזקן** כמו הג"ר דנקודים **ולא למעלה** משבולת הזקן, יוצא[251] לפי זה כי כח"ב דנקודים קבלו מוחין דגדלות והתקיימו, והשבעה תחתונות מוחין דקטנות, ולכן הם נשברו• **ונמצא[252] כי לפי זה ג' נקודות** הראשונות שהם כח"ב **לוקחין הארה לצורך הכלים**

לחסרון ג' אורות אח"פ משיבולת הזקן ולמעלה. ואותיות בד"ק חי"ה יש בהם תג אחד, לרמוז על חסרון אור האוזן. ואוכ"ל מספר"ת בלי תג, כי אין חסרים דבר.
248

הגהות הרמ"ז והרנ"ש, אות ס"ח – נראה לעניות דעתי נתן, ראשי תיבות **פה חוטם, פ"ח**. וזה סוד הפ"ח נשבר, שהוא סוד שבירת הכלים, ואנחנ"ו נמלטנו גימטריא ב' פעמיים אזן.
שערי גן עדן, דרך האמת, פתח ג' דרך ה' דכ"ח ע"ד – והנה כלי הכתר שלו יש לו מעט שאיבה גם מאור האוזן עצמו, ואף ששואב מסופו במקום שבולת הזקן, עם כל זה הוא שואב מאור עצמותו של אור האוזן. והחכמה לוקח הארה מחמת שאיבה מהסתכלות עין ולמטה, ולוקח גם כן במקום שבולת הזקן, אך שאינו שואב רק מאורות של חוטם פה, וקצת הארה בעלמא מאור האוזן בריחוק מקום. והבינה מקבלת הארה לצורך הכלי שלה, רק מאוד הפה בלבד, ואף שהוא גם כן במקום שבולת הזקן, ואינה מקבלת מאורות של אוזן חוטם רק קצת הארה בעלמא. והשבעה תחתונות אין לוקחים כלל הארה מאור הכתר האוזן, **רק שמתחילין ליקח הארה לצורך הכלים שלהן מן אורות חוטם פה למטה משבולת הזקן, במקום שכבר נסתיימו אורות האוזן.** ועל פי דרך קבלתן הגיע הפגם לכל אחד, כי כלי הכתר באשר שמקבל הארה מאורות האוזן עצמו, שהוא אור גדול, היה יכולת בכלי שלו לסבול כל האורות שנכנסו בכלי, ולא נשבר כלל, אך באשר שקיבל רק מסופו, לכן הגיע מעט פגם בכלי בנה"י שלו. וחו"ב שלא קיבלו מאוד האוזן רק הארה בעלמא, לכן נשברו האחוריים שלהם, היינו שנסדקו אחוריים שלהם, ונפלו מהם נובלות למטה, אכל נתקיימו בקיומם במקומם. ושבעה תחתונות שלא קבלו הארה לכליהן **רק למטה אחר שנסתיים אור אוזן**, לכן נשברו לגמרי הפנים והאחוריים, ונפלו למטה. והוא סוד הכתוב - **הפח נשבר. הכוונה כי השבעה תחתונות באשר שלא קבלו רק מחוטם פה, שראשי תבות שלהם פ"ח**, זה נשבר.
249

תהילים קכ"ד ז' – נפשנו כצפור נמלטה מפח יוקשים הפח נשבר ואנחנו נמלטנו.
250

כרם שלמה ש"ח פ"ב אות י' – ומה שכתב אבל ז' נקודות התחתונים וכו'. פירוש, הכלים של הג"ר הם נעשים מאתו חלק של אור העין המובלע בשבולת הזקן דווקא. והוא כלול מאור העין ואח"פ, הנמשך מן מקום שורש ארבעה אלו, עד שבולת הזקן, ושם בנקודת שבולת הזקן לוקחים הכלים לצורך הג"ר. ומחלק אור העין המובלע תחת שבולת הזקן ולמטה נעשים הכלים של השבעה תחתונות של הנקודים.
251

תרשים ב – ל"ד.
252

71

שֶׁלָּהֶם מִן כל **ג' הָאוֹרוֹת שֶׁהֵם** אורות **הָאוֹזֶ"פ,** במקום **שִׁבּוֹלֶת** הזקן **דּוּקָא** לאפוקי מהשבולת ולמעלה, שהוא גם כן חיסרון כלקמן, **אֲבָל הַשִּׁבְעָה תַּחְתּוֹנוֹת אֵינָן לוֹקְחִין** הארה לצורך הכלים שלהם **רַק מִב' אוֹרוֹת** בלבד, **שֶׁהֵם** אורות **הַזוֹטֶם וּפֶה,** והם לוקחים אורות אלו **מִשִּׁבּוֹלֶת** הזקן ולמטה **עַד** מקום **הַטַבּוּר** דא"ק, **כִּי אוֹר אֹזֶן הָעֶלְיוֹנָה כְּבָר נִגְמְרָה וְנִסְתְּמָה בְּשִׁבּוֹלֶת הַזָּקָן, וְלָכֵן**[253] **גְּדוֹלָה הִיא הַהָאָרָה** לצורך הכלים של **ג' נְקוּדוֹת עֶלְיוֹנִים** הלוקחים את הארתם ממקום שבולת הזקן, וגם לוקחים מאור האוזן, שהוא בחינת הבינה, מוחין דגדלות, **מִן** ההארה לצורך הכלים של **הַשֶּׁבַע** נקודות **הַתַּחְתּוֹנוֹת** הלוקחים את הארתם מתחת שבולת הזקן, וחסרים את אור האוזן, ומקבלים רק מוחין דיניקה.

צָרִיךְ[254] **לָדַעַת** כי יש ט"ז סיבות למקרה המלכים, וכאן הרב ז"ל מבאר בקיצור נמרץ את אחת הסיבות. **וְלַסִּבָּה**[255] **זוּ ג' מְלָכִים הָרִאשׁוֹנִים** שהם הנקודות דכתר חכמה בינה **לֹא מֵתוּ** ר"ל שכלים שלהם לא נשברו,

---

כרם שלמה ש"ח פ"ב אות י"א – מה שכתב ונמצא כי לפי זה ג' נקודות וכו', אבל ז' תחתונות וכו'. תרתי קאמר, כי תחילה צריך לידע כי אורות החוטם ופה הם נחלקים לב' חלקים, והוא כי עד שבולת הזקן הוא חלק אחד, ומשם ולמטה הוא חלק אחר. והג"ר הם לוקחים הארתם מן הארת האוזן שבשבולת הזקן ששם הם נכללים הארת החוטם ופה גם כן, וזהו תרתי, דהיינו אחד שהם לוקחים מן הארת האוזן, ועוד לוקחים גם כן מן הארת החוטם והפה, **שהוא מן החלק העליון שלהם,** שהוא משבולת ולמעלה. והשבעה תחתונות הם אחד, שאינם לוקחים מן הארת האוזן, אלא מן החוטם והפה דווקא, ועוד שאינם לוקחים אותם אלא מן השבולת הזקן ולמטה, ולא משבולת ולמעלה.
253

כרם שלמה ש"ח פ"ב אות י"א – ומה שכתב ולכן גדולה היא הארה ג' הראשונים. הוא חוזר לעיל מיניה שכתב כי ג' אורות הראשונים לוקחים מן ג' האורות מהשבולת דווקא וכו'. ור"ל הואיל ושם נמצא אור האוזן שהוא אור הבינה, לכן גדולה היא הארת הג' כלים הארת השבעה תחתונות, שאינם לוקחים מן הארת האוזן.
254

ט"ז סיבות למקרה המלכים

א. השבע מלכים יצאו מבחינת מלכויות, נפש, עגולים. ע"ח ש"ח פ"א, ע"ח ש"ט פ"ח, מבוא שערים ש"ב ח"א פ"ג.

ב. הג"ר יצאו בצורת סגולתא, וכל אחת כלולה מעשר, ומתפשטים בסוד קוין שכולם קשורים זה בזה, והז"ת יצאו בבחינת חד סמכא, ונפרדים זה מזה בסוד רשות הרבים, ולא בסוד מיתקלא. ע"ח ש"ט פ"ג, ע"ח ש"ט פ"ה, ע"ח שי"א פ"ה.

ג. כלי הו"ק לא יכלו לסבול יותר אורות מחלקם, והם קיבלו כל אחד חלקו וחלק חברו התחתון ממנו, ולא כן כשהיו בג"ר היו מתבטלים בערכם. ע"ח ש"ח פ"ה, מבוא שערים ש"ב ח"א פ"ו.

ד. האור של העשר ספירות פרצוף שלם, והכלים קטנים, נפרדים, וחסרים. ע"ח ש"ט פ"ה, ע"ח ש"י פ"ה, מבוא שערים ש"ב ח"ב פ"ב.

ה. הג"ר יצאו בגוף אחד, והיה בהם כח לקבל האור, השבע תחתונים יצאו נפרדות וחסרות, ולא יכלו לקבל האור שלהם. מבוא שערים ש"ב ח"ב פ"ג.

ו. הג"ר אין הדין ניכר בהם, והם רחמים, השבע תחתונים דינים נתגלו בהם, ולא יכלו לסבול אור הרחמים. מבוא שערים ש"ב ח"ב פ"ג.

ז. הנקודים יצאו מבחינת חיצוניות סמ"ב דס"ג וחיצוניות עסמ"ב דב"ן, שהם הענפים, והשורשים נשארו בפנימיות א"ק, ולא היה בכח הענפים לקבל את האור. ע"ח ש"ה פ"א, מבוא שערים ש"ב ח"ב פ"ג.

לְפִי שֶׁיֵּשׁ לָהֶם הָאָרָה גְּדוֹלָה כבר בראשית בניינם שקבלו הארה זאת ממקום גבוה שהוא בשבולת הזקן, וגם הארה מאור האוזן שהוא בחינת הבינה, ומוחין דגדלות, ולכן **הַכֵּלִי שֶׁלָּהֶם מְעוּלָּה מְאֹד,** לְפִי שֶׁנַּעֲשָׂה מִבְּחִינַת הָאֹזֶן הָעֶלְיוֹנָה, וגם כן בּבחינת אורות הַחוֹטָם וּפֶה, כִּי[256] בְּהִסְתַּכְּלוּת[257] האורות היוצאים דרך הָעַיִן בָּאוֹרוֹת הָאֹזֶן זוטם פֶּה הנמשכים עד מקום שבולת

ח. הג"ר קבלו במקום שבולת הזקן אור האוזן, וגם אורות חוטם פה, והז"ת קבלו אורות החוטם פה משבולת הזקן ועד מקום הטבור. ע"ח ש"ח פ"ב, ע"ח שי"א פ"ה, מבוא שערים ש"ב ח"ב פ"ג.

ט. מלכי הנה"י דינין תקיפין, רצו להתגבר על מלכי החג"ת שהם רחמים. שער ההקדמות הקדמה אחת בטרם שנאצל עולם האצילות דל"ג ע"ג.

י. הג"ר דו"ק נשארו בפנימיות המאציל. מבוא שערים ש"ב ח"א פ"ה.

י"א. הג"ר לא נתקנו כפרצוף, לכן האור שיצא מהם לז"ת לא יכלו לקבלו. ע"ח שמ"ז פ"ה, שער ההקדמות דרושי אבי"ע דרוש ג' דע"ג ע"ג.

י"ב. לא היתה אהבה בין ספירה לספירה, וכל ספירה היתה יראה מהספירה שמעליה ומהספירה שמתחתיה. ע"ח שי"א פ"ה, שער ההקדמות הקדמה אחת בטרם שנאצל עולם האצילות דל"ב ע"ג.

י"ג. הסיגים מעורבים בכלים, והם גורמים פירוד. מבוא שערים ש"ב ח"ב פ"ג.

י"ד. לא נכנס האור על ידי התלבשותו בנה"י דישסו"ת בסוד כ"ל צמ"א, אלא באופן ישיר, ורק בתיקון התלבשו האורות בנה"י דישסו"ת. שער ההקדמות דרוש ה' בזמן העיבור השני דמוחין דל"ח ע"ב.

ט"ו. לא נתכללו אחד עם השני, וכל אחד מהמלכים היה בחינה בפני עצמה. ע"ח ש"ט פ"ג, מבוא שערים ש"ב ח"ב פ"ג.

ט"ז. תכלית כוונת המאציל היתה להוציא ולעשות בחינת קליפות לצורך הנבראים, כדי לתת שכר לצדיקים, ועונש לרשעים. ע"ח שי"א פ"ה.

255

כרם שלמה ש"ח פ"ב אות י"ב – כאן רצונו להורות לנו הסיבה של השבירה בהשורש של המלכים, מה היתה הסיבה בא"ק, לזה כתב - **ולסיבה זו** וכו'. מפני שבראשית בניינם של הכלים האלו דאצילות היה בהם חילוק בין הג"ר שלהם לבין הז"ת, כי הג"ר קבלו הארה ממקום עליון, ולכן הכלים שלהם הם חזקים, והיה בהם כח לקבל האורות שלהם בתוכם, ולכן לא נשברו, והסיבה היא מפני שקבלו ממקום העליון שעדיין אורות האוזן עדיין מתפשטים שם, ומקבלים כח מהם, וכליהם נתחזקו מכח הארת הבינה שהיא האוזן.

256

מבוא שערים ש"ב ח"א פ"ד ד"ג ע"ד – ונבאר תחילה סדר ההסתכלות, כי הנה בתחילה פוגע הסתכלות העין באורות האוזן, הנמשכים מלמעלה עד שבולת הזקן, כי עד שם אין אורות החוטם ופה נחשבים נגד אורות האוזן, ושניהם נכללים בו וטפלים אליו, וממה שהראייה שואבת בהסתכלותה באור האוזן, ומכל שכן שחוטם ופה נכללים בו. הנה ממנו נעשה כלי חכמה דנקודים, ומן הסתכלותה בפה לבדה משם נעשה כלי בינה דנקודים. הרי כי הג' כלים ראשונים הם מהסתכלות העין באח"ף ממקומם, עד מקום התחברותם בשבולת הזקן כנודע, ואינם מקבלים אותם רק בשבולת הזקן לבד, כי משם מתחילין הם, ולא ממה שבשבולת הזקן ולמעלה. אך אמנם, כל אחד לוקח ממדרגתו כתר מאזן. וחכמה מן חוטם. ובינה מן פה. אך הז' כלים תחתונים, לא לקחו אלא מההסתכלות באורות החוטם והפה משבולת הזקן ולמטה, כנודע כי החוטם מגיע עד החזה, והפה עד הטיבור. ולכן ג' כלים ראשונים יותר חזקים, ומאירים, ויש בהם יכולת לקבל האור יותר מהשבע כלים תחתונים, **לכן ג' כלים ראשונים לא נשברו,** כי לקחו כליהם ממקום שעדיין אורות האזן, שהם בחינת נשמה נמשך שם, שהוא עד שבולת הזקן כנזכר. **אך השבעה תחתונות שכבר נשלם אור האזן, שהוא משבולת הזקן ולמטה, נשברו.**

257

הגהות הרמ"ז והרנ"ש, אות ס"ט – נראה לעניות דעתי דתי נתן, ונ"ח גימטריא אזן, מצא חן בעיני הוי"ה, שהיא ההסתכלות עינים דא"ק באורות דאזן, ונעשו כלים לג"ר, ואותם הכלים לא נשברו, וזהו החן שמצא האזן בהסתכלות העינים בהם, אבל האורות דחוטם פה לא מצאו חן בעיני הוי"ה. ובזה תבין מה שכתב האר"י

73

הזקן **נעשו הכלים שלהם כנ"ל, כי לקזזו** הארה **לכליהם במקום שעדיין אורות האוזן שהם בזוינת נשמה** נמשכים משם, **שהוא עד** מקום **שבולת הזקן כנ"ל,** ובחינת אור האוזן שהוא בחינת נשמה, הנקרא[258] מוחין דאחור. **אמנם השבעה מלכים תתאין במתו** ר"ל שהכלי של כל אחד מהם נשבר, וירד לבי"ע[259], כאשר[260] כלי פנימי דשבע תחתונות לבריאה,

זלה"ה בספר ליקוטים וז"ל - ומה שלא היה נח הראשון שברא הקדוש ברוך הוא, כיון שסוף סוף כל בני אדם הראשון נמחו, וכולם עכשיו בני נח, אם כן מתחילה היה ראוי להיות כן, אלא בהיות כל הנשמות של דור המבול צריכים תיקון, בסוד שבעה מלכים שנשברו וירדו, והוצרכו אל המבול לצרפם. ואף שנראה שחטא אדם הראשון גרם שהוצרכו לתקון המבול, אין הדבר כן, אלא נורא עלילה על בני אדם, והעיקר הוא מפני שבירת הכלים. וזהו שסתם הקדוש ברוך הוא מעיינם דבני נח, ולא הולידו עד אחר המבול, וזה שכתוב ויולדו להם בנים אחר המבול, ולא קודם, מפני שזרעם לא היו צריכים לתקון. וזה סוד וכל **שי"ח** השדה טרם יהיה בארץ, ראשי תיבות ש"ם ח"ם י"פת לא היו בארץ קודם לכן, מפני שעדיין לא המטיר הוי"ה אלהי"ם על הארץ, הוא המבול שהיה צריך להביא, כדי לתקן כל הנשמות ההמה, וזה סוד ונח מצא חן, וקל למבין, עד כאן לשונו.
258

ע"ח ש"ו פ"ח מ"ב דכ"ט ע"ב – גם יש חילוק אחר, כי המוחין של בחינת חיה אשר בז"א, הבאים מחכמה, הם הגורמים זווג זו"ן, כדי להוציא נשמות חדשות, והם בחינת פנים, כי הוא זכר. והמוחין דז"א **מצד אימא, הנקרא נשמה, הם ענין אחור**, והם נקבה.
259

ע"ח ש"ט פ"ז מ"ו דמ"ו ע"ב – והנה כאשר יצאו כל האצילות מבחינת ב"ן לבד, והיה כולל עתיק, וא"א, ואו"א, וזו"ן. ואז יצאו תחלה כל הכלים שלהם זה תחת זה עד סיום עולם האצילות, ואחר כך יצאו אורות דב"ן כל פרטי אצילות, ויצא תחלה כתר דעתיק דאצילות, שבו נכללין כל האורות, ונתקיים, ואחר כך יצאה חכמה דעתיק בכלי שלו, ובו היו כלולים כל שאר האורות ונתקיים, ואחר כך יצאה בינה דעתיק, ובו כלולין כל שאר האורות ונתקיים, ואחר כך יצאו שבעה תחתונות דעתיק,)נ"א דדעת(הדעת למטה כל אחד כלול בכלי שלו, ובו כלולים כל שאר האורות, והיה נשבר, וירד **פנימיות הכלי לבריאה, וחיצוניות הכלי ירד ביצירה, וחיצוניות של חיצוניות בעשייה,** ואחר כך האור ההוא נשאר בלי כלי, ושאר האורות ירדו בכלי השני של השבעה תחתונות, וגם הוא נשבר על דרך הנזכר לעיל,)נ"א נשאר ע"ד הנ"ל(והאור שלו נשאר בלי לבוש, ושאר האורות ירדו לכלי שלמטה ממנו, וכן על דרך זה עד שנגמרו שבעה תחתונות שלו, ואחר כך נכנס הכתר דאריך אנפין בכלי שלו..............

נהר שלום דכ"ד ע"ד – והנה ידוע כי מיתת המלכים היתה בזו"ן דפרטות, ר"ל בזו"ן דעתיק, ובזו"ן דא"א, ובזו"ן דאבא, ובזו"ן דאימא, ובזו"ן דז"א, ובזו"ן דנוקבא, וכל פרצוף מאלו הפרצופים כלול מכל הפרצופים הנזכרים. וזה היה בפרט האחרון דפרטי פרטות, וכמבואר לעיל בהקדמה, וזה היה בפנימיות וחיצוניות דפנימיות, ובחיצוניות ופנימיות דחיצוניות, דפנים ודאחור. **והכלים עם הרפ"ח ניצוצות דמלכים דעתיק נפלו לעתיק דבי"ע, ודא"א לא"א דבי"ע, ודאו"א לאו"א דבי"ע, ודזו"ן לזו"ן דבי"ע. באופן זה כי הכלים הפנימיים דמלכים הנזכרים נפלו לפרצופי הבריאה. והכלים האמצעיים נפלו ליצירה. וכלים החיצוניים שלהם לעשיה.** ונתבאר בשער השמות ובכמה מקומות, כי כדי לברור הכלים ושארית הרפ"ח דכל פרט, יורדים כל הפרצופים העליונים דאצילות בימי החול בסוד גלות השכינה, ומתלבשים בפרצופים שכנגדם למטה בבי"ע. עתיק דאצילות בעתיק דבי"ע, וא"א בא"א, ואו"א באו"א, וזו"ן בזו"ן. כלים פנימים שלהם בבריאה, ואמצעיים ביצירה, וחיצוניים בעשיה. ובי"ע הנזכר מתלבשים בבי"ע דחול, וזה לצורך שארית בירורי כלים ואורות דמלכים דזו"ן דעתיק, וא"א, ואו"א, וזו"ן דאצילות שנפלו לבי"ע על סדר הנזכר. **כי הכלים הפנימים של מלכי עתיק, וא"א, ואו"א, וזו"ן דאצילות נפלו לבריאה. וכלים האמצעיים של המלכים הנזכרים ליצירה. וכלים החיצוניים שלהם לעשיה,** כנודע. ועל כן בימי החול יורדים הכלים דפרצופים העליונים דאצילות על דרך הנז"ל, לברר בחינותיהם שנשארו בבי"ע.

כלי אמצעי ליצירה, כלי חיצון לעשיה, והסיבה היא **לפי שכליהם נעשו מהסתכלות עין ב**אורות הזוטם **ואורות הפה לבד** משבולת הזקן עד הטבור, ועוד **היה וזסר מהם אור האזן**[261] **העליונה,** לפי שאור האזן מקומו עד שבולת הזקן, והשבעה תחתונות קבלו משבולת הזקן ולמטה, ולכן נשברו כליהם.

הרב ז"ל ביאר עד עכשיו את החילוק שיש בין הג"ר לשבעה התחתונות, וכללות החילוק הוא, כי הג"ר לקחו את אורות האח"פ במקום שבולת הזקן, ולכן הם לא נשברו, וז' תחתונות לקחו רק מאורות החוטם פה, משבולת הזקן ולמטה עד מקום הטבור דא"ק, ומסיבה זאת הכלים של כל אחד ואחד מהם נשברו, וירדו לבי"ע. כאן הרב ז"ל מפרט ומבאר את ההבדל והחילוק בין הג"ר עצמם, ר"ל החילוק בין נקודת הכתר לחכמה, והחכמה ולבינה, והוא[262] בירידת האחוריים שלהם. הרנ"ש[263] מבאר חילוק זה לפי איכות האור דנקודים היוצא **דרך** העינים, ר"ל הטוב והפסולת שבו. **והנה**[264]

רחובות הנהר ד"ב ע"ב – ובהגיע האור לגבול האצילות, אירע בהם ענין ביטול המלכים, ונפלו הכלים פנימי אמצעי וחיצון עם אורות דרפ"ח, **לבי"ע התחתונים** דאותה הספירה.

260

תרשים ב – ל"ה.

261

הגהות וביאורים)א(– הטעם שכבר נשלם אור האזן, שהוא משבולת הזקן ולמטה, ולכן נשברו.

262

כרם שלמה ש"ח פ"ב אות י"ג – ר"ל אף על פי שכתבנו לעיל כי ג' מלכים הראשונים לא מתו, והכלי שלהם מעולה מאד ולא נשברו, אף על פי כן יש ביניהם חילוק בבחינת ירידת האחוריים שלהם, בירידתם לאצילות עצמה ולא לבריאה.

263

הגהות הרמ"ז והרנ"ש, אות ע' – נראה לעניות דעתי נתן, שיש לומר למה לקח הכתר דווקא מהאזן הוא בלבד, ולא חו"ב. וכן חו"ב שלקחו מחוטם פה בלבד הם לעצמם, ולא הז' תחתונות גם כן. ונראה לעניות דעתי כי כפי המעלה והבחינה שלהם, כן לקחו. שכשיצא הכתר יצא הארה שלו רבו טוב, ומיעוטו רע, היה פסולת מעורב בו מהצמצום הראשון, כמו שכתב הרח"ו ז"ל בדרוש להרב שלמה סאניס ז"ל, ולכן לא נשבר רק אחורי נה"י שלו, וזהו גרם לו, שהיה כח באור שלו ליקח לכלי שלו, שגופו הוא מהמובחר דאורות אח"פ, ומפני שהיה בו מעט פסולת, גרם שלא לקח אור האזן כי אם במקום רחוק בשבולת הזקן, ולא למעלה ממנו במקומו. וכן חו"ב שהיה בהם פסולת יותר מבכתר, לכן לא יכלו ליקח רק מחוטם פה. וזהו סיבה שנפלו כל אחורייהם. ולכן הז' תחתונות שהיו רובם פסולת, ומיעוטם קדושה, לכן לא יכלו ליקח רק לגופם משבולת הזקן ולמטה, מאורות חוטם פה, וזהו סיבה שנפלו כל כליהם פנים ואחור.

264

שער ההקדמות, דרוש ה' בעולם הנקודים די"ט ע"ב – עוד יש חלוק בג' נקודות ראשונות בעצמם, והוא כי אלו הג' אורות שהם מחוברים יחד עד שבולת הזקן, הם נחלקים באופן זה, כי נקודת הכתר לוקח מאור האזן עצמה, ומכל שכן שנכללים עמה גם אור החוטם והפה. ונקודת החכמה לוקחת מאור חוטם, ונקודת הבינה לוקחת מאור הפה, ולכן גם בהם עצמם היה בהם שנוי בעת שבירת הכלים, והוא, כי הכתר אשר יש לו ממשות האזן העליונה, נתקיים כולו ולא נשבר, אמנם להיות שאינו לוקח אור האזן אלא ברחוק מקום, בהיותו למטה בשבולת הזקן, כי מה שלעלה מזה מתפשט לב' צדדי הפנים דרך האזנים. ואמנם אור העין מתפשט ביושר ואינו פוגע באור האזן עד שיגיע אל מקום שבולת הזקן, המכוון ביושר כנגד אור העינים, ולכן כיון שאינו פוגע בו אלא ברחוק מקום, יש בו קצת חסרון, ונשבר גם הוא שבירה מועטת, כמו שיתבאר למטה. אבל או"א אינם לוקחים אלא מאור החוטם והפה בלבד כנזכר, אבל מאור האזן אינם לוקחים אלא הארה בעלמא, ונמצא שיש בהם ב' חסרונות, האחד הוא שאינם לוקחים מאור האזן, האור ממש רק הארה בעלמא, והשני הוא כי אפילו הארה זו אינם לוקחים אותה אלא ברחוק מקום, ואינם כמו הכתר עצמו, שאף על פי שלוקחם בריחוק מקום, לוקח ממשות האור עצמו, ולכן היה בו שבירה, אלא שהיא מועטת כנזכר. אבל או"א שאינם לוקחים אור האזן, אלא ברחוק מקום, ולא עוד אלא שאינו רק הארה בעלמא, לכן היתה בהם שבירה יותר גדולה, והיא שבחינת

גם בשלשה נקודות ה**ראשונות עצמם יש בהם זילוק, בין זו לזו** בין נקודת הכתר לנקודת החכמה, ובין נקודת החכמה לנקודת הבינה, **והוא (נ"א והנה) כי מן** נקודת ה**כתר** שלקחה עצמות אור האוזן ומכל שכן נכללים עמה אורות חוטם ופה, האורות האלו שאב הכתר דנקודים במקום שבולת הזקן, ולכן **לא ירד ממנו אפילו האזווריים**[265] שהם[266] הנה"י דכתר, **אלא** היה קצת פגם בכלי **האזווריים של נה"י**[267] דכתר **בלבד** שהם[268] הנה"י דנה"י דכתר, לאפוקי מהאחורים דאו"א שנתבטלו, **מפני**[269] שהכתר לקח את הארת האוזן ברחוק מקום, ר"ל בשבולת הזקן ולא למעלה במקום יציאת אור האוזן, וכל זה לפי פשט דברי הרב ז"ל. **ובעומק דברי קודשו** בחינת[270] הנה"י דכתר הם המוחין עם הכלים דא"א המתלבשים באו"א, והאחורים דנה"י דכתר מתלבשים בנה"י דאו"א, שהם עצמם בחינת המוחין והכלים המתלבשים בזו"ן, ויוצא לפי זה כי כאשר ז' תחתונות נשברו, בתוכם היו בחינת המוחין עם הכלים דאו"א, והם נתבטלו, ובתוך הנה"י דאו"א היו בחינת בנה"י דנה"י דכתר, שהם בחינת המוחין והכלים שלהם, לכן הם נפגמו[271], כך שכל המוחין שהיו תוך ז' תחתונות הושפעו ממקרה המלכים, עם המלכים עצמם, **אבל**[272] בפרצופי או"א **של הנקודים** שלא קבלו עצמות

האחורים של הכלים שלהם נשברו ונפלו. והשבעה תחתונות שהם בחינת זו"ן, שלא לקחו הארת האוזן, אפילו הארה בעלמא, אפילו בריחוק מקום, ולכן נשברו הכלים שלהם לגמרי, אחור ופנים.
265

כרם שלמה ש"ח פ"ב אות י"ג – כי הכתר לקח מבחינת האזן עצמה, ואם תאמר כי אור העין הוא יורד באמצע, ואור האזן הוא בצדדים ואיך יקבל ממנה, לזה אמר **ממה שהראייה שואבת בהסתכלות באור האוזן.** ר"ל כי אור האוזן הוא נמשך מן האזן עד שבולת הזקן, ושם מסתיים, והראייה של העין שהיא **המיוחדת לחלק הכתר של הנקודים**, היא יורדת ביושר מלמעלה למטה ולוקחת הארה לצורך הכלי שלה ממקום שבולת הזקן, ושם הראייה שואבת מן האוזן, ולא הארה בלבד אלא אור ממש מן הארת האוזן עצמה שבשבולת הזקן. והואיל ובעלמא שורש החו"ב הוא בהכתר נשרש, וכח החו"ב שם הוא, לכן מכל שכן שנכללים בו ב' אורות אחרים שהם אור החוטם והפה. ולכן הואיל ומכל אלו האורות נעשה כלי הכתר, לכן הוא חזק, ולא ירדו האחורים שלו.
266

תרשים ב – ל"ו.
267

הגהות וביאורים)ב(– עיין לקמן פרק ו' דהטעם מפני שלקח אור האוזן בסוף.
268

תרשים ב – ל"ז.
269

כרם שלמה ש"ח פ"ב אות י"ג – ומה שכתב עכשיו שגם מן הכתר ירדו האחורים של הנה"י, הוא פירש אותה לקמן מפני שלקח הארה זו של האזן ברחוק מקום, דהיינו בשבולת הזקן, ולא למעלה במקום יציאתם מן האזן.
270

ע"ח ש"ח פ"ו מ"ו דט"ל ע"ג – והנה מוחין אלו שהם חו"ג, **הם נמשכין לאו"א עם הכלים דנה"י דא"א, דוגמת מוחין דז"א שבאים עם נה"י דאו"א, וגם נה"י אלו ירדו למטה ובערך שבאו מא"א, נמצא כי זה נקרא חסרון בא"א עצמו.** וכבר ביארנו הטעם כי מה שגרם לו ענין זה, **הוא לסבת לקיחתו אור האזן בסופו לא בתחלה.** ואמנם בערך שכבר לקחו או"א לא יקרא חסרון זה חסרון דא"א, אלא חסרון דאו"א עצמן.
271

תרשים ב – ל"ח
272

כרם שלמה ש"ח פ"ב אות י"ג – וזהו דווקא כלי הכתר שקבל הארת האזן הממשי, אבל אבא ואימא לא קבלו מן האזן עצמה ממש, אלא מן החוטם וגם אור הפה דווקא. דהיינו אבא לקח מן אור החוטם, וגם אור הפה

אור האזן, אלא רק מאורות החוטם והפה במקום שבולת הזקן, והארה בעלמא בריחוק מקום מהאזן, כאשר אבא קיבל מאור החוטם, ונכלל בו אור הפה, ואימא קבלה מאור הפה בלבד, ולכן **ירדו** הכלים של **האחזזריים שלהם לבד** ר"ל כל הכלים של נה"י דאו"א, וירדו האחורים דאו"א עד סוף עולם האצילות ולא לבי"ע, ובחינה זאת נקראת ביטול ולא שבירה, **ונשארו הפנים במקומה,** זה הוא פשט דברי הרב ז"ל. **בעומק**[273] **דברי קודשו** של הרב ז"ל **פרצופי**[274] או"א הם מתחלקים בכללות לארבעה פרצופים, **כאשר**[275] אבא הוא בחינת פרצופי או"א עילאין, ואימא היא בחינת פרצופי ישסו"ת, **ולכן**[276] היה חילוק בירדתן של אחורי אבא ואימא, שהם או"א עילאין וישסו"ת,

---

נכלל בו, כי כח אימא הוא נכלל באבא, ולכן אבא לקח מן החוטם פה, וגם לקח קצת הארה מן האוזן ולא אור ממש, וגם בריחוק מקום, לכן ירדו האחוריים שלו, דהיינו של כל העשר ספירות שלו למטה ממקומם באצילות עצמה. ואימא שקיבלה מן אור הפה דווקא, לכן גם היא ירדו האחוריים של כל העשר ספירות שלה, מפני שלא קבלה מן אור האוזן.

273

כרם שלמה ש"ח פ"ב אות י"ג – ואם תאמר מה חילוק היה בין ירידת האחוריים של אבא, לבין ירידת האחוריים של אימא, אם שניהם שוים בירידתם, אם כן מה הועילה אבא שקיבל מן אור החוטם והפה, דהיינו משניהם, ואימא לא קבלה כי אם מן הפה לבד. אלא הוא הדבר האמור בשער השבירה פרק א', כי אחוריים דאו"א עילאין ירדו עת החג"ת דזו"ן, ואחוריים דישסו"ת ירדו עד הנה"י דזו"ן. **ונודע כי סתם אבא הוא או"א עילאין, וסתם אימא היא ישסו"ת,** ולכן שפיר היה חילוק בירידתם, ופשוט.

274

ע"ח ש"ח פ"ו מ"ת דט"ל ע"ד – ואמנם למטה בע"ה נבאר סדר או"א ומציאותן, ושם נאמר כי אבא כולל עשר ספירות, וכן אימא כלולה מעשר ספירות, וכן זו"ן מעשר ספירות. והנה כמו שז"א הנקרא ישראל כלול הוא מעשר ספירות, ונחלק לב' נגד לאה ורחל, ונמצא שרגלי לאה עד שליש תפארת דז"א, שהוא בחזה שלו, ומשם ולמטה מתחיל ראש רחל, **כן הענין באו"א, כל אחד מהם נחלק לב' חצאין, וב' חצאי העליונים של או"א נקרא או"א עלאין, וב' חצאי התחתונים נקרא ישראל סבא ותבונה,** וכאשר נעריך כל זה בבחינה אחת, נמצא כי ראש ישראל סבא ותבונה הם בחזה, ספירת שליש תפארת דאו"א עלאין, עיין לקמן.

ע"ח שי"ד פ"א מ"ת דס"ט ע"ד – והענין הוא באופן זה, כי ב' כתרים דאו"א הלבישו את הגרון דא"א, זה ימין וזה משמאל, ושאר הפרצוף של אבא ושל אמא הלבישו את א"א מהגרון ולמטה, עד הטבור של א"א, אבא מימינא, ואמא משמאלא, זה בזרוע החסד, וזה בזרוע גבורה. וגם זה פירוש שני במה שכתוב לעיל שנזכר בזוהר, דאבא אחיד ותלייא בחסד, ואימא אחיד ותלייא בגבורה. וצריך שנפרט בחינות אלו, **כי הלא נתבאר לעיל שאו"א נחלקים לארבע פרצופים, והם או"א וישסו"ת,** וצריך שנדע איך ארבעתן מלבישין לא"א מן הגרון עד הטבור כנ"ל.

רחובות הנהר ד"ו ע"ד – ולכן כל פרטי ספירות דא"א נתקנו עתה ונעשו כתרים שהוא א"א, בראש כל פרטי פרצופי האצילות, ובתוכם מלובשים כל פרטי פרצופי זו"ן דאדם קדמון, כל פרצוף בתוך פרצוף שכנגדו בארית, והם מלבישים זה את זה בעובי, מטיבורא דא"ק ולמטה. וכל פרטי ספירות דאו"א נעשו **חכמות שהם או"א,** לכל פרטי פרצופי האצילות, והם מלבישים זה את זה בעובי, מכנגד הגרון דא"א ועד החזה, וכל פרטי ספירות **דישראל סבא ותבונה נעשו בינות,** שהם ישסו"ת לכל פרטי פרצופי האצילות, והם מלבישים זה את זה בעובי, מכנגד החזה דא"א ועד הטיבור.

אור התורה ל"צמח צדק" דברים א' דכ"ח – אך הענין, צריך לדעת שזהו על דרך ישסו"ת שהם או"א תתאין, משאין כן או"א עילאין, וכל שכן פנימית או"א. וגם **כי ישסו"ת הם בכלל ה' דשם הוי"ה, ושניהם נקראים אימא, ואו"א עילאין הם היו"ד, ושניהם נקראים אבא.**

275

תרשים ב – ט"ל.

276

ע"ח ש"ט פ"א מ"ת ד"מ ע"א – ובעת צאת המלכים אלו אם לא מתו, אלא שהיו קיימים היו מעמידין לאו"א פנים בפנים, אפילו שיצאו למטה, והיו מועילין למ"ן שלהם. אמנם יען שנשברו ומתו, לכן גם או"א האחוריים שלהם המעמדת אותם פנים בפנים ירדו למטה, ואז חזרו להם אחור באחור, כי כבר אין להם מי

כאשר בחינת או"א עילאין שקבלו מאור החותם ואור הפה ירדו למקום חג"ת דזו"ן דנקודים, וישסו"ת שקבלו רק מאור הפה ירדו למקום הנה"י דזו"ן דנקודים[277]. **ושבעה תחתונות דנקודים**, שהם זו"ן דנקודים שלא לקחו מהארת האזן אפילו בריחוק מקום, ולקחו רק מאורות חוטם פה משבולת הזקן ולמטה, נשברו בחינת הפנים והאחור של הכלים שלהם, וירדו לבי"ע. **וטעם הדבר** למה רק הנה"י דאחורים של הכתר נפגם, וכל האחוריים דאו"א נתבטלו, והכלים דאחור ופנים דזו"ן נשברו וירדו לבי"ע **הוא, כי אלו האורות** דאח"פ **שנמשכים עד שבולת הזקן, נזולקו לשלושה** חלקים, **כי הכתר לקח לבזינת** ממשות אור **האזן עצמה** ר"ל עצמות אור האזן, אבל בריחוק[278] מקום, **מבמה שהראייה שואבת בהסתכלות באור האזן** בשבולת הזקן, **ומכל שכן שנכללים בו** עצמות ב' **אורות אזרים** שהם אור החותם ואור הפה, **ומזה נעשה כלי לכתר** דנקודים[279], **ואבא**[280] שהוא או"א עילאין לקוז ממה

שיעלה להם מ"ן, ומקיים חזרתן פנים בפנים. והנה פשוט הוא שלא נגמרו אחוריים דאו"א לירד עד כלות שבירת ז' כלים, שכל בחינת שבירת מלך אחד היה גורם ירידת קצת מאחוריים דאו"א, וזהו ביאור הענין. הנה כאשר נערך מציאות השבעה מלכים אלו בארבע פרצופים של חכמה, ובינה, ישראל סבא, ותבונה כנ"ל, נמצא כי עד שליש ספירת תפארת שהוא המלך הרביעי, אז נגמרו לירד אחוריים דאו"א עילאין, וכאשר נשברו כל השבעה מלכים, אז ירדו גם אחוריים דישראל סבא ותבונה.

ע"ח ש"ט פ"ב מ"ת דמ"א ע"ב – ונחזור לענין ראשון כי הנה כאשר עדיין לא מת שליש תפארת, עדיין לא נגמר ירידת ונפילת אחורי דאבא ואמא לגמרי, וכאשר היו המלכים האלו נכנסים בכלי שלהם היו מגולין באור גדול, אבל אחר שמת שליש עליון דתפארת, **אשר אז נפלו שם האחוריים דאו"א.....** והנה נמצא שאלו האורות)שהמחזה[ ]שמהחזה[ולמטה באים מכוסים, וכבר ידעת כי התעלמות האור וכיסויו הוא מציאות תיקונו, כי על ידי כך יש בו כח בכלי לסבול האור להיותו בא מלובש, ואם כן לא יהיו שוין שבירת הכלים שמהחזה ולמטה, שהם ב' שלישין תתאין דתפארת ונה"י ומלכות, אל שבירת הכלים של הדעת וחסד גבורה ושליש עליון דתפארת, **כי ודאי יותר גדולה תהיה שבירת העליונים משבירת תחתונים.....** והנה במיתת ז"א עד שליש עליון דתפארת שלו, כבר ירדו אחור או"א, אבל אחורי יש"ס ותבונה לא נגמרו עד מיתת נוקבא דז"א.
278

תרשים ב – מ.
278

שער ההקדמות, דרוש ה' בעולם הנקודים די"ט ע"ב – כי הכתר אשר יש לו ממשות האזן העליונה, נתקיים כולו ולא נשבר, אמנם להיות שאינו לוקח אור האזן אלא ברחוק מקום, בהיותו למטה בשבולת הזקן, כי מה שלעלעה מזה מתפשש לב' צדדי הפנים דרך האזנים. **ואמנם אור העין מתפשט ביושר ואינו פוגע באור האזן עד שיגיע אל מקום שבולת הזקן**, המכוון ביושר כנגד אור העינים, ולכן כיון שאינו פוגע בו אלא ברחוק מקום.
279

איפה שלימה, שער הנקודים פ"ב ד"ו ע"ג)י"א(– ואבא מאור החותם וכו'. עיין בהרב שפת אמת דף ט' ע"ד שהקשה, כיון שהיה חילוק בין כלי אבא לכלי אימא, שאבא לקח הכלי שלו מאור חוטם, ומכל שכן שנכלל בו אור הפה, כמו שכתב בהדיא במבוא שערים. ואימא לא לקחה כי אם מאור הפה לבד, שהוא מהבל החותם, אם כן היה ראוי כמו שיש חילוק בין כלי הכתר לבין כלי או"א, כן צריך להיות חילוק בין או"א בענין הביטול, ואנן קימא לן שאחורי או"א שניהם נתבטלו בשוה, יעוין שם מה שתירץ. ונראה לי לתרץ שאבא שקבל הארת חותם פה, משום הכי אחוריים שלו יכלו לעמוד בצד הפנים דז"א, אבל אחוריים לאימא לא יכלו לעמוד בפנים, כי אם באחוריים דז"א. ולפי מה שכתב הרבי יצחק כהן בשער יעקב ולאה פ"ד אמר שם - גם כן אכן מהרח"ו ז"ל כתב שם שאינו זוכר ששמע כן מפי הרב זלה"ה.
280

בית לחם יהודה ש"ח פ"ב דכ"ג ע"ד – ואבא לקח ממה שהראייה שואבת מאורות החותם וגם אור הפה נכלל בו, ואימא מאור הפה בלבד. כך צריך לגרוס, וכך הוא באוצרות חיים. ולכן גם בנפילת אחורי או"א היה חילוק ביניהם, כי אחוריים דאבא היו מעולים מאחורי אימא, ועמדו בצד הפנים דז"א, ואחורי אימא עמדו

שֶׁהָרְאָיָיה שׁוֹאֶבֶת בְּעצמות **אוֹרוֹת הַזֵּוֹּוֹטָם, וְגַּם** עצמות **אוֹר הַפֶּה נִכְלָל בּוֹ**[281] נעשה

כלי החכמה דנקודים, **ואימא**[282] שהיא ישסו"ת שואבת מעצמות אור הפה בלבד, נעשה כלי הבינה דנקודים. ולכן הכלים דאו"א לא גדולים ומעולים כמו כלי הכתר, ונתבטלו כל האחוריים שלהם. וז' תחתונות שהם זו"ן דנקודים, שלא[283] קבלו שום הארה מהאזן אפילו בריחוק מקום, וקבלו רק את אורות חוטם פה ממקום שבולת הזקן ולמטה, נשברו הכלים דאחור ופנים שלהם וירדו לבי"ע.

הרב ז"ל ביאר בפרק זה[284] דשער זה חלוקת אורות האח"פ ואור היוצא דרך העינים לשם הוי"ה, עסמ"ב, וטנת"א, נמצא[285] כי י' דהוי"ה, שם ע"ב והטעמים דטנת"א הוא באזן, אות ה' הראשונה דהוי"ה, שם ס"ג, והנקודות דטנת"א הם בחוטם, אות ו' דהוי"ה, שם מ"ה, והתגין דטנת"א הם בפה, ואות ה' האחרונה דהוי"ה, שם ב"ן, והאותיות דטנת"א הם האורות היוצאים דרך העינים, והם האותיות. ולכן[286] כל בחינה ובחינה של הנקודים לקחה מהבחינה הדומה לה, וכל[287]

באחורי ז"א)איפה שלימה(. גם אחורי אבא כולם נתבררו בזמן התיקון, ואחורי אימא לא נתברר כי אם בחינת המלכות שלה, וכל תשעה האחוריים שלה לא יכלו להתברר, כמבואר בריש פרק ד' דשער ל"ז, יעיון שם,)שפת אמת(.

281

הגהות וביאורים)ג(— הנה ממנו נעשה כלי חכמה דנקודה, ואימא מקבלת מהסתכלות בפה לבדה, ומשם נעשה נעשה כלי בינה דנקודות, ספר כתב יד.

282

ואימא מאור הפה, כך הלשון באוצרות חיים.

283

ע"ח ש"ה פ"א מ"ת דכ"א ע"א ע"ג — והנה עיקר הנקודים הם מאורות עינים, וכתר שבהם לוקח האורות והכלים מבחינת אזן, הנכללת גם שם כנודע. וחו"ב לוקחים מחוטם ופה, ושיעור מועט מאזן. אך ז' תחתונות לוקחים **מעט מחוטם ופה, ואינם לוקחים כלל מאזן.**

284

ע"ח ש"ח פ"א מ"ת דל"ד ע"ב — והנה כשתמנה מן ע"ב, יהיה כל בחינת ע"ב מן הוי"ה, וס"ג אות ה' ראשונה של הוי"ה, ומ"ה אות ו', וב"ן אות ה' אחרונה. וכשנמנה השם מבחינת ס"ג לבדו, יהיה הטעמים של ס"ג אות י', והנקודות אות ה' ראשונה, ותגין אות ו', ואותיות ה' אחרונה. וכאשר נחלק גם את הטעמים תהיה אות י' באזן, ואות ה' ראשונה בחוטם, ואות ו' בפה, ואות ה' אחרונה בעינים.

285

תרשים ב – מ"א.

286

באתי לגני ח"ג ש"ח פ"ב דל"ו ע"ב — ולעניות דעתי אפשר לפרש במה שכתב רז"ל לעיל פרק א', אות **יו"ד** באזן, וה' ראשונה בחוטם, ו"ו בפה, וה' אחרונה בעינים. וכתב עוד שם כי נראה שהטעמים בכתר, והנקודות חכמה, ותגין בינה, ואותיות ז' תחתונות. וכתב שם קודם זה, שהטעמים יו"ד, והנקודות ה' ראשונה, ותגין ו', ואותיות ה' אחרונה. ונמצא כפי זה שהכתר טעמים יו"ד באזן, וחכמה ה' ראשונה חוטם, ובינה תגין ו' פה, וז' תחתונות אותיות ה' אחרונה עין. ואם כן אפשר לפרש שבעולם הנקודים לקחו כל בחינה מבחינה הדומה לה. כתר מאזן, חכמה מחוטם, ובינה מהפה, ונשארו הז' תחתונות שמוכרח להם לקבל לצורך הכלים, ולקחו מהמדרגה היותר תחתונה, שהוא מהתפשטות אורות חוטם ופה משבולת הזקן ולמטה, שהוא מה שכנגד הגוף.

287

מבוא שערים ש"ב ח"א פ"ד ד"ג ע"ד — ונבאר תחילה סדר ההסתכלות, כי הנה בתחילה פוגע הסתכלות העין באורות האזן, הנמשכים מלמעלה עד שבולת הזקן, כי עד שם אין אורות החוטם ופה נחשבים, נגד אורות האזן, ושניהם נכללים בו וטפלים אליו, וממה שהראייה שואבת בהסתכלותה באור האזן, וכל שכן שחטם ופה נכללים בו)**צמח** - הנה ממנו נעשה כלי אל כתר הנקודים. וממה שהראייה שואבת מן אורות החוטם וגם אור הפה נכלל בו(הנה ממנו נעשה כלי חכמה דנקודים. ומן הסתכלותה בפה לבדה נעשה משם כלי בינה דנקודים.

אחד ממדרגתו, הכתר דנקודים שהוא סוד הטעמים[288], לקח מבחינת האור האזן, והיא לפי חלוקה זאת בחינת הטעמים דתנ"א. החכמה דנקודים, שהיא בחינת הנקודות דתנ"א לקח מאור החוטם, והבינה דנקודים שהיא בחינת התגין, לקחה מאור הפה, וז' תחתונות שהם האותיות, לקחו מהבחינה היותר תחתונה, שהם אורות חוטם פה משבולת הזקן ולמטה[289].

והנה[290] הכתר שלקחו מן **האזן**, עצמות אור הארתו גדולה מאד, לא נשבר כלי שלו אלא רק נפגם הנה"י דאחורים דיליה, מחמת שלקח עצמות אור האזן בריחוק מקום, **אבל או"א שאין** לוקחין עצמות האור האזן, ולוקחין **רק** הארת האזן בריחוק מקום, ולוקחים **מן** עצמות אורות **הזוטם ופה**, אבא לוקח עצמות אור החוטם והפה, ואימא עצמות אור הפה בלבד, **נשברו** כל **האזוריים של כליהם** שהם חב"ד חג"ת נה"י דאו"א, וירדו בגבול עולם האצילות, או"א עילאין במקום חג"ת דנקודים, וישסו"ת במקום נה"י דנקודים.

הרב ז"ל ביאר כי או"א קבלו במקום שבולת הזקן את עצמות אור החוטם והפה, וקצת הארה מהאזן בריחוק מקום, וזאת היתה הסיבה לנפילת כל בחינת האחורים שלהם בגבול האצילות, הרב ז"ל מבאר כאן הווה אמינא, מה היה קורה אילו או"א היו מקבלים את האורות דחוטם ופה במקום יותר גבוה וקרוב לנקבי האזן, ולא בשבולת הזקן. **והנה**[291][292]

הרי כי הג' כלים ראשונים הם מהסתכלות העין באח"פ ממקומם, עד מקום חתחברותם בשבולת הזקן כנודע, ואינם מקבלים אותם רק בשבולת הזקן לבד, כי משם מתחילין הם, ולא ממה שבשבולת הזקן ולמעלה. **אך אמנם, כל אחד לוקח ממדרגתו, כתר מאזן. וחכמה מן חוטם. ובינה מן פה.** אך השבעה כלים תחתונים, לא לקחו אלא מההסתכלות באורות החוטם והפה משבולת הזקן ולמטה, כנודע כי החטם מגיע עד החזה. והפה עד הטיבור. ולכן ג' כלים ראשונים יותר חזקים, ומאירים, ויש בהם יכולת יותר לקבל האור, יותר משבעה כלים תחתונים, לכן ג' כלים ראשונים לא נשברו, כי לקחו כליהם ממקום שעדיין אורות האזן, שהם בחינת נשמה נמשך שם, שהוא עד שבולת הזקן כנזכר. אך הז' תחתונות שכבר נשלם אור האזן, שהוא משבולת הזקן ולמטה, נשברו.
288

ע"ח ש"ו פ"ב מ"ת דכ"ה ע"א – ולכן נמצא עתה ד' בחינות דרך כללות. ונאמר כי הנה ע"ב טעמים בכתר, וס"ג נקודות בחכמה, ומ"ה תגין בבינה, וב"ן אותיות בתפארת)נ"א בז"ת(. וכבר ביארנו כי ע"ב הוא בכתר, יש בו אריך ונוקבא. וכן ס"ג בחכמה, או"א. וכן מ"ה, ישסו"ת. וכן ב"ן, זו"ן.
ע"ח שי"ב פ"א מ"ת דנ"ו ע"א – ודע כי בזוהר אמרו, שהטעמים בכתר, ונקודות בחכמה, ותגין בבינה, ואותיות בשבעה תחתונות דאצילות, שהם נקראו זו"ן.
289

תרשים ב – מ"ב.
290

בית לחם יהודה ש"ח פ"ב דכ"ג ע"ד – והנה הכתר שלקחו מן האזן, הארתו גדולה מאד לא נשבר כלי שלו. בע"ח כתב יד נ"ב - ענין זה אינו כפשוטו, שהרי גם בא"א היו ז' מלכים דמיתו, אלא דכאן לא בא הרב לפרש רק ז"א הכוללים דנקודים, ובאמת גם בז' תחתונים דכל אחד היה זה, כנזכר לקמן בשער המלכים, אחר כך מצאתי שכן כתב בהדיא במבוא שערים ש"ב ח"ב, עד כאן לשונו. ובמחילה מכבודו לא רק כי רז"ל מדבר הכא בפרטות נקודה אחת מחמשה נקודות הכוללים שיצאו מעיני א"ק, כמבואר בהגהות השמ"ש ז"ל בפרק ז' משער ט', ובפרק ו' משער י"א, יעוין שם, ואם כן דברי רז"ל דהכא הם בדקדוק. ואחר כך ראיתי שכך מהרש"ך נר"ו באיפה שלימה בפרק ג' שבסמוך ז"ל - ולמודעי אני צריך, כי זה שכתב רז"ל שהכתר קבל עצמות האזן, ומלביש מטבור א"ק עד סיים הגוף, וחו"ב קבלו עצמות אור חוטם ופה, והארה מאור האזן, והלבישו לפרקין עלאין דנצח והוד דא"ק, והז"ת למטה מהם בסוד רשות הרבים, והכתר מקבל אור הטבור, וחו"ב מקבלים אור היסוד, כל זה הסדר הוא שייך בכל נקודה ונקודה מחמש נקודות, יעוין שם בדברו.
291

או״א אם[293] היו מקבלים עצמות **אור** זה של הַחוֹטם **והפה** של א״ק, בהיותו **למעלה** ולא בשבולת הזקן, **קרוב** יותר **אל מקום נקבי האזן**, אף **על פי שלא היו מקבלין מאורות האזן** עצמה, **רק קצת הארה** בעלמא, **היו מתקיימין האחוריים של כליהם** כי היו לוקחים את בחינת החב״ד דאור החוטם והפה, **אבל כיון שאין מקבלין רק מסיום האזן, שהוא מקום שבולת הזקן** ושם נמצא בחינת החג״ת דחוטם ובחינת החב״ד דפה, **לכן אף על פי שלוקחזין קצת הארה** בריחוק מקום מאור האזן, **אינו מועיל להם** כי יש לאו״א ב׳ חסרונות, האחד שמקבלים את אורות החוטם והפה במקום שבולת הזקן, והשני שמקבלים רק בריחוק מקום בחינת הארה דאור האזן, **ולכן נשברו האחוריים של כליהם** דאו״א, **אבל**[294] כלי **הכתר** דנקודים **כיון שלוקחז אור האזן ממש** ר״ל עצמות אור האזן, **אף על**

יפה שעה)א(– ואם היו או״א מקבלים האור הזה של חוטם ופה בהיותו למעלה, קרוב אל נקבי האזן, אף על פי שלא היו מקבלים אור האזן עצמה כו׳. ואם תאמר, היא עצמה תבעי ליה, ולמה היה כן, שלא קבלו אבא ואימא אפילו אורות דחוטם דחוטם פה למעלה, והיו יכולים לקבל כל אחד במקום הראוי לו. ויש לאמר, שנודע מכל הדרוש הזה של רז״ל, שלא הוצרכו אורות אח״פ אלא לצורך הויות הכלים, כי ממה שהראיה שואבת מאורות אח״פ, נעשו מציאות כלי אפילו בעולם העקודים שהוא למעלה, וגם ששם לא היה אלא כלי אחד, ואפילו הכי לא היה מציאות גילוי כלי, אלא עד שבאו אורות הפה דא״ק ויצא לחוץ, כמו שביאר רז״ל בשער אח״פ פרק ב׳ ופרק ג׳ וז״ל - ומחמת הסתכלות הזה, נעשו כלים, וזהו וירא אלהי״ם את האור כי טוב, ויבדל כו׳, כי נסתכל בסוד הנפש, אשר נקרא **את** כו׳. ואמנם רוח ונשמה נקרא **אור**, ואת האור נפש עם נשמה ורוח. וכאשר ראה ונסתכל את, והיא הנפש, הנקרא את, אז יצאו הכלים. וזהו ויבדל, כי סוד הגוף הוא המבדיל ועושה הבדלה, יעוין שם. נמצא שלא היה מציאות לגלות שום כלי בעולם, אלא על ידי אורות הפה, ואורות הפה אינו מתערב יפה יפה עם אורות אזן וחוטם אלא בשבולת הזקן, הליכך לא היה יכולת ומציאות לאור ההסתכלות שיקבל אורות אח״פ לצורך הויות כלים, אלא בשיבולת הזקן, אשר שם הוא בחינת כלי.
292

בית לחם יהודה ש״ח פ״ב דכ״ג ע״ד – והנה או״א אם היו מקבלים אור זה וכו׳. היו מתקיימים האחוריים של כליהם. דהשתא הוי בהי חדא לטיבותא, שמקבלים ממקום גבוה, וחדא לגריעותא שאין מקבלין מאור האזן, רק מקצת הארה לבד, ואז לא היה נעשה ביטול באחוריהם, רק פגם בנה״י שלהם, דלא עדיפי הם מהכתר, דהא גם בכתר איכא חדא לטיבותא, שלוקח מאור האזן, וחדא לגריעיתא, שאינו נוטלם כי אם למטה בשבולת הזקן. ועיין בהרב יפה שעה שהקשה, והיא עצמה תבעי לך אמאי לא הוה הכי, יעוין שם מה שתרץ שהוא על פי מה שכתב רבינו גדליה, והוא דוחק. ועוד אפשר לתרץ דאי אפשר להיות כן, כמו שכתב רז״ל לעיל כי משם מתחילין הם וכו׳, וכמו שפירשנו.
293

כרם שלמה ש״ח פ״ב אות י״ד – מה שכתב אם היו מקבלים אור זה למעלה קרוב אל נקבי האוזן וכו׳. אף על פי ששורש אור החוטם שהוא המקום היותר עליון, הוא הרבה למטה מן האוזן, אם כן איך אפשר שהיו מקבלים או״א למעלה קרוב אל האוזן. אלא רצונו לומר כי עכשיו מקבלים או״א הכלים שלהם בשבולת הזקן עצמה, וכאן הוא הרבה רחוק מן נקבי האוזן, אבל אם היו מקבלים הארתם למעלה משבולת הזקן היו נקראים קרוב לנקבי האוזן יותר מעכשיו, ולכן היו מתקיימים האחוריים שלהם, אף על פי שלא קבלו רק קצת הארה ממנו. אבל עכשיו שיש בהם ב׳ חסרונות, דהיינו אינם מקבלים אותו כי אם בשבולת הזקן דוקא, שהוא מקום רחוק, וגם הארה בעלמא ולא אור ממש, לכן ירדו האחוריים שלהם. מה שאין כן הכתר שלוקח הארה ממשית של האוזן, אף על פי שלוקחו בסיומו, שהוא שבולת הזקן, לכן לא ירדו האחוריים שלו.
294

כרם שלמה ש״ח פ״ב אות י״ד – מה שאין כן הכתר שלוקח הארה ממשית של האוזן, אף על פי שלוקחו בסיומו, שהוא שבולת הזקן, לכן לא ירדו האחוריים שלו.

פִּי שֶׁלְּכֻזֹּו סִיּוּמוּ בשבולת הזקן, **כֵּיוָן שֶׁהוּא לוֹקְזֹז עַצְמוּתוּ** של אור האזן במקומו, ולא הארה בריחוק מקום, **דֵּי בֹּוֶה, וְלֹא נִשְׁבַּר אֲפִילוּ הָאֲחוֹרַיים שֶׁל כֵּלִים דִּידֵיהּ,** רַק[295] נפגם בחינת הנה"י דאחורים שלו, שהתלבשו[296] בסוד לבושי המוחין תוך או"א, **מַה שֶׁאֵין כֵּן בָּאו"א שֶׁאֵינָן לוֹקְזֹזִין רַק הָאָרָה בְּעַלְמָא** מאור האזן, **וְגַם שֶׁהוּא בְּרִזֹּוק מָקוֹם.**

הרב ז"ל מסכם את הסוגיה של האורות שקבלו הנקודים מאח"פ.[297] **וַהֲרֵי נִתְבָּאֵר ג' בְּזֹזִינוּת אֵלּו וְהֵם, כִּי** הַ**כֶּתֶר** הכלי של שקיבל עצמות אור האזן, **נִתְקַיֵים כֻּלּו** גם בחינת הפנים וגם בחינת האחור, רק נפגם בחינת הנה"י דאחור דיליה. **וְאו"א** שקיבלו רק הארה בריחוק מקום מאור האזן **נִשְׁבְּרו** הכלים דאחור שלהם, **וְנָפְלוּ הָאֲחוֹרַיים שֶׁלָּהֶם** בגבול האצילות, או"א עילאין במקום החג"ת, וישסו"ת במקום הנה"י. **וּזו"ן**[298] שלא קבלו כלל מאור האזן, נשברו כל הכלים שלהם, **וְנָפְלוּ** בחינת[299] הַ**פָּנִים** שהוא הפרצוף האמצעי,

---

295

ע"ח ש"ח פ"ג מ"ת דל"ז ע"ג – והנה הבלים הראוין למלכים אלו שבע יצאו דרך צפורני רגלים, ואף על פי שהצפורנים הם עשר, והנקודות שנשברו אינן אלא ז' תחתונות לבד כנזכר לעיל. הענין הוא, כי גם יש ב' מיני אחורים דאו"א שנשברו, הרי הם תשע בחינות. והעשירית הוא כי גם מן הכתר **היה בו קצת פגם,** כמו שנבאר לקמן בע"ה, והוא בחינת נה"י שלו שנכנסו, והיו בסוד מוחין לאו"א, וגם הם נשברו.

ע"ח ש"ט פ"ב מ"ת ד"מ ע"ד – והענין כי מן האדרא זוטא נראה שלא ירדו רק הז' מלכים בלבד, וממדרשים אחרים בספר הזהר משמע כי גם באו"א יש ביטול ופגם, וכמעט אפילו בכתר. ואמנם הענין הוא כי ודאי שמכל עשר נקודות נפלו מהם בחינות, ובכולם היה ביטול, רק זו"ן נפלו כולם, בין בבחינת היותן אחור באחור, ובין בבחינת היותן פנים בפנים, והנה זו נקרא מיתה כי הכל ירד לגמרי. אבל אבא ואמא שלא ירד מהם רק בחינת אחוריים, יקרא ביטול ולא מיתה. וכתר שלא נפלו ממנו רק בחינת נצח הוד יסוד שלו, שנכנסו בסוד מוחין דאבא ואמא כנזכר לעיל, אשר אין בחינת זו נכנסה בערך אחוריים, לכן לא נקרא ביטול בכתר, **רק פגם בעלמא.**

296

כרם שלמה ש"ח פ"ב אות י"ד – ומה שלא זכר כאן ירידת האחוריים של הנה"י דידיה, וכתב שלו נשברו **אפילו האחוריים של כלים דידיה,** מפני שכתב לקמן שירידת זה הנה"י שלו נקראת על שם או"א, מפני שהם מתלבשים **בסוד מוחין בתוך או"א,** והאחוריים של או"א הם נפלו, ולכן נקראים על שם או"א, ולא נקראו על שם א"א. ולכן לא כתב כאן פגימת האחוריים של הנה"י של א"א שהוא הכתר. וז"ל לקמן בפרק ו' באמצעו - והנה מוחין אלו שהם חו"ג, הם נמשכים לאו"א עם הכלים דנה"י דא"א, דוגמת מוחין דז' שבאים עם הנה"י דאו"א, וגם נה"י אלו ירדו למטה, ובערך שבאו מא"א נמצא כי זה נקרא חסרון בא"א עצמו, וכבר ביארנו הטעם כי מה שגרם לו ענין זה הוא לסיבת לקיחתו אור האזן בסופו לא בתחילה, ואמנם בערך שכבר לקחו או"א לא יקרא חסרון זה חסרון דא"א, אלא חסרון או"א עצמם, עד כאן לשונו שם. הרי מפורש היטב שם הטעם למה לפעמים לא נזכר פגם הנה"י דאחוריים דא"א, מפני שהם מתלבשים **בסוד לבושי מוחין דאו"א** עצמם, ונקראים על שמם.

297

כרם שלמה ש"ח פ"ב אות י"ד – ומה שכתב והרי נתבאר ג' בחינות אלו וכו'. ר"ל מה שנעשה ג' שינויים אלו בין הכתר לבין או"א ולבין הזו"ן, דהיינו שהכתר לא נפגם כי אם בחינת אחוריי הנה"י שלו, ואו"א נפגמו כל בחינת העשר ספירות דאחוריים שלהם, והזו"ן נפלו הפנים ואחוריים של כל העשר ספירות שלהם. הוא לסיבת שהיו משונים בקבלות אור האזן, כי הכתר שקבל אור האזן ממש נתקיים כולו, אלא מפני שלקחו בריחוק מקום נפגעו נה"י שלו. ואו"א שלא לקחו כי אם הארה בעלמא, לכן נפלו כל האחוריים שלהם. וזו"ן שלא לקחו כלל מן הארה של האזן, לכן נפלו הפנים ואחוריים שלהם.

298

וְהוא הַחַג"ת דיליה, **וּבחינת הָאוֹזֶן** שהוא הפרצוף החיצון, הנה"י **שָׁלֵם** [300] לעולמות בי"ע [301]. **לסכם** [302] **סוגיה זאת על פי מרן הרש"ש** הטעם לשינוי בין פרצופי א"א לאו"א ולזו"ן הוא קבלת בחינת **המוחין דנשמה, שהוא אור האוזן**. א"א קיבל עצמות אור האוזן, שהוא בחינת מוחין דגדלות, נתקיים כולו, מה שאין כן או"א שקבלו רק הארה בעלמא מבחינת המוחין דנשמה, ולכן נתבטלו האחורים שלהם, וכל שכן זו"ן שלא קיבלו כלל מהמוחין דנשמה נשברו כל הכלים דבחינת פנים ואחור, ונפלו לבי"ע•

בפרק [303] א' דשער זה כתב הרב ז"ל כי מיתת המלכים רמוזה בפסוק והארץ היתה תהו ובהו, עוד ביאר שם הרב ז"ל כי אות ה' האחרונה דהוי"ה רומזת במלה **הָאָרֶץ**, כאן [304] מבאר הרב ז"ל איך נרמזו לא רק בחינת שבירת הכלים דזו"ן בבחינת פנים ואחור, אלא [305] גם ביטול האחורים דאו"א. **וְהִנֵּה זֶהוּ הַטַּעַם שֶׁנִּרְמַז בְּפָסוּק** [306]

בית לחם יהודה ש"ח פ"ב דכ"ג ע"ד – וזו"ן נפלו הפנים והאחוריים שלהם. פירוש, צד הפנים וצד האחור של הכלים, ועיין עוד בסוף פרק א' דשער ל' ד"ה ובזה תבין.
299

ע"ח ח"ב ש"ל דרוש א' מ"ב דכ"ו ע"ד – גם תבין כי פרצוף האמצעי אף כי נקרא אחור, בערך השלישי הפנימי מכולם, אמנם לפעמים נקרא פנימי בערך החיצון שבכולם. ובזה תבין מה שנתבאר אצלינו כי בעת מיתת המלכים של ז"א, היה בו אחור ופנים, והוא לסיבת היות בו תמיד נה"י חג"ת, ו"ק, **שהם פרצוף החיצון ואמצעי כנ"ל, ואז החיצון נקרא אחור, ואמצעי פנימי בערך החיצון**, והבן זה.
300

הגהות וביאורים (ד) – וקשה, הלא לא יצאו הג"ר דז"א, כנזכר בשער השבירה פרק ו'. ויש לאמר שהוא בבחינת ג"ר, ודו"ק. ועיין שער השבירה סוף פרק ז', איך כל מלכות משבעה מלכים יצאו כלול מעשר, ואם כן שייך פנים ואחור, וצדקו ב' המאמרים, שמן ששון.
301

תרשים ב – מ"ג
302

רחובות הנהר ד"ב ע"ב – ונודע כי סיבה אחת מסיבות מיתת השבעה תחתונות, היה על מיעוט קבלתם מאור האוזן דא"ק. ואו"א שקיבלו הארת אור האוזן לבד, נתקיימו הפנים שלהם. והכתר שקבל עצמות אור האוזן, נתקיים כולו, ועל שקיבלה מרחוק, נפגמו אחורי נה"י שלו.
303

ע"ח ש"ח פ"א מ"ת דל"ד ע"ג – וזה סוד והארץ היתה תהו ובהו, **כי הארץ היא ה' אחרונה**, שהוא בחינת העין כנזכר לעיל, והיא אשר היתה תהו ובהו, שהוא ענין מיתת המלכים, עד שבא התיקון שלהם, ואז נאמר יהי אור.
304

כרם שלמה ש"ח פ"ב אות ט"ו – ר"ל כי לעיל פרק א' כתבנו כי הפסוק של "והארץ היתה תהו ובהו" הוא מדבר בענין מיתת המלכים, דהיינו בכל הנקודים, והרב ז"ל מורה לנו לא בלבד על נפילת הזו"ן דנקודים מדבר הפסוק הזה, אלא גם אחוריים דאו"א, וכל אחד נרמז בפסוק הזה כפי בחינתו. דהיינו כי הזו"ן שנפלו אפילו בחינת הפנים שלהם, וכל בחינת הפנים הוא בחינת יושר, לכן נרמז נפילתם במלת **תהו** בהדייא שכתובה ביושר. דהיינו **והארץ ה'** שהיא ה' אחרונה כנזכר לעיל פרק א', שהיא הנקודים, הזו"ן שלה נפלו אפילו הפנים שלהם, והיינו מלת **תהו**. ומה שלא נרמז בחינת נפילת האחוריים שלהם, כל שכן הוא אם הפנים נפלו כל שכן האחוריים, ונודע הוא כי במקום שנזכרו בחינת הפנים אין בחינת האחוריים עולה בשם, כמו שכתב הרב ז"ל בפרק ב' וג' דשער י"ח.
305

כרם שלמה ש"ח פ"ב אות ט"ו – אבל או"א שלא נפלו כי אם בחינת האחוריים שלהם, לכן נרמז נפילתם בלמפרע, דהיינו מלת **תהו** שלהם שנרמזת על הנפילה נרמזת בלמפרע, דהיינו מסיפא לרישא של הפסוק, ופני שהם בחינת האחוריים של או"א, שהם גדולים מן הזו"ן, שהם בחינת ראשים, לכן נרמז בראשי תיבות, דהיינו והארץ היתה תהו.

וְהָאָרֶץ הָיְתָה לפני אצילות עולמות אבי"ע **תֹהוּ וָבֹהוּ, אֲשֶׁר הוּא מְדַבֵּר בְּעִנְיַן מִיתַת הַמְּלָכִים** דשבעה תחתונות **שֶׁל הַנְּקוּדִים**, וביטול האחוריים דאו"א **כַּנִּזְכָּר לְעֵיל**, ובתיבת תהו נרמז[307] **בּוֹ בּ' פְּעָמִים מִלַּת תֹהוּ, אֶחָד מְפוֹרָשׁ בַּפָּסוּק** ר"ל כמו שכתוב בתורה הקדושה תוהו, **וְהַשֵּׁנִי בְּרָאשֵׁי תֵּיבוֹת לְמַפְרֵעַ** של התיבות "וְהָאָרֶץ הָיְתָה" "תֹהוּ" כלומר ראשי התיבות הם וה"ת, והם למפרע תהו, והוא בחינת אור חוזר, **וְהוּא כְּנֶגֶד בּ' בְּזִיוֹנוֹת הַנִּזְכָּרוֹת לְעֵיל** האחת שבירת הכלים דפנים והאחור דשבעה תחתונות, והשניה ביטול האחוריים דאו"א, **כִּי תֹהוּ הַיָּשָׁר הַמְפוֹרָשׁ בַּפָּסוּק הוּא בְּזִיוֹנַת שִׁבְעַת מְלָכִים שֶׁמֵתוּ וְנִתְבַּטְּלוּ אֲפִילוּ הַפָּנִים שֶׁלָּהֶם הַיְשָׁרִים**, כי כל תיבה הכתובה ביושר היא בחינת פנים, וכל שכן בחינת האחוריים שלה שלא[308] עולים בשם ולא בחשבון, בערך לבחינת הפנים, **וְתֹהוּ שֶׁבְּרָאשֵׁי תֵּיבוֹת לְמַפְרֵעַ הוּא בְּזִיוֹנַת בִּיטוּל הָאֲחוֹרַיִים דְּאו"א, כִּי כָּל לְמַפְרֵעַ**[309] **הוּא בְּזִיוֹנַת הָאֲחוֹרַיִים**, ובחינת[310] הנה"י דאחוריים דכתר לא נרמז בכאן, כי הפגם באחוריים דנה"י דכתר נקרא על שם או"א, והוא[311] כי הנה"י דכתר מתלבש באו"א בסוד מלבושי המוחין, ולכן הפגם באחורי הנה"י דכתר נקרא על שם הביטול באחוריים דאו"א, והכתר[312] נתקיים כולו.◆

306

בראשית א' ב' — והארץ היתה תהו ובהו וחשך על פני תהום ורוח אלהי"ם מרחפת על פני המים.

307

ספר הלקוטים, פרשת בראשית ד"ב ע"ג — הנה בפסוק והארץ היתה תהו ובהו, שהוא מדבר על ענין הנקודים, נרמזו בו תהו ב' פעמים. אחד מפורש והארץ היתה תהו ובהו וכו'. ואמר בראשי תיבות למפרע של והארץ היתה תהו. והם כנגד השנים הנזכרים, כי התהו הישר הנזכר בפסוק, הם השבעה מלכים שנתבטלו אפילו בפנים שלהם. ותהו של למפרע הם האחוריים של או"א, כי כל למפרע הם אחוריים.

308

ע"ח שי"ח פ"ח מ"ת דפ"ו ע"ד — גם צריך שתדע כי במקום **שאבו מחשבין בחינת הפנים, אין האחוריים עולים בשום חשבון, כי טפלים הם אל בחינת הפנים** הראשונים המעולים מהם.

309

תרשים ב — מ"ד.

310

כרם שלמה ש"ח פ"ב אות ט"ו — ומה שלא נרמז נפילת הנה"י של האחוריים דכתר, הוא הדבר האמור לעיל, המפורשת לקמן בפרק ו', כי נקרא על שם נפילת אחורי או"א, ובזכירם נפילת אחוריים דאו"א בפסוק זה, הוא נכלל עמהם, ופשוט.

311

ע"ח ש"ח פ"ו מ"ת דטי"ל ע"ג — והנה מוחין אלו שהם חו"ג, הם נמשכין לאו"א עם הכלים דנה"י דא"א, דוגמת מוחין דז"א שבאים עם נה"י דאו"א, וגם נה"י אלו ירדו למטה ובערך שבאו מא"א, נמצא כי זה נקרא חסרון בא"א עצמו. וכבר ביארנו הטעם כי מה שגרם לו ענין זה, הוא לסבת לקיחתו אור האזן בסופו לא בתחלה. **ואמנם בערך שכבר לקחו או"א לא יקרא חסרון זה חסרון דא"א, אלא חסרון דאו"א עצמן.**

312

ע"ח ש"ח פ"ב מ"ת דל"ו ע"ג — והרי נתבאר ג' בחינות אלו, והם כי **הכתר נתקיים כולו**. ואו"א נשברו, ונפלו האחוריים שלהם. וזו"ן נפלו פנים והאחוריים שלהם.

הרב ז"ל ביאר לעיל[313] כי בעולם העקודים יש בחינת אורות וכלים, ובאורות יש בחינת אור פנימי ואור מקיף, ובכלים יש כלי פנימי וכלי חיצון, כן הוא כן בעולם הנקודים. עוד מבואר שם[314] בפרק ב' דעקודים כי האור המקיף הוא גדול ומעולה מהאור הפנימי, והכלי החיצון מעולה מהכלי הפנימי. **צריך לדעת** כי[315] בחינת האור הפנימי והמקיף שמבואר בסוגיה זאת, **אינו**[316] **האור העיקרי** של הנקודים, אלא הוא בחינת **האור המחייה את הכלים**, והוא[317] בחינת הרפ"ח

313

ע"ח ש"ו פ"א מ"ת דכ"ד ע"ג – והנה מן הפה הזה יצאו עשר ספירות פנימים ועשר מקיפים, ונמשכין מנגד הפנים עד נגד הטבור של זה הא"ק, וזה עיקר האור, אבל גם כן מאיר דרך צדדים לכל סביבות זה האדם, על דרך הנזכר לעיל באורות אזן חוטם. והנה באזן וחוטם לא היה רק ב' בחינות של אור, והם פנימי ומקיף, אבל כאן בפה נכפלו הבחינת והיו שנים שהן ארבע, כי הנה הם היו בחינת אורות וכלים, והאורות נכפלו לב', בסוד פנימי ומקיף, והכלים גם כן פנימי וחיצון. ואלו ארבע בחינות הם בחינות גילוי אותם ד' אלפין הנ"ל שהיו בחוטם, כי האור עבר ונמשך דרך פנימיות האדם הזה, ויצא דרך הפה. והנה הב' אלפי"ן שציורם יו"י, הם אור פנים ואור מקיף, והב' אלפי"ן שציורם יו"ד, הם ב' בחינת הכלי פנימי וחיצוניות.... ואלו הארבע בחינות נכנסו בפה, כי הנה בפה יש בחינת הבל, ובחינת דבור, והנה ההבל הוא בחינת אור, והדבור הוא בחינת הכלי. והנה יש הבל ודבור העליון בלחי העליון, סוד גיכ"ק שהוא בחכמה, והבל ודבור תחתון בלחי תחתון, סוד אחה"ע שהוא בבינה. ונמצא כי הבל עליון הוא אור מקיף, והתחתון הוא פנימי, ודבור עליון כלי חיצון)ר"ל פנימיות הכלי וחיצוניות הכלי(, ודבור תחתון כלי פנימי, והאורות שהם ההבלים הם בימין הפה, והדברים שהם הכלים, הם בשמאל הפה.

314

ע"ח ש"ו פ"ב מ"ת דכ"ד ע"ד – ואל יקשה בעיניך מה שכתבנו לעיל, כי מן אור אזן שמאל הנכנס בפה נעשה ממנו חיצוניות הכלי, ומן נקב חוטם שמאל נעשה פנימיות הכלי, ועם היות כי אור מקיף גדול ומעולה מאור פנימי, עם כל זה פנימיות הכלי גדול מחיצוניות הכלי, כנראה בחוש העין, מה שאין כן בחינת האורות, **כי אור הגדול שלא יוכל הכלי להגביל ולקבל בתוכו, מאיר מבחוץ בסוד אור מקיף, ואור המועט נשאר בפנים**, מה שאין כן בכלים, ואם כן איך מבחינת אזן שהוא עליון יהיה חיצוניות הכלי, ומן החוטם שהוא יותר תחתון יהיה פנימיות הכלי. התשובה בזה, **דע** כי האור כולו הוא שוה בהשוואה אחת, וכאשר רצה לכנוס ולהיות מוגבל תוך הכלי, אז האור ההוא שאינו יכול לישאר בכלי, נשאר מבחוץ בבחינת מקיף, ואור פנימי הוא מאיר מבפנים בכלי, ועובר האור עד חצי עובי דופני הכלי מצד פנימיותו, ואור המקיף הוא מאיר מבחוץ לכלי, ועובר עד חצי עובי דופני הכלי מצד חיצוניותו, ועל ידי ב' אורות אלו מאיר הכלי ומזדכך. והנה אנו צריכין שחצי הכלי שבחוץ יאיר מחמת אור המקיף, והנה אור מקיף גדול מאד, ולא היה יכול האירתו להיות נבלע ומאיר תוך הדופן של הכלי, כי יש הרחק והפרש והבדל גדול ביניהם, **ולכן הוצרך שפנימיות הכלי הגרוע ישתווה עם אור פנימי, הגרוע ויאיר זה בזה, וכן חיצוניות הכלי המעולה יאיר בו אור מקיף המעולה, דאם לא כן היה נשאר חיצוניות הכלי בלי הארה.**

315

מבוא שערים ש"ב ח"ב פ"ז ש"ט ע"ד – נראה לי חיים, כי הרפ"ח ניצוצין הנזכרים למטה בפרק ט', הם בחינת התגין דז"א, **שהם האורות שלקח העין מאח"ף, והם חופפים. אך הנקודות הם האורות עצמם** היוצאים מן הטיבור דרך העין, כמבואר בחלק א' מזה השער. ובזה ניחא, דאיכא תגין ונקודות, שהם ב' בחינות. גם אלו התגין שבאותיות אחוריים דאו"א כנזכר לעיל.

316

כרם שלמה ש"ח פ"ב אות ט"ז – מה שכתב כי גם בנקודות יש בחינת אורות מקיפים ופנימיים וכו'. אינו מדבר על האורות של הנקודות העיקרים, כי הרי האורות של הנקודים הם נעשים מן אור העין עצמה, ואיך אומר כאן שנעשו מצד ימין של האח"ף, או מצד שמאל, או מתחת החוטם או פה. אלה מפורש במבוא שערים במקום אחר כי כאן מדבר **על האורות של הכלים עצמם** של הנקודים, ולא על האורות העיקרים, כי כל זה מדבר על האור השלישי הזה שהוא שואב מן האח"ף, **שממנו נעשו הכלים של הנקודים. ובחינת האור מקיף של הכלים האלו הם בחינת הרפ"ח הניצוצין שנשארו בתוך הכלים** שירדו לבריאה, כך פירש מוהרח"ו ז"ל במקום אחר דמבוא שערים.

317

85

הניצוצין, הכוללים[318] ב' בחינות, פנימי ומקיף. **וְהִנֵּה**[319] **בּוֹדַאי כִּי** כמו שבאח"פ יש בחינת אור מקיף ואור פנימי, ובעקודים יש גם בחינת חיצוניות ופנימיות הכלי, **גַּם בַּכֵּלִים דַנְּקוּדִים יֵשׁ בְּחִינַת אוֹרוֹת מַקִּיפִים וּפְנִימִים** המחיים את הכלים, ואלו **לֹא הָאוֹרוֹת הָעִיקָרִים דַנְּקוּדִים**, אלא האורות להחיות ולקיים את הכלים בסוד רפ"ח ניצוצין, **וְעִנְיָנוֹ**[320] **הוּא** בפרטות **כִּי הִנֵּה נִתְבָּאֵר כִּי מֵהִשְׁלֹשָׁה אוֹרוֹת**

שער ההקדמות, דרוש כיצד נעשו הכלים די"ג ע"ג – ונראה לעניות דעתי ששמעתי מפי מורי ז"ל, שכבר מתחילה היו בחינת כלים בעולם, אלא שאלו הניצוצות הנזכרים, נתערבו ונתחברו בהם, **והיו להם בערך בחינת הרפ"ח ניצוצין** שנשארו תוך הכלים של עולם הנקודים שנשברו.

ע"ח שי"ח פ"א מ"ת דפ"ה ע"כ – ותחילה נבאר ענין הרפ"ח ניצוצין הנ"ל מה עניינם, ואחר כך נחזור אל הדרוש הנ"ל. ובכל מקום שאנו מזכירין בחבורינו זה ענין **רפ"ח ניצוצין**, הם אלו שנבאר עתה בע"ה. הנה נתבאר כי ז' נקודות תחתונים, הנקראים ז' מלכים, שהם בחינת זו"ן דשם ב"ן הנ"ל, שיצאו מנקבי עינים דא"ק, כאשר יצאו בחינת הכלים תחילה, וכאשר יצאו אחר כך אורות לכנוס בכלים שלהם האלו, לא יכלו הכלים ההם לסבלו, ונשברו וירדו הכלים למטה, במקום שהוא עתיד להיות עולם הבריאה אחר כך. והאורות נסתלקו ועמדו למעלה באצילות, כמבואר אצלנו לעיל באורך, וירידה זו נקרא מיתה, לפי שכל שיוצא מעולמו, ויורד והולך לעולם אחר זולתו, נקרא אצלו מיתה. והנה אלו ז' מלכים הם בחינת ז' תחתונות, שהם הנקרא זו"ן של עולם האצילות, וכיון שירדו אל הבריאה נקרא אצלם מיתה, מה שאין כן באחוריים דא"א שנפלו ולא מתו כמו שביארנו. והוא אצלם כדמיון אדם התחתון בעולם הזה, כשמת שאז נפרדת נפשו מגופו, ונפשו מסתלקת ותשוב למקומה האמיתי, אל האלהי"ם אשר נתנה, וגופו שהוא עפר ישוב אל הארץ, ויורד ממדרגתו שהוא בחינת אדם. וענין זה נקרא מיתה, וכך אירע אל המלכים האלו, כי בנשמתן שהם אורות שלהם עלו אל מקומם הראשון, שהוא אצילות, אמנם גופם שהם הכלים שלהם ירדו לעולם הבריאה, ושם היה קבורתם. והנה כמו שגוף האדם התחתון בעולם הזה כשנקבר בקבר, נאמר בו ונפשו עליו תאבל, ונשאר בו אותו הבחינה של הרוחני של עצמותיהן, הנקרא בזוהר **הבל דגרמי** כנ"ל, כדי שיהיה לו איזה חיות כדי שיוכל להתקיים עד זמן התחייה, כי אם לא היה נשאר בהם שום בחינת לחלוחית, לא היו קמים בתחית המתים, וזהו ענין שאמרו רז"ל יש מי שאינם קמים בתחית המתים לסבת עון, כמו עון רבית, וכופר בתחית המתים וכיוצא בזה, כי אותו העון גורם להסתלק רוחניות המלחלחה העצמות ההם בקבר, ונשארים יבשים, ושוב אינם יכולין לחיות. וזה סוד והשביע בצחצחות נפשך ועצמותיך יחליץ, והיית כגן רוה, וכמוצא מים אשר לא יכזבו מימיו, כי על ידי לחלוחית ממי האורה)נ"א מעט והארה(אשר נכנס בעצמות, לא יכזבו מימיו, ויקום בתחית המתים.
318

ע"ח ש"ה פ"ה מ"ב דכ"ג ע"ב – והנה באותיות אלו משותפת הנפש הם תגין, והיא מאימא, כי אין הנפש נכנסת בחומר רק אחר שנזרע שהוא במעי אימא, אך אבא לא נתן בו רק הָחוֹמֶר הכ"ב אתוון, שהם העצמות, אך בהכרח **היה בתוכה הבל דגרמי**, הנזכר פרשת שלח דף קס"ט, כי ודאי טפת אבא לא היה רק חומר יבש, רק קצת חיות בתוכה הנקרא הבל דגרמי, והם סוד הש"ך ניצוצין דנפקו מחכמה, דהיינו אבא כנודע אצלינו, **כי זה הוא מחובר חיבור גמור בעצמות אחר המיתה, בסוד ונפשו עליו תאבל,** עליו דייקא, כי כמו כשהזריע)נ"א שמזרע(אבא יצא חומר עם הבל דגרמי משותף יחד)לכן לא נפרדין לעולם ל"ג(, כן לעולם אינו נפרדין, אך הנפש באה אחר כך מאימא וחופפת על ההבל, ואז בבטן אשה נכנסת הנפש בתשעה חדשים מעט מעט, וכשנגמר נולד. לכן גם אחר מיתה חופפת על עצמות ולא בתוכם, כמו הבל דגרמי דאשתאר בחבורא גו גרמאי, כנזכר בפרשת שלח דקס"ט.
319

בית לחם יהודה ש"ח פ"ח דכ"ב ע"ד – והנה בודאי כי גם בנקודים יש בחינת אורות מקיפין ופנימיים. אפשר לפרש כי מעין ימין יוצא אור מקיף, ומעין שמאל יוצא אור פנימי, דוגמת אורות האזן, ולפי דאור מקיף ואור פנימי היו רחוקים זה מזה, לכן לא בטשו זה בזה, כדי להתהוות מהם בחינת כלים, והוצרכו הכלים להעשות מבחינת הסתכלותם באח"פ, ובזה יתורץ קושיית הרב יפה שעה ז"ל בריש פרק ד' דשער עתיק, יעוין שם.
320

אזז"פ שואב מהם הסתכלות העין לצורך הכלים של]דל"ו ע"ד 72[**הֲנֵּקוּדִים**, וְזֵהוּ **בְּזֵינֵת אוֹר הַשְּׁלִישִׁי הַנֵּזְכָּר לְעֵיל** השואב מאורות האח"פ, **שֶׁבֵּאַרְנוּ שֶׁהוּא לְצוֹרֶךְ כֵּלִים אֵל הַנֵּקוּדִים** כדי חיותן. **וְצָרֵיךְ שֶׁתֵּדַע כִּי**[321] **אוֹר זֶה נֶחְלָק לְבּ'** בחינות לא שוות, בחינה אחת היא לאורות של הכלים, ובחינה שניה הם הכלים עצמם, וב' בחינות אלו הם בעצם ד' בחינות, **וּבַה**[322] **שֵׁלּוֹקֵחַ**[323] הסתכלות העין **מֵצַד יַמֵּין, הֵן אוֹרוֹת מַמָּשׁ** להחיות את הכלים, והם נחלקים לב' בחינות, אור מקיף ואור פנימי, **וּבַה שֵׁלּוֹקֵחַ** הסתכלות העין **מֵצַד שְׂמֹאל, הֵם** אורות ד**כֵּלִים** שמהם נעשו עצמות הכלים ממש, וגם הם הנחלקים לב' בחינות, לכלי חיצון וכלי פנימי. **וּכְבָר נֵתְבָּאֵר לְעֵיל** בשער[324] העקודים **כִּי בָאוֹר יֵשׁ** ב' **בְּזֵינֹות**, שהם אור **פְּנֵימִי** המתלבש בתוך הכלי, ואור **מַקֵּיף**

כרם שלמה ש"ח פ"ב אות ט"ז – ומה שכתב **ועניינו**, כי עכשיו רוצה לפרש האור פנימי ואור מקיף, וחיצוניות ופנימיות, של כלי הכתר לבד, וכלי החכמה לבד, וכלי הבינה לבד, ועכשיו התחיל לפרש של כלי הכתר, ולכן כתב כאן **שהוא לצורך כלים אל הנקודים**. פירוש, לצורך הכלים דווקא, ולא לצורך הנקודים העיקריים.
321

כרם שלמה ש"ח פ"ב אות ט"ז – ומה שכתב כי אור זה נחלק לב' וכו'. פירוש, כי האור ששואב העין מן האח"פ אינו שוה, כי מצד ימין לחוד, ומצד שמאל לחוד. כי מצד ימין הוא אורות של הכלים, ומצד שמאל הוא כלים ממש.
322

איפה שלימה, שער הנקודים פ"ב ד"ו ע"ד)י"ב(– ומה שלוקח מצד ימין הם אורות ממש וכו'. אין להקשות, והלא אור הנקודים הוא נעשה מבחינת אור העינים, ומבחינת אור היוצא מדרך דופני הנה"י דא"ק, ואם כן מה צורך להם ליקח אורות ומקיפים מאורות אח"פ. כי אלו האורות שלוקחים מאח"פ הם סוד הבלא דגרמי של הכלים עצמם, אבל עיקר האורות דנקודים, הם היוצאים מהעינים, כמו שכתוב במבוא שערים ש"ב ח"ב סוף פ"ז דף ט' ע"ד וז"ל - ונראה לי חיים כי הרפ"ח ניצוצים הם בחינת התגין דז"א, שהם האורות שלקח העין מאח"פ, הם החופפים, אך הנקודות הם האורות עצמם היוצאים מן הטבור דרך העין וכו', יעוין שם. ועיין עוד בהרב יפה שעה פרק ד' אות ג'. ומה שכתב במ"ק בסוף בפרק ב' דנקודים, שאור השלישי שהוא אור הסתכלות העין באח"פ, נעשה מהם בחינת הכלים יעוין שם. ר"ל נעשו מהם הכלים עם בחינת הרפ"ח ניצוצין, שהם הבל דגרמי, שנקראים על שם הכלים, כמו שכתב בשער טנת"א פרק ה' וז"ל - ונפשא איהי כללא דאתוון ושיתפא דגופא, והענין כי התגין הם משתתפין ומתחברים בעצמות האותיות וכו', כי בהזכיר את הגוף ממילא הנפש בכלל, כי שותפין הם כנ"ל וכו', יעוין שם. והרב יוסף דעת ז"ל כתב על מ"ק הנזכר וז"ל - פירוש מאח"פ דווקא נעשו הכלים, אבל העצמות נעשו גם מאח"פ, דאם לא כן קשה אדליעיל, עד כאן לשונו. וכתב עליו הרב אברהם יצחק הכהן וז"ל שיטה אחרת היא זו, ולא שייך לפירוש זה, עד כאן לשונו. ולפי הנראה שנעלם מעיני הרבנים הנז"ל לשון מבוא שערים הנזכר.
323

בית לחם יהודה ש"ח פ"ב דכ"ג ע"ד – ומה שלוקח מצד ימין הם אורות ממש. פירוש מה שלוקח עין ימין מצד ימין הם אורות, ומה שלוקח עין שמאל מצד אזן שמאל הם כלים, וכל אורות הנזכרים אינם אור העיקרי של הנקודים, אלא הם אור של הכלים עצמם המחיה והמקיים את הכלים, עד זמן אשר יכנס אור הנקודים בתוכם, כמבואר במבוא שערים דף ט' ע"ד ז"ל - ונראה לי חיים כי רפ"ח ניצוצין הנזכר למטה בפרק ט' הם בחינת התגין דז"א, שהם האורות שלקה העין מאח"ף והם החופפים, אך הנקודות הם האורות עצמם היוצאים מן המטבור דרך העין, יעוין שם)איפה שלימה, יעוין שם דבפרקין(. וכך הוא במ"ק דבפרקין, וכן כתב הרב יפה שעה בפרק ד' דלקמן ד"ה ואחר שיצאו הכלים, יעוין שם.
324

הגדול מהאור הפנימי, **ובכלי** עצמו **יש** גם כן ב' בחינות, שהם כלי **פְּנִימִי**, וכלי **חִיצוֹן** והכלי החיצון גדול מהכלי הפנימי. **נִמְצָא כִּי כָּל אֵלוּ אַרְבַּע בְּחִינֹת לוֹקְחֹז** ושואב **הִסְתַּכְּלוּת הָעַיִן מִגּ'** **אוֹרוֹת אַזֹז"ף**[325]. **מבשרי**[326] אחזה אלו"ה, כאשר האדם ממקד את הסתכלותו למקום מסוים, עם כל זאת יכול הוא לראות מעט מין הצדדים, כך הוא באור היוצא **דרך** העינים דא"ק, יש להם בחינת הסתכלות ישרה וממוקדת, ומשם שואבים העינים את עיקר האור, ויש להם הסתכלות הנוטה לצדדים, ומשם שואבים העינים הארה מסוימת, **וְזֶה** **סִדְרוֹ**[327] **כִּי הִנֵּה כְּשֶׁמִּסְתַּכֵּל הָעַיִן** ר"ל[328] האור השייך לבחינת הכתר דנקודים היוצא דרך העין **בְּאוֹרוֹת הָאֹזֶן בְּיוֹשֶׁר** לפי שהכתר דנקודים לקח מעצמות אור האזן במקום שבולת הזקן, **נֶגֶד הִסְתַּכְּלוּת הָעַיִן בְּעַצְמוֹ** ר"ל באור האזן **שֶׁהוּא** במקום **שְׁבֹלֶת הַזָּקָן עַצְמוֹ, מִצַּד יָמִין** של שבולת הזקן **הוּא בְּזֹינַת אוֹר מַקִּיף** כדי להחיות את כלי הכתר דנקודים. **וּמַה שֶׁהוּא** **גַּם כֵּן** שואב **בְּצַד יָמִין** של שבולת הזקן **אֶלָא שֶׁהוּא רָזוֹק** מעט, **וְהוּא מִן הַצְּדָדִים** שמשם שואב הכתר דנקודים רק בחינת הארה, **זֶה אוֹר פְּנִימִי** להחיות כלי הכתר דנקודים, **שֶׁהוּא מוּעָט** בערך לאור המקיף. **וְכֵן עַל דֶּרֶך זֶה בְּצַד שְׂמֹאל** של שבולת הזקן, **בַּמֶה שֶׁהוּא כְּנֶגֶד הִסְתַּכְּלוּת הָעַיִן מַמָּשׁ הוּא** נעשה עצמות **זִיצוֹנִית הַכְּלִי** הכתר דנקודים, **וּמַה שֶׁהוּא לַצְּדָדִים** שהוא הארה בעלמא, **הוּא פְּנִימִיוּת הַכְּלִי** הכתר דנקודים, כי חיצוניות הכלי גדולה תמיד

מפנימיות הכלי. הרב ז"ל ביאר את מקום שאיבת הכתר דנקודים מאור האזן, לעשות את הכלי הפנימי והחיצוני דיליה, ואת האור המקיף והפנימי המחיה ומקיים את כלי הכתר. כאן הרב ז"ל מבאר את אופן שאיבת החכמה דנקודים כדי לעשות את הכלי החיצוני והפנימי דיליה, ואת האור המקיף והפנימי המחייה את כלי החכמה דנקודים, כאשר האור המקיף דחכמה נעשה משאיבת אור החוטם עד מקום הפה בצד ימין, וכן בכלים דחכמה, ואור פנימי דחכמה נעשה משאיבת אור החוטם ממקום הפה ולמטה בצד ימין, וכלי הפנימי ממקום הפה ולמטה מצד שמאל. **עם כל זאת יש קושיא** על דברי הרב ז"ל בסוגיה זאת, הרי בפרקין כתב הרב ז"ל כי[329] הכח"ב דנקודים מקבלים מאורות האח"פ לצורך הכלים שלהם, במקום שבולת הזקן, **והתרוץ הוא**[330] כי

ע"ח ש"ו פ"א מ"ת דכ"ד ע"ג – והנה באזן וחוטם לא היה רק ב' בחינות של אור, והם פנימי ומקיף, אבל כאן בפה נכפלו הבחינת, והיו ב' שהן ד', כי הנה הם היו בחינת אורות וכלים, והאורות נכפלו לב', בסוד פנימי ומקיף, והכלים גם כן פנימי וחיצון.
325

הגהות וביאורים)ה(– עיין שער העקודים פרק ב'.
326

איוב י"ט כ"ו – ואחר עורי נקפו זאת ומבשרי אחזה אלו"ה.
327

בית לחם יהודה ש"ח פ"ב דכ"ד ע"א – וזה סדרם, כי הנה כשמסתכל העין באורות האזן. הכוונה על כלי הכתר, שנעשה מהסתכלות העין באזן, וכל שכן שנכללים בו גם חוטם ופה. וכן כלי אבא מהחוטם, וכל שכן שנכלל בו אור הפה.
328

תרשים ב – מ"ה.
329

ע"ח ש"ח פ"ב מ"ת דל"ו ע"ב – והנה עשרה נקודות הם, והשלשה ראשונים שבהם הם לוקחים אור שנמשך מהסתכלות העין באח"פ, ממקומם עד מקום התחברות בשבולת הזקן, כנודע **ואינם מקבלים אותם רק בשבולת הזקן**, כי משם מתחילין הן, **ולא ממה שבשבולת הזקן ולמעלה.**
330

הכח"ב דנקודים לוקחים מהאורות שמעל לשבולת הזקן, אבל אורות אלו מתקבצים בשבולת הזקן ונתנים לכח"ב דנקודים. **ומה**[331] **שֶׁהוּא לוֹקֵחַ** ושואב הסתכלות העין המתייחס לחכמה דנקודים **מאורות הַזֹּוטֶם** לצורך הכלי דחכמה דנקודים, **הוּא בְּאוֹפַן אָזֹר** מהכלי דכתר דנקודים, [332]**כִּי מַה שֶּׁלוֹקֵחַ** הסתכלות העין לצורך הכלי דחכמה דנקודים **מֵאוֹר הַזֹּוטֶם קֹדֶם שֶׁמַּגִּיעַ אֶל הַפֶּה** ר"ל מהחוטם עד הפה, **וְהוּא מִצַּד יָמִין** של החוטם, **הוּא** נעשה **אוֹר מַקִּיף** להחיות את כלי החכמה דנקודים, **וּמִמַה שֶּׁשׁוֹאֵב** בצד ימין הסתכלות העין באור החוטם המתפשט **מֵהַפֶּה וּלְמַטָּה, הוּא אוֹר פְּנִימִי** להחיות את כלי החכמה דנקודים. וכן **עַל דֶּרֶךְ זֶה בַּצַּד שְׂמֹאל הֵם כֵּלִים** דחכמה דנקודים, מה שֶּׁשׁוֹאֵב הסתכלות העין בצד שמאל של החוטם, **מֵאוֹר הַחוֹטֶם קֹדֶם שֶׁמַּגִּיעַ אֶל הַפֶּה**, הוא **בְּחִינַת חִיצוֹנִיּוּת** הכלי דחכמה דנקודים, המעולה מפנימיות הכלי, **וּפְנִימִיּוּת** הכלי דחכמה דנקודים נעשית מהסתכלות העין באור החוטם בצד שמאל, **הַמִּתְפַּשֵּׁט מֵהַפֶּה וּלְמַטָּה**. [333]**וְכֵן** על דרך זה **הוּא מַה שֶּׁלוֹקֵחַ** ושואב הסתכלות העין האור המתייחס לבינה דנקודים **מִן אוֹר הַפֶּה** לצורך כלי הבינה דנקודים, גם הוא כמו החכמה דנקודים **נֶחֱלָק לִשְׁנַיִם, כִּי מַה שֶּׁלוֹקֵחַ** ושואב הסתכלות העין אור הפה, **בִּמְקוֹם הַפֶּה עַד שֶׁמַּגִּיעַ לְשִׁבּוֹלֶת הַזָּקָן מִצַּד יָמִין, הוּא אוֹר מַקִּיף** להחיות את כלי הבינה דנקודים, [334]**וּמֵהַדִּיקְנָא** ר"ל מתחילת שבולת הזקן **לְמַטָּה** ר"ל עד סוף שבולת הזקן, **הוּא** אור **פְּנִימִי** להחיות

כרם שלמה ש"ח פ"ב אות י"ח – אף על פי שכתב לעיל כי כולם לקחו בשבולת הזקן דווקא, ולא למעלה מהשבולת, ואף כתב כאן מן החוטם עד הפה לחוד, ומן הפה ולמטה לחוד וכו'. אלא סמך על מה שכתב לעיל כי כל לקיחתם העיקרית הוא בשבולת הזקן דווקא, והוא אחר שלקחו מן המקומות שלמעלה מן השבולת, אז נתקבצו אותם האורות בשבולת הזקן, ומהם נעשו הכלים של כולם, בין האזן ובין החוטם, ובין של הפה.
331

איפה שלימה, שער הנקודים פ"ב ד'"ו ע'"ד)י'"ג(– כי מה שהוא לוקח מאורות החוטם וכו'. עיין בהגהות מהרנ"ש אות ע'"א באורך, ומצאנו בע"ה כתב יד שכתב על מורנו הרב יום טוב ז"ל, וזה הוא לשון יוסף דעת - לא יצאו דברים אלו מפה קדוש, כי לא לקח אלא בשבולת הזקן, והיינו טעמא כמו שכתבו לנו מתם תובב"א, עד כאן לשונו. ועוד נ"ב **אי"ה** האי גברא לאו אדעתיה, וכותב דברים הדברים דמי לא ידע בכל אלה, שלקחו כולם משבולת הזקן, ומודעת זאת בכל הרב אדוננו רבי שלום, ומה לו להביא עצות מרחוק מהתם, דאם לא כן לא היינו שומעין לו. אבל מה שכתב מורנו הרב יום טוב ז"ל ואמת אותו הרז"ל בחייו, כי לפי זה יהיו שום ליקח גם בשוה מאח'"פ דרך ישר ממעל ומתחת. ומה שהקשה עליו המביא דבריו לא קשה מדי, שכן הסתכלות העין מתחיל מהאזן באין רואה ודוק, עד כאן לשונו. ויש לאלו'"ה מלין, אבל לפי שהוא מקום גבוה, לא רציתי להכניס עצמי בענין זה.
333

בית לחם יהודה ש"ח פ"ב דכ"ד ע"א – ומהדיקנא ולמטה הוא פנימי. פירוש, מהתחלת השבולת עד סוף השבולת ופשוט. ולא פירש רז"ל פנימי ומקיף דכלים וז"ת היכי הוי סדרם, ועיין חסדי דוד סוף אות י"א וז"ל - וכלי הז"ת דנקודות נעשו מהסתכלות העין באורות חוטם פה שמשבולת הזקן ולמטה, מצד ימין אור מקיף, ומשמאל חיצוניות הכלי, ומחזה עד הטבור מצד ימין אור פנימי, ומצד שמאל פנימיות הכלי, עד כאן לשונו.

את כלי הבינה דנקודים. **וכן עַל דֶרֶךְ זֶה הוא** מה ששואב הסתכלות העין **בְּצַד שְׂמֹאל** דאורות הפה **לֵעֲשׂוֹת כֵּלִים** לבינה דנקודים, **בְּ**הסתכלות העין באור הפה מצד שמאל, מן מקום הדיקנא עד סוף שבולת הזקן, נעשה **פְּנִימִיּוּת** הכלי דבינה דנקודים, **וְזֵיצֹונִיּוּת** כלי הבינה דנקודים נעשה מהסתכלות העין בצד שמאל באור הפה, ממקום הפה עד מקום שבולת הזקן. הרב ז"ל לא מגלה ומבאר את אופן עשית הכלים והאורות תחתונות דנקודים, עם כל זאת בפרקין[335] הרב ז"ל רומז את אופן עשית הכלים דשבעה תחתונות, והוא משבולת הזקן עד הטבור. הרב[336] חסדי דוד ובמשנת[337] חסידים מבואר כי האורות והכלים דשבעה תחתונות נעשו[338] גם כן באופן שנעשו הכלים והאורות דחכמה ובינה דנקודים, כאשר **האור המקיף** דשבעה תחתונות נעשה על ידי מה לוקח ושואב העין המתייחס לשבעה תחתונות, באור החוטם מצד ימין, מן שבולת הזקן עד החזה. **והאור הפנימי** דשבעה תחתונות נעשה על ידי מה שלוקח ושואב הסתכלות העין באור הפה מצד ימין, מן החזה עד הטבור. וכן על דרך זה בכלים דשבעה תחתונות, כאשר **הכלים החיצוניים** דשבעה תחתונות נעשה על ידי מה שלוקח ושואב הסתכלות העין האור המתייחס לשבעה תחתונות, באור החוטם מצד שמאל, מן השבולת הזקן עד החזה. **והכלים הפנימים** דשבעה תחתונות נעשה על ידי מה שלוקח ושואב הסתכלות העין, באור הפה מצד שמאל, מן החזה עד הטבור.

דרוש זה מקורו מספר הדרושים וצריך לכתוב מ"ק בראש הדרוש.

דרוש זה הוא וסיכום קצר של פרק א' ופרק ב' דשער הנקודים. **עוד**[339] בדרוש זה מבאר הרב ז"ל כי האור השלישי הוא בעצם אותו אור דנקודים שיצא דרך העינים, אלא בעוברו דרך אורות האח"פ, שאב מהם אורות לעשיית הכלים דנקודים. דרוש זה לא מסודר על דרך הלימוד בפרק א' ובפרק ב', אלא הוא ערבוב של הסוגיות.

335

עֵ"ח שַׁ"ח פְּ"ב מֵ"ת דלֵ"ו ע"ד – אבל שבעה נקודות התחתונים, **אין לוקחין רק ממה שנמשך מהסתכלות באורות החוטם והפה משבולת הזקן ולמטה**, כנודע כי החוטם מגיע עד החזה, והפה עד הטבור, ולא משבולת הזקן ולמעלה. ונמצא כי לפי זה ג' נקודות לוקחין הארה לצורך הכלים שלהם מן ג' האורות שהם אח"פ, בשבולת דוקא, **אבל שבעה תחתונות אינן לוקחין רק מב' אורות לבד, שהם חוטם ופה, משבולת ולמטה עד הטבור.**

336

חסדי דוד דמֵ"ט ע"ד, אות י"א – וכלי הנקודות שהם החיצוניות נת"א דס"ג, וחיצוניות טנת"א דב"ן, נעשו על ידי שעברו אורות הנזכר דרך יציאתם מן העינים, ושאבו מן אורות אח"פ, שעל ידי הסתכלות העין באזן ימין, ואור חוטם ופה כלולים בו, מקו הראיה, נעשה אור מקיף דכתר דנקודים, ומהארת הקו נעשה אור פנימי שלו. ומהסתכלות העין באזן שמאל, מקו הראיה, נעשה חיצוניות הכלי הנזכר, ומהארת הקו פנימיות הכלי. וכלי חכמה דנקודות נעשה מהסתכלות העין באורות החוטם עד הפה, מצד ימין אור מקיף, ומשמאל חיצוניות הכלי. ומהפה ולמטה מצד ימין אור פנימי, ומצד שמאל [פנימיות הכלי]. וכלי הבינה דנקודות נעשה מהסתכלות העין באורות הפה עד הזקן, מצד ימין אור מקיף, ומצד שמאל חיצוניות הכלי, ומהזקן ולמטה מצד ימין אור פנימי, ומצד שמאל פנימיות הכלי. וכל אלו הכלים דג"ר דנקודות, נעשו מהסתכלות העין באורות אח"פ שבשיבולת הזקן. **וכלי השבעה תחתונות דנקודים נעשה מהסתכלות העין באורות החוטם והפה, שמהזקן ולמטה עד החזה, מצד ימין אור מקיף, ומשמאל חיצוניות הכלי, ומהחזה עד הטיבור מצד ימין אור פנימי, ומשמאל פנימיות הכלי.**

337

משנת חסידים ח"א, סדר זרעים, אורות הנקודים פ"ב די"ב ע"ב משנה ה' – ובהסתכל באור חוטם ופה, שמשבולת הזקן ולמטה, שמאלי עד החזה עשה חיצוניות כלי שבע אחרונות, וכנגדו בימין אורות המקיפים. ומהחזה ולמטה פנימיות, וכנגדו בימין אורות הפנימיים.

338

תרשים ב – מ"ח.

339

מ"ק. **בנקודים אלו יש ג' מיני אור, אזוד הוא האור** שבקע את הפרסא[340] דא"ק,

שהיא[341] באמצע גופו דא"ק, ואור[342] זה התלבש בכלים של שליש התפארת ונה"י דא"ק, **שהם מן הטבור**

דא"ק ולמטה, שבא מזוד'ש ר"ל נולד מזיווג ע"ב וס"ג דא"ק, והאור החדש הזה הנזכר לעיל, שהוא

פנימיות וחיצוניות עסמ"ב דמ"ה ופנימיות עסמ"ב דב"ן, התלבש בכלים דתנה"י דא"ק **אזוד עליית האור**

שהיה שם מהטבור דא"ק ולמטה **בהתוזלה,** ואור זה שהיה בכלים דתנה"י דא"ק **עלה למעלה מן**

הטבור בסוד[344] הצמצום, **ונשאר[345] שם** מעל הפרסא תמיד, המטרה העיקרית של עליית אור זה מעל

כרם שלמה ש"ח פ"ב אות י"ט – לא הביא זה זה המ"ק, אלא להראות לנו כי זה האור השלישי שנעשו ממנו הכלים מהו, אם הוא חוץ מהב' אורות של הנקודים, שהם אור החדש, ואור היוצא מן העינים, או אור אחר בפני עצמו שיוצא ממקום אחר. לזה פירש כאן ואמר שזה האור שנעשו ממנו הכלים הוא עצמו אור הראשון שיצא דרך העינים, אלא בעוברו דרך אח"פ, קודם שירד למטה עד הטיבור, שואב בחינה אחת מן האח"פ, שמזו הבחינה נעשו הכלים, וזה מה שכתב **אור השלישי הוא אור הזה הנזכר לעיל שיוצא דרך העינים** וכו', ומזה נעשו הכלים.
340

ע"ח שי"ד פ"ג מ"ת דע"א ע"ב – וצריך שתדע ענין אחד והוא **כולל בכל בחינת הפרצופים**, והענין כי בא"א באמצע גופו, יש חד פרסא ומסך, מבדיל בין חצי העליונה לחצי התחתונה, כנראה בחוש הראות, ומבשרי אחזה אלו"ה, איך יש קרום אחד, מחיצה המפסקת בין איברי הנשמה)הנשימה( )שהם הריאה והלב, ובין איברים התחתונים שהם בטן כבד ובני מעיים כנודע. **והנה זה הפרסא אינו ביושר, רק כי כאשר מתחלת מצד הפנים היא מתחלת מתחת החזה ממש, וכשמסתרחבת ומתפשטת עד האחור, היא עומדת)נמוכה עד(כנגד מקום הטבור**, כנראה בחוש הראות, בחוש הטבע. וזהו נקרא יותרת הכבד, קרומא דפסיק גו מעוי דבני נשא, כנזכר בזוהר פרשת בראשית על פסוק - יהי רקיע בתוך המים.
341

ע"ח ש"ח פ"ב מ"ת דל"ו ע"א – והנה אחר שצמצם עצמם עצמו, **הניח חד פרסא באמצע גופו**, במקום טבורו מבפנים, כדי שיפסיק בנתים. וזה סוד יהי רקיע בתוך המים, ויהי מבדיל בין מים למים, כנזכר בזוהר בראשית דף ל"ב - אית קרומא חדא באמצעית מעוי דבני נשא, דאיהו פסיק מעילא לתתא, ושאיב מעילא, ויהיב לתתא.
342

ע"ח ש"ח פ"ב מ"ת דל"ו ע"א – ואז נשאר כל האור לעילא מהאי פרסא, והיה שם דחוק ומהודק, ואז בוקע בהאי פרסא, ויורד **והאיר בשאר הגוף מהטבור ולמטה.**
343

ע"ח ש"ה פ"א מ"ת דכ"א ע"ב – ואמנם **בחינת מ"ה וב"ן** הפנימית של א"ק, חזרו לירד ולהתפשט בתוכו למטה מהטיבור, אחר שנתגלה שם ההוא פרסה באמצע מבפנים, ומשם מאירה בחינת ב"ן פנימית לב"ן שיצא לחוץ, הנקרא עולם הנקודות.
344

ע"ח ש"ח פ"א מ"ב דל"ה ע"ג – כי הלא באר באר באמצע אחר ענין צמצום שני של א"ק, כי כדי להאציל נקודות אלו הוצרך לצמצם אורות נה"י וחצי תפארת שלו למעלה, ושם פריס פריסה אחת במקום הטבור, ואותו אור שהיה שם תחלה יצא דרך העינים, ומשם יצא לחוץ וירד למטה כנגד נה"י של א"ק מבחוץ, ושם נתהוו הנקודים. ובהעלות אור זה למעלה היה בדרך)נ"א צריך(מ"ן, ויצא אור חדש, וירד דרך פנימיות של זה האדם, וירד דרך הפרסא, וירד לנה"י של זה האדם, ובוקע משם זה האור חדש הפנימי, ויצאו לחוץ דרך העור, ומשם מאיר אל הנקודות, כנזכר על פסוק ואחר עורי נקפו זאת.
345

ע"ח ש"ח פ"ב מ"ת דל"ו ע"ב – אמנם האור הראשון שהיה בתחלה למטה, ועלה למעלה שוב לא ירד ונשאר שם מהטבור ולמעלה, **ושם הניח שרשו תמיד**, ומשם נתפשט ויצא דרך העינים, והם הנקודים, ונמשך ונתפשט בחוץ עד סיום רגליו דאדם קדמון כנ"ל.

לטבור הוא שחיצוניות סמ"ב דס"ג, וחיצוניות עסמ"ב דב"ן יצאו **דרך** העינים דא"ק, והתפשטו חוץ לא"ק מהטבור ולמטה, עם כל זאת עלייה זאת גרמה גם לעליית[346] מ"ן, ממדרגה[347] למדרגה בפנימיות א"ק, עד מדרגת המוחין דא"ק שהם ע"ב דע"ב דא"ק, וע"ב דס"ג דא"ק, **וזה גָרַם**[348] לזווג של ע"ב וע"ב דס"ג **הַפְּנימים דא"ק.**

ומזיווג זה נולד אור, הנקרא **אור חדש, וְיוֹרֵד** מִשֶׁם **הָאוֹר הַזֶּה** למקום הפרסא ולמעלה, ואז בגלל דוחק האור הנמצא מהפרסא ולמעלה, בוקע האור החדש את הפרסא, ויורד למטה מן הטבור, ומתלבש תוך הכלים דתנה"י דא"ק, ומשם **בּוֹקֵעַ**[349] את הכלים דתנה"י דא"ק גומות **דרך** גומות **הָעוֹר, וְיוֹצֵא לַחוּץ** להאיר לעולם הנקודות העומד מהטבור דא"ק עד סוף רגליו, מחוץ לא"ק. **הָאוֹר שֵׁנִי הוּא הָאוֹר שֶׁהָיָה תִּזְכֶּה לְמַטָּה** מהטבור, מלובש תוך הכלים דתנה"י דא"ק, והוא מ"ה וב"ן דע"ב, סמ"ב דס"ג, עסמ"ב דמ"ה ועסמ"ב דב"ן, **וְאַזֶר כך עָלָה** למעלה מהטבור למקום החזה דא"ק, והניח[350] שם שורשו במקום החזה דא"ק, **וּמִשָׁם** ר"ל ממקום החזה, עלה **וְיָצָא**[351] חיצוניות סמ"ב דס"ג עם חיצוניות עסמ"ב דב"ן **דרך הָעֵינַים**[352], **ועבר**[353] אור זה

346

ע"ח ש"ח פ"ח מ"ת דל"ו ע"א – והנה על ידי עליית האור הזה שבחציו התחתון התלבש למעלה הטבור כנ"ל, אז נתרבה אור גדול ורב בחצי גוף העליון, ואז נעשה זה **האור בבחינת מ"ן** אל טעמים דס"ג, שהם אזן חוטם פה, ר"ל אל השרשים הפנימים שלהם בתוך הגוף, ולא אל האורות היוצאים לחוץ דרך הנקבים, ואז ע"י מ"ן אלו העולין שם נזדווגו **שם ע"ב שבבגלגלתא דאדם קדמון עם בחינת הס"ג שבו**, שהם שרשים של אזן חטם פה, שהם טעמים כנ"ל, ואז נמשך **אור חדש מלמעלה מן הזווג הזה**, ובוקע ויורד דרך הפרסה מהטבור ולמטה.

347

נהר שלום די"ח ע"ב – כי כל העשר נקודות צריכים תיקון, כי כולם יצאו חסרים ובלתי מתוקנים, ואז עולים לעשר שרשים שלהם שבמלכות דעקודים, ומשם לנה"י דעקודים, ומשם לחג"ת, **ומשם לשרשי הנקודות שבבפנימיות החזה דא"ק על גבי הפרסא.** ואז מתעוררים חלקי טנת"א דמ"ה וב"ן דפנימיות דא"ק, ועולים עם חלקי נת"א דע"א וס"ג דפנימיות למ"ן לטעמים דע"ב וס"ג, ואז מזדווגים ע"ב וס"ג, ומוצאים מהמצח חלקי חיצוניות טנת"א דמ"ה, **ומהעינים חוזרים לצאת** חלקי חיצוניות טנת"א דב"ן עם תשלום חלקיו, וגם נקודות דס"ג, ומתחברים אורות דמ"ה עם אורות דב"ן ונקודות דס"ג, ויורדים דרך אח"פ, ומתגלים מטיבור דא"ק ולמטה.

348

כרם שלמה ש"ח פ"ב אות י"ט – ומה שכתב לעיל **ונשאר שם וגרם זווג ע"ב וס"ג הפנימים דא"ק,** זה חוזר על אור שיצא דרך העינים, שתחילתו היה מן הטבור ולמטה בתוך פנימיות א"ק, שהוא עלה למעלה מן הטבור, הוא הוא שגרם זיווג להאציל אור חדש, ואחר שנאצל האור החדש, אז אחר כך ירד למטה, היינו מן הטבור ולמטה, ובוקע העור דנה"י דא"ק, ומאיר להנקודים שבחוץ, שהם אורות העינים. וזה שכתב **ויורד שם אור חדש בוקע דרך העור ויוצא לחוץ,** פירוש מאיר לנקודים שבחוץ, ופשוט.

349

כרם שלמה ש"ח פ"ב אות י"ט – וזה שכתב ויורד שם אור חדש בוקע דרך העור ויוצא לחוץ, פירוש מאיר לנקודים שבחוץ, ופשוט.

350

ע"ח ש"ח פ"ב מ"ת דל"ו ע"ב – אמנם האור הראשון שהיה בתחלה למטה, ועלה למעלה, שוב לא ירד, ונשאר שם מהטבור ולמעלה, **ושם הניח שורשו תמיד, ומשם נתפשט ויצא דרך העינים,** והם הנקודים.

351

חסדי דוד דמ"ט ע"ב אות ט' – א"ק יש בו עסמ"ב, והם טנת"א, וכל אחד כלול מכולם, ע"ב ס"ג מ"ה דע"ב, הם מתפשטים מראשו ועד רגליו. דהיינו ע"ב דע"ב עד האזן, ס"ג דע"ב מהאזן עד הטיבור, ומ"ה וב"ן דע"ב מהטיבור עד רגליו. ועסמ"ב דס"ג מלבישים לסמ"ב דע"ב, דהיינו מהאזן ועד רגליו. ועסמ"ב דמ"ה וב"ן מלבישין לסמ"ב דס"ג, ולמ"ה וב"ן דע"ב, דהיינו מאזן דס"ג ומטיבור דע"ב, זהו פנימיות דא"ק. וכולם הוציאו אורם לחוץ להלבישו, כי מע"ב דע"ב המגולה יצאו שערות הראש, שבהם תלויים כמה וכמה מיני עולמות

הנקרא נקודים דרך אורות האח"פ, והתפשט **ומאיר למטה מהטבור** עד סוף רגלי א"ק, **ולבוש** ר"ל מחוץ לא"ק ולא בפנימיותו. **האור השלישי הוא** בעצם **האור הזה הנזכר לעיל** שהוא האור השני, **שיוצא מן העינים** ועובר דרך אורות האח"פ, וכאשר עובר אור הנקודים שהוא האור היוצא דרך העינים דרך אורות האח"פ, שואב[354] מאורות האח"פ הארה, **ומתחברים עמו** ר"ל עם אורות דנקודים שיצאו דרך העינים **שאר אורות האזז"פ, ויורדין** חלקי האורות דאח"פ שנשאבו על ידי האורות דנקודים **גם כן עמו** ר"ל אור השלישי, **למטה** מהטבור דא"ק, **ומזה האור השלישי** שהוא בעצם האור השני ששואב מאורות האח"פ **נעשו**[355] **כלים** דנקודים, שהם כלי חיצון וכלי פנימי, **וגם נעשה האור המחיה** את הכלים דנקודים, שהוא אור המקיף והאור הפנימי, לג"ר ולשבעה התחתונות דנקודים, כמבואר למעלה בפרקין, **ובשני**[356] האורות **הראשונים** שהם האור העיקרי שיצא דרך העינים, והאור החדש שבקע את התנ"י דא"ק והאיר לעולם הנקודים, **נעשה העצמות** עולם הנקודים.

הקודמים אל אבי"ע, ואין רשות לדבר בהם אפילו בדרך משל. רק מהאזן ולמטה, וזה סוד לשכך את האזן, ואלו הלבישו מהקרקפתא עד האזנים דא"ק. ומע"ב דס"ג המגולה יצאו אורות אח"פ ושערות הזקן, והלבישו מהאזן עד הטיבור. וחיצוניות עסמ"ב דמ"ה וב"ן יצאו מהם נקודים וברודים דרך עינים ומצח דא"ק, והלבישו לא"ק מטיבור עד סוף רגליו, **ועם חיצוניות עסמ"ב דב"ן יצאו חיצוניות סמ"ב, שהם נקודין תגין אותיות דס"ג**, ולכן נקרא נקודים, יען שורשו נקודות דנקודים, **ולכן הנקודות נקרא פעמים ב"ן ופעמים ס"ג**. ועם חיצוניות עסמ"ב דמ"ה יצאו חיצוניות סמ"ב דע"ב. וטעם קריאת המ"ה ברודים יען ב"ן הכולל היא תולדות מלכות דא"ק וממנו הז"מ דמיתו ולכן שם ב"ן נקרא נקודות כי נקודות היא במל' ושם מ"ה הכולל הוא תולדות הז"א דא"ק שהשתחלתו מהיסוד הנקרא הדר כי הוא סוד הדרת פנים זקן דהסריס אין לו זקן והוא מלך הדר המחייה את המלכים וזהו ברודים כמו הדר.

352

הגהות וביאורים ו(– נוסח כתב יד, ואחר כך עלה ונשאר שם, ומשם יצא דרך העינים כו', ה"ר שב"ה.

353

ע"ח ש"ח פ"ב מ"ת דל"ו ע"ב – ונמשך ונתפשט בחוץ, עד סיום רגליו דאדם קדמון כנזכר לעיל, והנה כל האור הנמשך עד הטבור, אפילו שהוא מבחינת העינים, הכל הוא נבלע ונכלל בעקודים, ולכן איננו ניכר. **אבל האור הנמשך מתחת הטבור עד רגליו, זהו לבדו נקרא בשם נקודות**, לפי שהוא עומד עתה לבדו.

354

ע"ח ש"ח פ"ב דל"ו ע"ב – ועוד יש אור שלישי, והוא בהכרח כי כאשר יורד ומתפשט אור העין למטה, דרך העקודים)נ"א ועוד אור שלישי הוא לקח, כי בהכרח כשירד אור העין הוא עובר דרך אזן, חטם, פה,(הנה הוא מסתכל באורות אח"פ ההם, **והוא שואב משם ולוקח מהם אור** לצורך עשיית הכלים של הנקודות, ולוקח מג' בחינות, שהם אורות אח"פ.

355

רחובות הנהר ד"ב ע"ב – וכן היה בכל ספירה מעשר ספירות דכל פרצוף דפרטי פרצופי אבי"ע, שבצאת **הכלים והאור שלה** מעיני א"ק.

356

שער ההקדמות, דרוש ה' בעולם הנקודים די"ט י"ד – ודע, כי **עיקר העשר נקודים** הם אותם האורות ראשונים עליונים, היוצאים מן העינים דא"ק ולחוץ. הם מתפשטים למטה מכנגד הטבור עד סיום הרגלים. **ומן האור החדש שבבפנימיות א"ק מטבורו ולמטה**, יוצא אליהם אור, ומאיר להם, אבל עיקרם של הנקודים אינם אלא האורות הנזכרים לעיל.

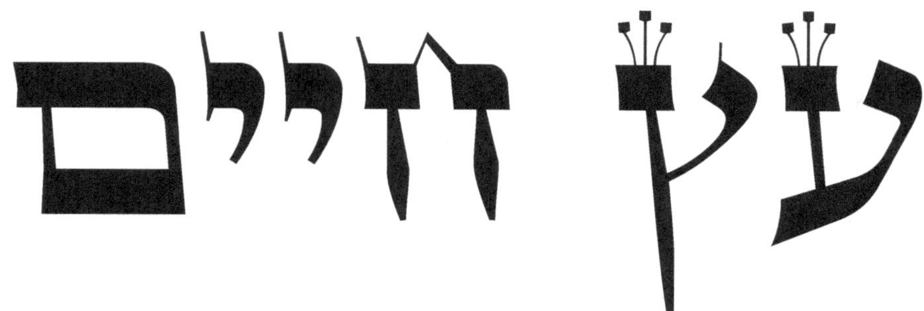

עֵץ חַיִּים

לְרַבֵּינוּ חַיִּים וִיטַאל

שֶׁקִיבֵּל מִמָרָן הָאֲרִ"י זלה"ה

שַׁעַר ז'

שַׁעַר דְרוּשֵׁי הַנְקוּדוֹת

פֶּרֶק ב'

חֵלֶק הַתִרְשִׁימִים טַבְלָאוֹת וְצִיּוּרִים

שִׁמְחַת חַיִּים

הקדמה קצרה

דע כי כל התרשימים הציורים והטבלאות, הם אך ורק לשכך את האוזן, ולשבר את העין. וכל הציורים הם לא שלמים.

כתב הרי"ח הטוב ברב פעלים ח"ב בסוד ישרים ה' - אך דע לך כי סדר התלבשות המחצבים שכתב מהרח"ו בשערי קדושה עד עולם הזה שאנחנו עומדים בו. וכן סדר התלבשות הפרצופים אשר בכל מחצב ומחצב, וסדר התלבשות העולמות זה בזה, והיושר והעיגולים, לא אית אינש דכיל למנלע רזא דנא, איך היא עשוי, איך הוא עומד, ולא אפשר לשכל אנושי לצייר כל הנזכר על אמתיתם, ועל בורריין מפני כי שכל האנושי בהיותו עצור ומונח בגוף גשמיי, אי אפשר לי להשיג דבר רוחני, והוא זה דומה לאדם סומא מן הבטן שלא ראה מאורות מימיו, דודאי אי אפשר לו לצייר מראות השמש והירח הנראין לעיני הבריות, וכל שכן מה שיש למעלה למעלה.

וכן כתב ברב פעלים ח"א בסוד ישרים א' - סוף דבר הכל נשמע, ה' אחד ושמו אחד, ואין לו גוף ולא דמות הגוף, ואין לו שום ציור, ותמונה ודמיון כלל ועיקר, וגם כל העולמות וספירות הקדושים למעלה אין להם ציור ודמיון של גופים האלה כלל, ואין מי שיוכל לידע איך הוא עמידתם וסדרם, ואיך עומדים עולמות היושר ועולמות העיגולים, ואיך מתחברים זה עם זה, ואיך נמשך השפע מזה לזה, ואיך הוא תוארם ומראיהם, ואיך הוא מהות השפע המחיה אותם, ומקיים אותם, וכמה הוא שיעור אורכם וגובהן ורחבם, ואיך הם נכללים זה בזה, ומלבישים זה לזה, כי בכל זאת אין שום שכל אנושי יוכל לדעת, ולהבין, ולהשיג, כלל ועיקר.

הרב ז"ל כתב בשער אח"פ תחילת פ"א וז"ל - כבר ידעת כי אין בנו כח לעסוק קודם אצילות עשר ספירות, ולא לדמות שום דמיון וצורה כלל ח"ו, אך לשכך האזן, אנו צריכים לדבר דרך משל ודמיון, לכן אף אם נדבר במציאות ציור שם למעלה, אין הדבר רק לשכך האזן. אמנם דע כי עשר ספירות דאצילות הם שתי עניינים. האחד הוא התפשטות הרוחניות, והשני הוא כלים ואברים אשר העצמות מתפשט בהם. והנה צריך שיהיה לכל זה שורש למעלה לשתי בחינות אלו, ולכן צריכין אנו לדבר בסדר המדרגות מראש עד סוף, והנה נתחיל ונאמר כי הלא הא"ס ב"ה אין בו שום ציור כלל ח"ו כמבואר.

הרב ז"ל כתב בשער טנת"א פ"א - והנה אף על פי שאנו מכנים וקוראים כאן כנויים אלו כגון אדם ראש אזנים וכיוצא אינו רק לשכך האזן לשיובנו הדברים לכן אנו מכנים כנויים אלו במקום גבוה, עד כאן לשונו.

וכן הרמ"ק בפרדס רימונים ש"ו פ"א - וציירו להם המקובלים צורות ביריעות גדולות וקראום אילן. הרב ז"ל כתב בסוף ש"ה פ"ד וז"ל - ואמנם דבר גלוי הוא כי אין למעלה גוף ולא כח גוף חלילה. וכל הדמיונות והציורים אלו לא מפני שהם כך חס ושלום. אמנם לשכך את האוזן לכשיוכל האדם להבין הדברים העליונים הרוחניים בלתי נתפסים ונרשמים בשכל האנושי, לכן ניתן רשות לדבר בבחינת ציורים ודמיונים, כאשר הוא פשוט בכל ספרי הזוהר. וגם בפסוקי התורה עצמה כולם כאחד עונים ואומרים בדבר הזה כמו שאמר הכתוב עיני ה' המה משוטטים בכל הארץ. עיני ה' אל צדיקים. וישמע ה'. וירח ה'. וידבר ה'. וכאלה רבות וגדולה מכולם מה שאמר הכתוב ויברא אלהים את האדם בצלמו בצלם אלהים ברא אותו זכר ונקבה וגו'. ואם התורה עצמה דברה כך גם אנחנו נוכל לדבר כלשון הזה, עם היות שפשוט הוא שאין שם למעלה אלא אורות דקים, בתכלית הרוחניות, בלתי נתפשים שם כלל, וכמו שאמר הכתוב כי לא ראיתם כל תמונה, וכאלה רבות. ואמנם יש עוד דרך אחרת כדי להמשיך ולצייר בה הדברים העליונים, והם בחינת כתיבת צורת אותיות, כי כל אות ואות מורה על אור פרטי עליון, וגם תמונת זו דבר פשוט הוא כי אין למעלה לא אות, ולא נקודה, וגם זה דרך משל וציור לשכך את האוזן כנזכר. ולכן נבאר עתה הקדמה הנזכר על דרך ציור האותיות גם כן ובבחינת ציורים אלו, הן ציור האדם, והן ציור אותיות, שתיהן מוכרחים להבין ענין האורות העליונים, כאשר תראה ספרי הזוהר בנויים על שתי בחינות הציורים האלה, עד כאן לא.

ולכן גם אנחנו הרשינו לעצמינו לצייר ציורים, תרשימים וטבלאות, אך ורק כדי לשכך את האוזן, ולשבר את העין, כדי להבין את הסוגייה.

אח"י

סדר שמות שמות ההיכלות והשערים בעץ חיים

טו	יד	יג	יב	יא	י	ט	ח	ז	ו	ה	ד	ג	ב	א	שם השער	שער	שם היכל
										ה	ד	ג	ב	א	עיגולים ויושר	א	אדם קדמון
												ג	ב	א	השתלשלות י"ס דרך עגו'	ב	
												ג	ב	א	סדר אצילות למהרח"ו	ג	
										ה	ד	ג	ב	א	אח"פ	ד	
								ז	ו	ה	ד	ג	ב	א	טנת"א	ה	
							ח	ז	ו	ה	ד	ג	ב	א	עקודים	ו	
										ה	ד	ג	ב	א	מטי ולא מטי	ז	
									ו	ה	ד	ג	ב	א	דרושי נקודות	ח	נקודים
							ח	ז	ו	ה	ד	ג	ב	א	שבירת הכלים	ט	
										ה	ד	ג	ב	א	תיקון	י	
					י	ט	ח	ז	ו	ה	ד	ג	ב	א	מלכים	יא	
										ה	ד	ג	ב	א	עתיק	יב	הכתרים
	יד	יג	יב	יא	י	ט	ח	ז	ו	ה	ד	ג	ב	א	א"א	יג	
					י	ט	ח	ז	ו	ה	ד	ג	ב	א	או"א	יד	או"א
									ו	ה	ד	ג	ב	א	זווגים	טו	
								ז	ו	ה	ד	ג	ב	א	הולדת או"א וזו"ן	טז	
											ד	ג	ב	א	ז"א	יז	ז"א
									ו	ה	ד	ג	ב	א	רפ"ח נצוצין	יח	
					י	ט	ח	ז	ו	ה	ד	ג	ב	א	אנ"ך	יט	
		יב	יא	י	ט	ח	ז	ו	ה	ד	ג	ב	א	המוחין	כ	
												ג	ב	א	לידת המוחין	כא	
												ג	ב	א	מוחין דקטנות	כב	
							ח	ז	ו	ה	ד	ג	ב	א	מוחין דצלם	כג	
								ז	ו	ה	ד	ג	ב	א	פרקי הצלם	כד	
							ח	ז	ו	ה	ד	ג	ב	א	דרושי הצלם	כה	
											ד	ג	ב	א	צלם	כו	
											ד	ג	ב	א	פרטי עי"מ	כז	
										ה	ד	ג	ב	א	עיבורים	כח	
						ט	ח	ז	ו	ה	ד	ג	ב	א	נסירה	כט	
								ז	ו	ה	ד	ג	ב	א	פרצופים	ל	
										ה	ד	ג	ב	א	פרצופי זו"ן	לא	
						ט	ח	ז	ו	ה	ד	ג	ב	א	הארת המוחין	לב	
										ה	ד	ג	ב	א	אונאה	לג	
								ז	ו	ה	ד	ג	ב	א	תיקון הנוקבא	לד	נוק' דז"א
										ה	ד	ג	ב	א	הירח	לה	
											ד	ג	ב	א	מעוט הירח	לו	
											ד	ג	ב	א	יעקב ולאה	לז	
						ט	ח	ז	ו	ה	ד	ג	ב	א	לאה ורחל	לח	
טו	יד	יג	יב	יא	י	ט	ח	ז	ו	ה	ד	ג	ב	א	מ"ן ומ"ד	לט	
טו	יד	יג	יב	יא	י	ט	ח	ז	ו	ה	ד	ג	ב	א	פנימיות וחצוניות	מ	
												ג	ב	א	חשמל	מא	
		יב	יא	י	ט	ח	ז	ו	ה	ד	ג	ב	א	דרושי אבי"ע	מב-א	אבי"ע
											ד	ג	ב	א	כללות אבי"ע	מב-ב	
											ד	ג	ב	א	ציור עולמות אבי"ע	מג	
								ז	ו	ה	ד	ג	ב	א	שמות	מד	
											ד	ג	ב	א	מקיפין	מה	
									ו	ה	ד	ג	ב	א	כסא הכבוד	מו	
									ו	ה	ד	ג	ב	א	סדר אבי"ע	מז	
											ד	ג	ב	א	קליפות	מח	
						ט	ח	ז	ו	ה	ד	ג	ב	א	קליפת נוגה	מט	
					י	ט	ח	ז	ו	ה	ד	ג	ב	א	קיצור אבי"ע	נ	

טבלת ערכים

עשיה	יצירה	בריאה	אצילות	אדם קדמון	עולמות
נוקבא	ז"א	אמא	אבא	ע"י רא"א	פרצופים
מלכות	חג"ת בה"י	בינה	חכמה	כתר	ספירות
ה	ו	ה	י	קוץ של י'	הוי"ה
נפש	רוח	נשמה	חיה	יחידה	אורות
ב"ן - יוד הה וו הה	מ"ה - יוד הא ואו הא	ס"ג - יוד הי ואו הי	ע"ב - יוד הי ויו הי	שורש הוי"ה	מלוי
אותיות	תגין	נקודות	טעמים	שורשים	טנת"א
אין ביקוד	סגול, שוה, חולם חיריק, קבוץ, שורוק	צרי	פתח	קמץ	נקודות
עטרת היסוד	גוף ובריח	מוח שמאל	מוח ימין	גולגולתא	אדם
כבד	לב	מוח	ל - מקיף, חיה	מ' - מקיף, יחידה	מל"צ
היכל	לבוש	גוף	נשמה	שורש	שנגגל"ה
יעו"ר	זו"ן	ישסו"ת	או"א עלאין	ער"ן אאו"ן	ר"ב פרצופים
כלים	לבושים	צלמים	מוחין	אורות	כל צמא
עור	בשר	גידין	עצמות	מוח	אברים
דיבור	ריח	שמיעה	ראיה	מוח	חושים
חושך	מלאכים	נשמות	ספירות	א"ס	מחצבים
צ' כבד	צ' לב	צ' מוח	ל' מקיף א'	מ' מקיף ב'	צלם
דומם	צומח	חי	מדבר	אלוקות	דהחצ"מ
עפר	רוח	אש	מים	יולי	יסודות
וילון	מכון, מעון, זבול שחקים, רקיע	ערבות	ערבות	ערבות	רקיעים
לבנה	כוכבים	מזלות	גלגל היומי	גלגל השכל	גלגלים
לבנת הספיר	אהבה, זכות, רצון, נוגה, עצם השמים, לבנת הספיר	קודש קודשים	קודש קודשים	קודש קודשים	היכלות
כו - וד ה ו ה	יט - וד א או א	לז - וד י או י	מו - וד י יו י		מלוי הוי"ה
קנ"א - אלף הה יוד הה	קמ"ג - אלף הא יוד הא	קס"א - אלף הי יוד הי	קס"א - אלף הי יוד הי		אהי"ה

תרשים ב - א

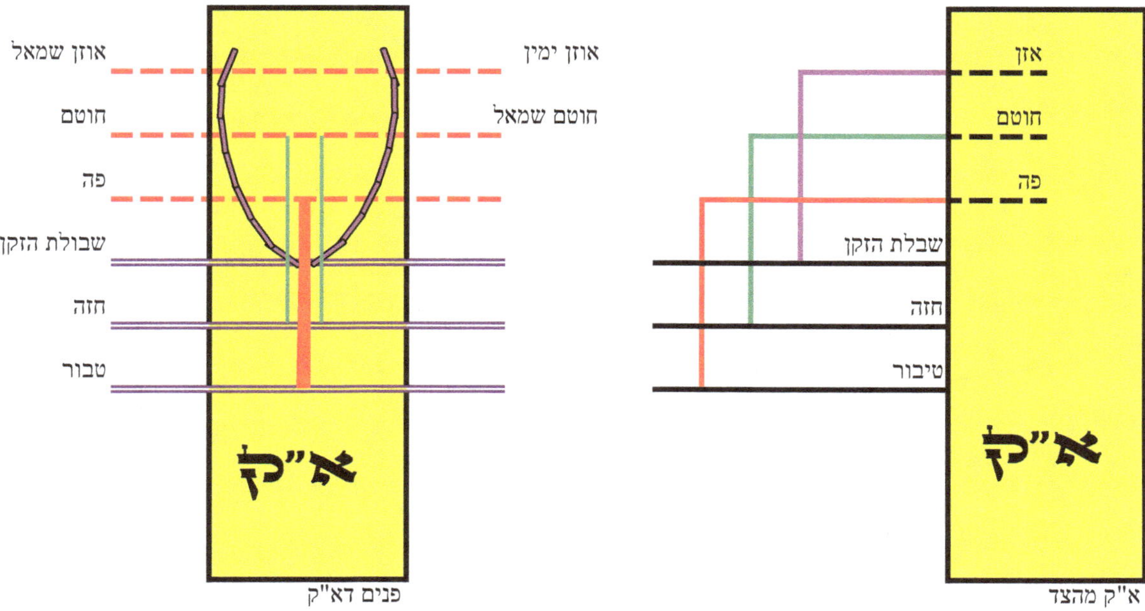
אוזן שמאל
חוטם
פה
שבולת הזקן
חזה
טבור
א"ק
פנים דא"ק
אוזן ימין
חוטם שמאל
אזן
חוטם
פה
שבולת הזקן
חזה
טיבור
א"ק
א"ק מהצד

תרשים ב - ב

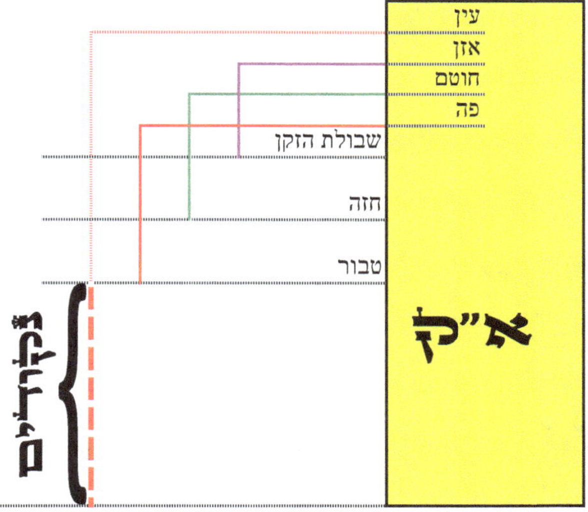
עין
אזן
חוטם
פה
שבולת הזקן
חזה
טבור
א"ק
רגלים

תרשים ב - ג

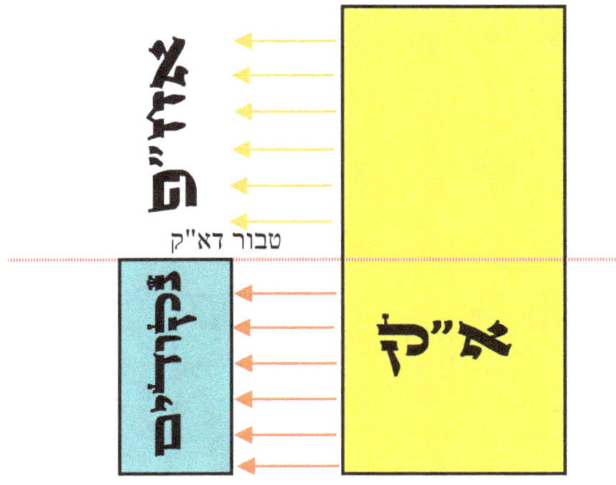
אח"פ
טבור דא"ק
א"ק
רגלים

תרשים ב - ד

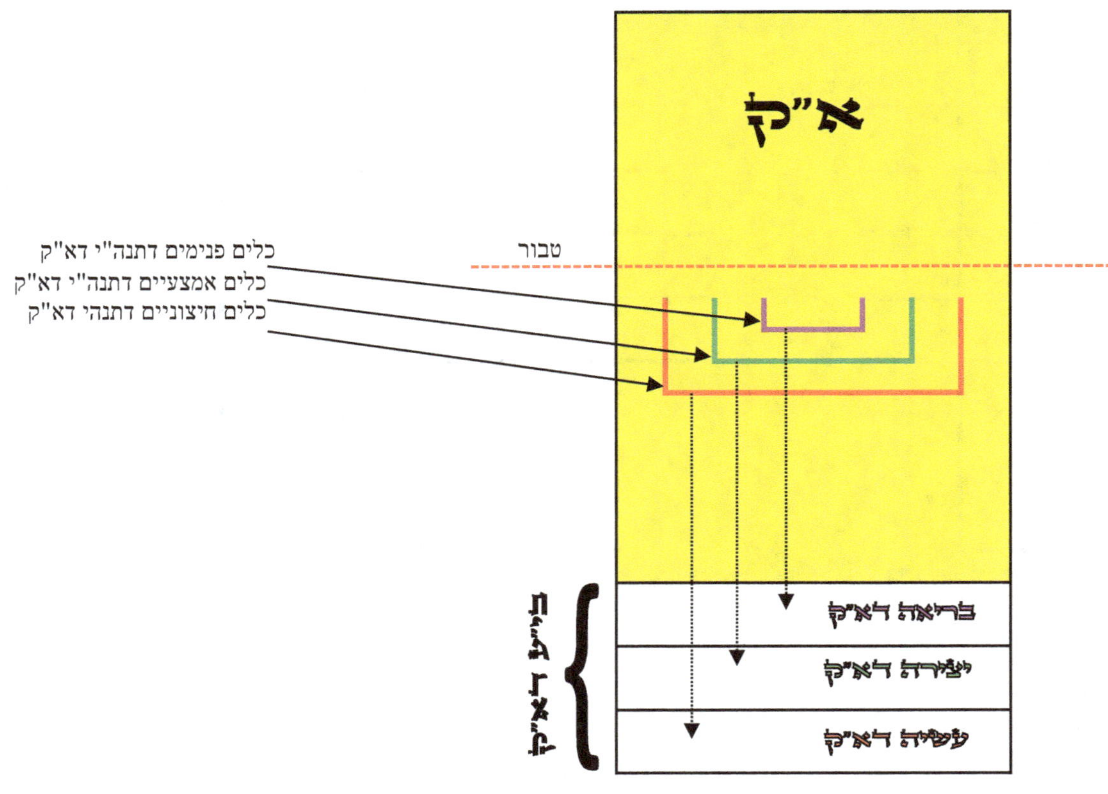

תרשים ב - ה

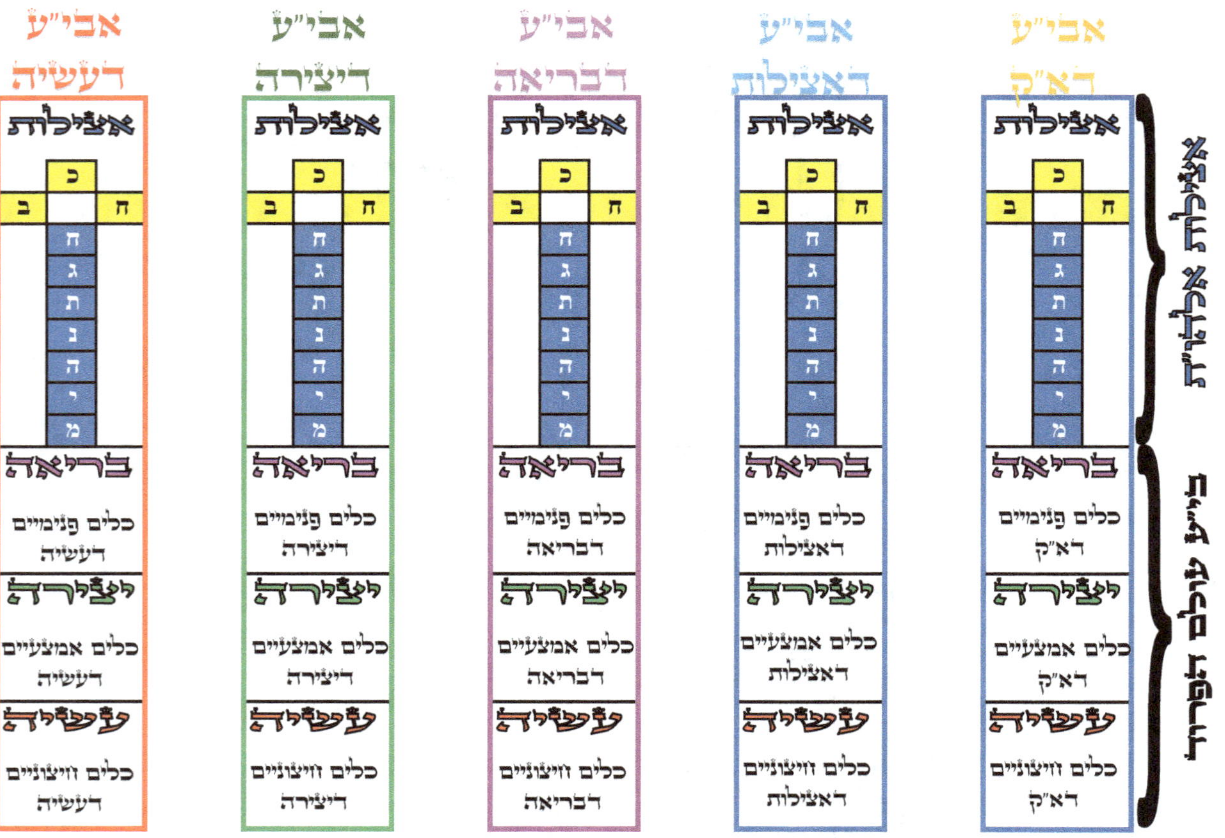

תרשים ב - ו

א"ק

מצח
עינים
ע"ב ס"ג
טבור

לפני עליית האורות דתנה"י

א"ק

מצח
עינים
ע"ב ס"ג
טבור

אחרי עליית האורות דתנה"י

תרשים ב - ז

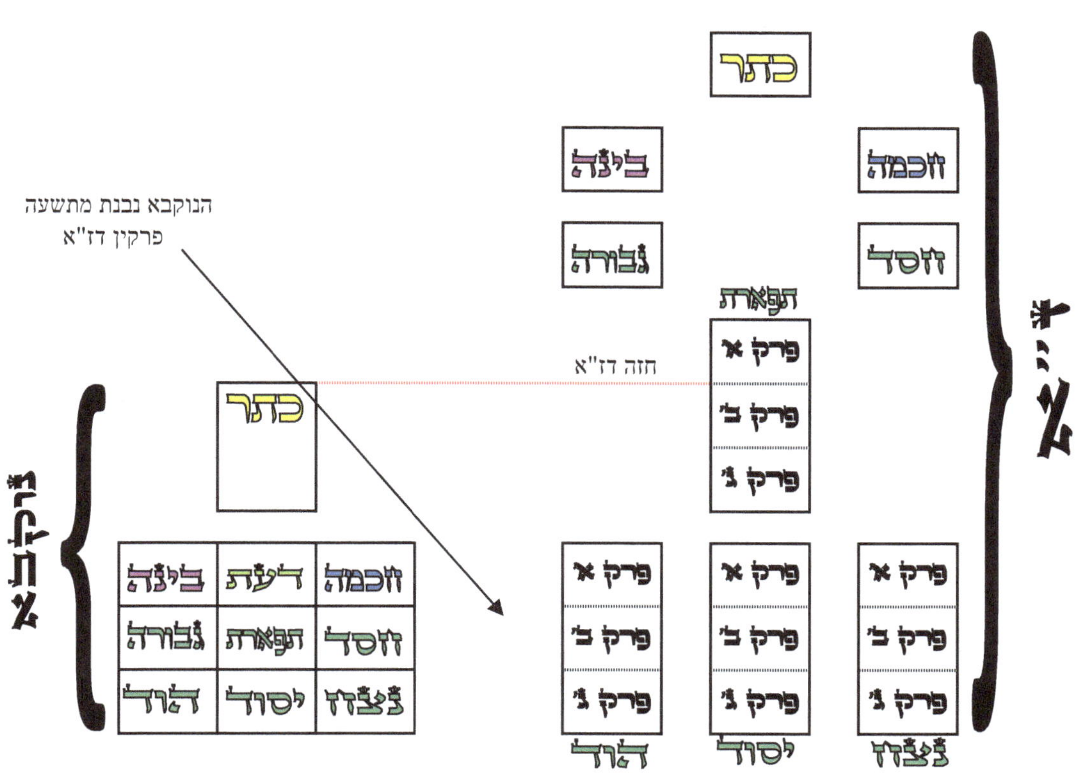

תרשים ב - ח

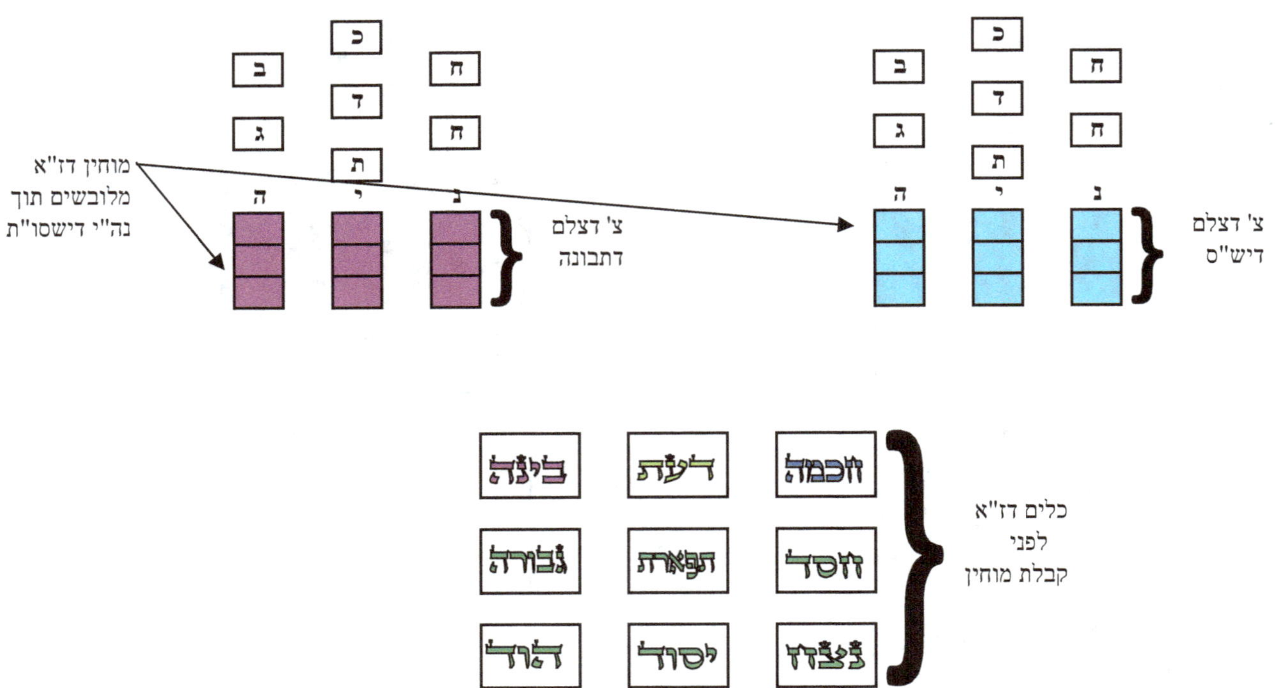

ז"א אחרי קבלת מוחין דצלם מישסו"ת

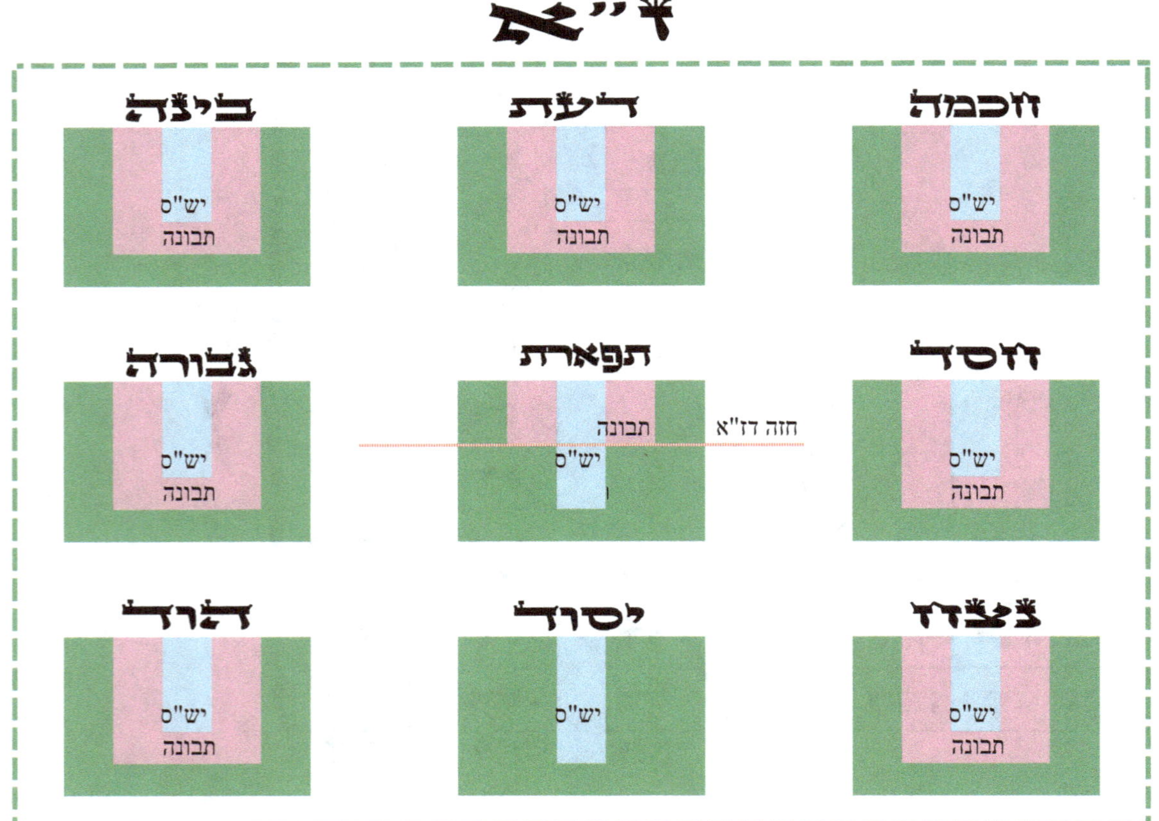

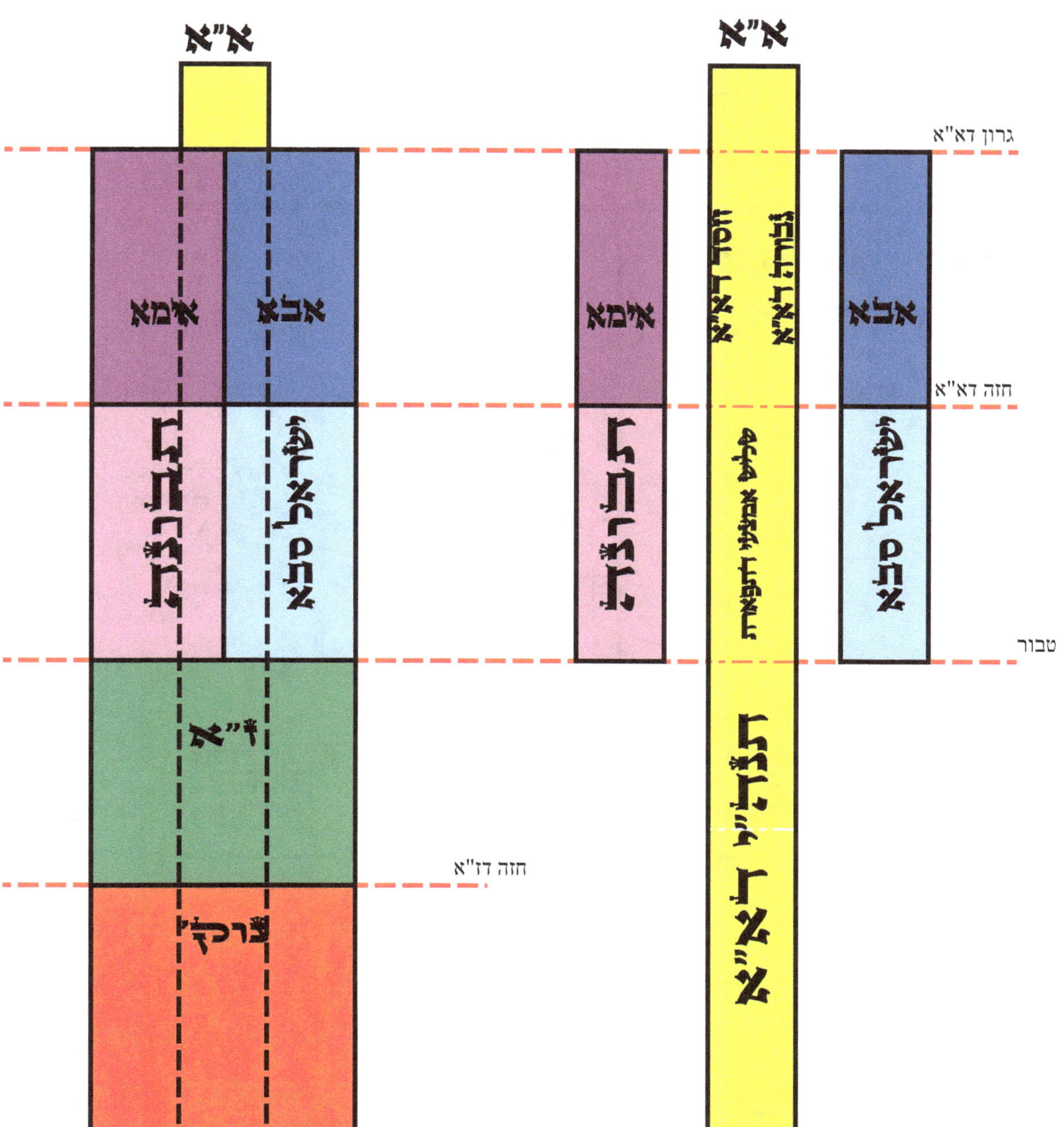
א"א
א"א
גרון דא"א
חזה דא"א
טבור
חזה דז"א
אבא
אמא
אבא
אמא
נהי"ם
מ"ס לאבא
נהי"ם
מ"ס לאבא
ז"א
פרק'
נהי"ם ראש
פה אמא דנלבשת
נה"י ז"א

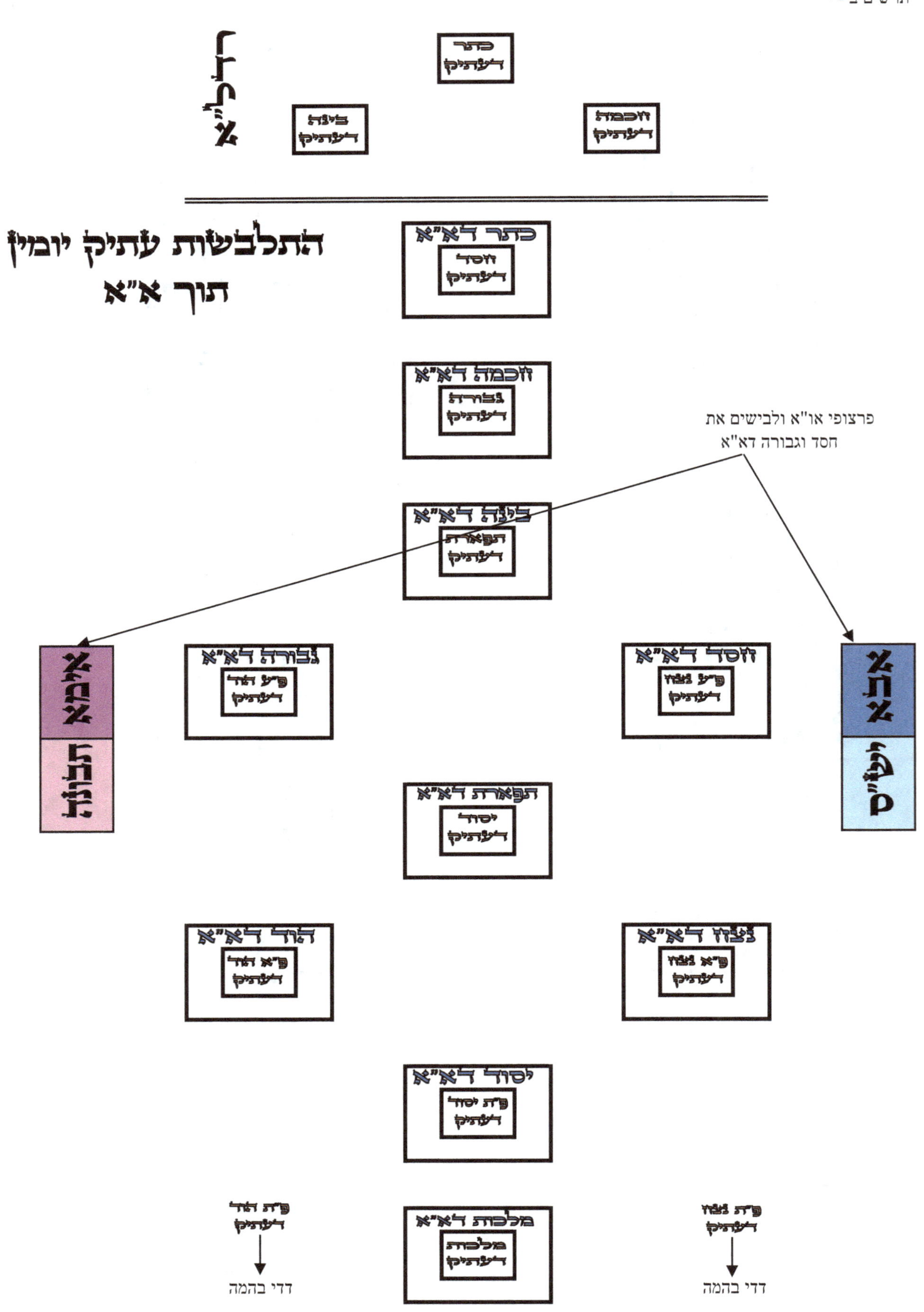
נ"לא
כתר
לעתיק
בינה
לעתיק
חכמה
לעתיק
התלבשות עתיק יומין תוך א"א
כתר דא"א
חסד
לעתיק
חכמה דא"א
גבורה
לעתיק
בינה דא"א
תפארת
לעתיק
פרצופי או"א ולבישים את חסד וגבורה דא"א
אמא
גבורה דא"א
פ"ע הוד
לעתיק
חסד דא"א
פ"ע נצח
לעתיק
אבא
בינה
חכמה
תפארת דא"א
יסוד
לעתיק
הוד דא"א
פ"א הוד
לעתיק
נצח דא"א
פ"א נצח
לעתיק
יסוד דא"א
פ"ת יסוד
לעתיק
פ"ת הוד
לעתיק
מלכות דא"א
מלכות
לעתיק
פ"ת נצח
לעתיק
דדי בהמה
דדי בהמה

נד   סידוד רחובות הנהר

וכן ימשיך לאו"א האׁרה מנצח והוד דעתיק הנקראים **צבאות**, המלובשים
בחג"ת דא"א ויכוין כי **צבאות** ע"ה ג"י **כתף** והוא ב' כתפים לאו"א.

מהוד דעתיק	מנצח דעתיק
צבאות ע"ה ג"י **כתף**	**צבאות** ע"ה ג"י **כתף**
לאימא	**לאבא**
אלף הי יוד הי	**יוד הי ויו הי**

גם תכוין כי אלו שני הכתפין הם מתפשטים תוך או"א שהם ע"ב וקס"א העולים
זכו"ר ונעשים להם מוחין.

יוד אלף הי הי ויו יוד הי הי

ג"י **זכור**

ויכוין להמשיך מאו"א הזכירה והוא אותיות זכר י"ה

זכר י"ה

שהם או"א ומשם ימשך לזו"ן
וע"י זה יזכה לזכירה.

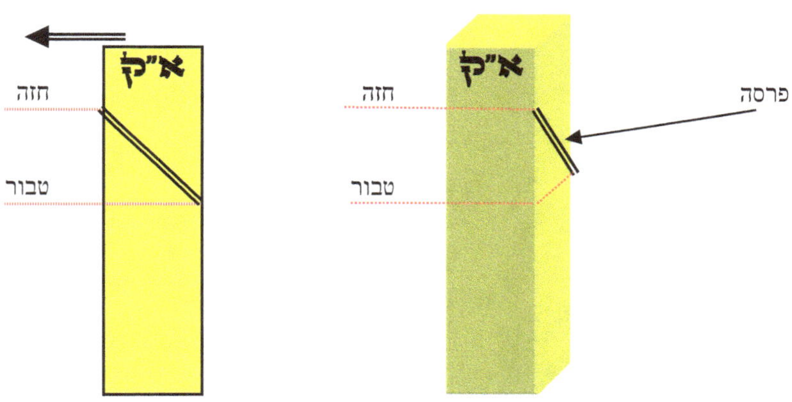

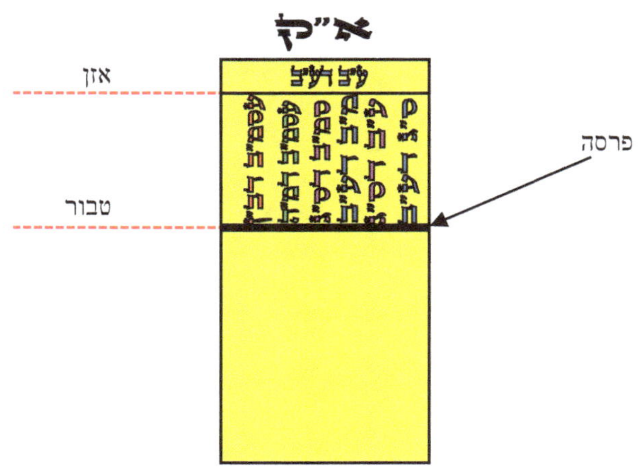

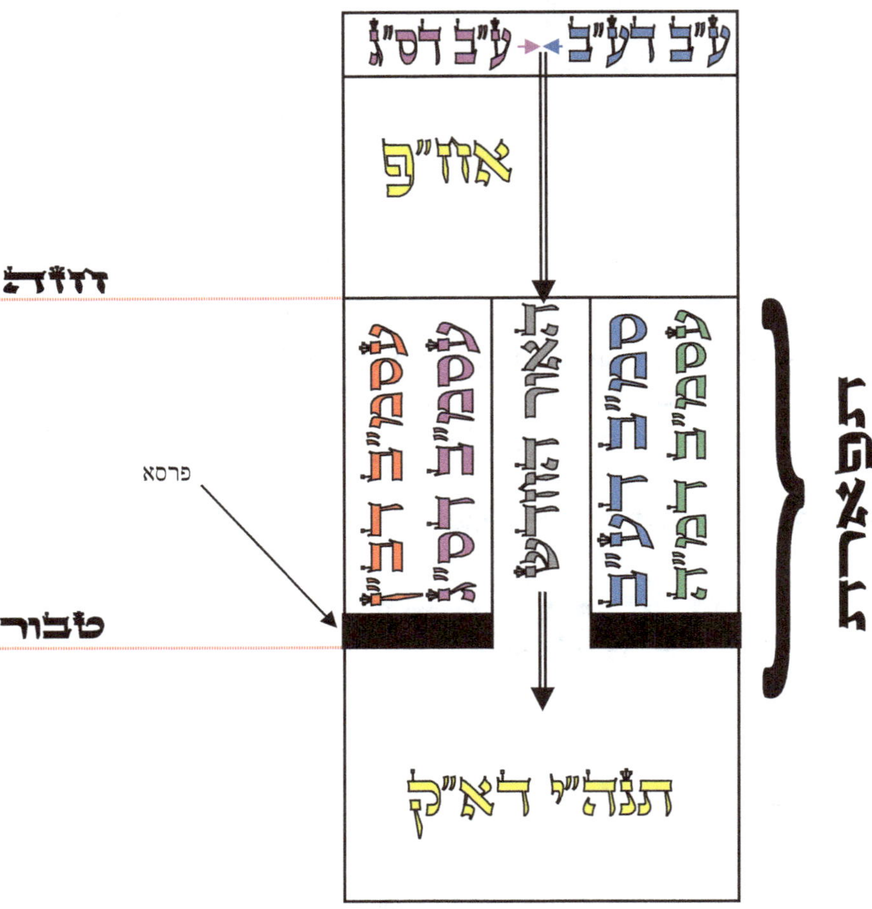

גם בעולמות וגם בפרצופים
ובכל שיעור קומה
כל עולם או פרצוף תחתון עומד
ממקום הטבור של העליון

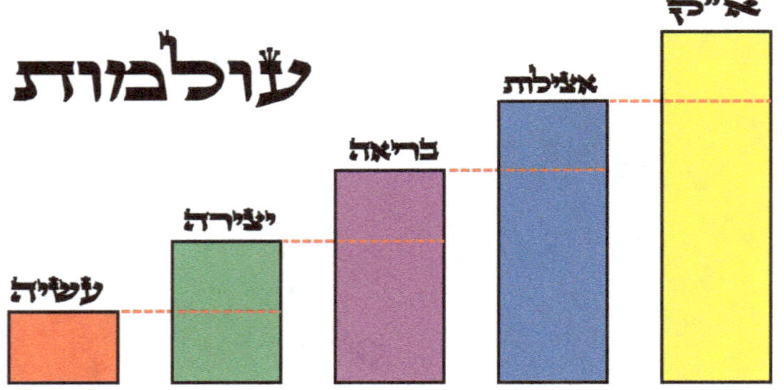

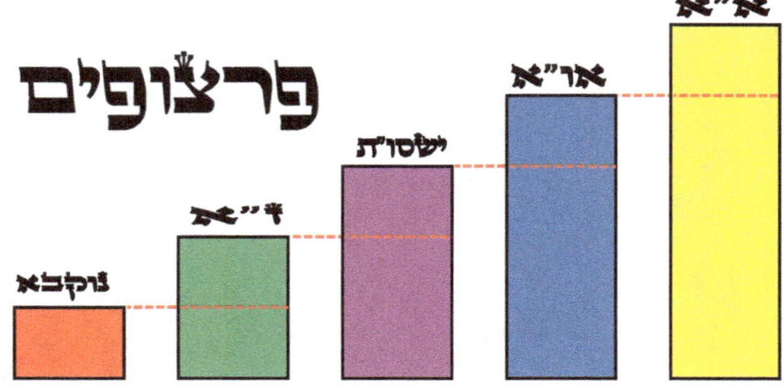

תרשים ב - ט"ז

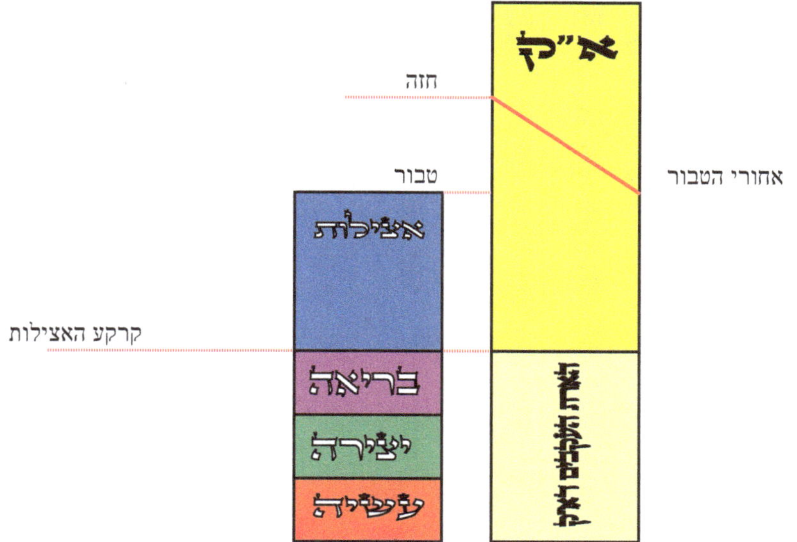

תרשים ב - י"ז

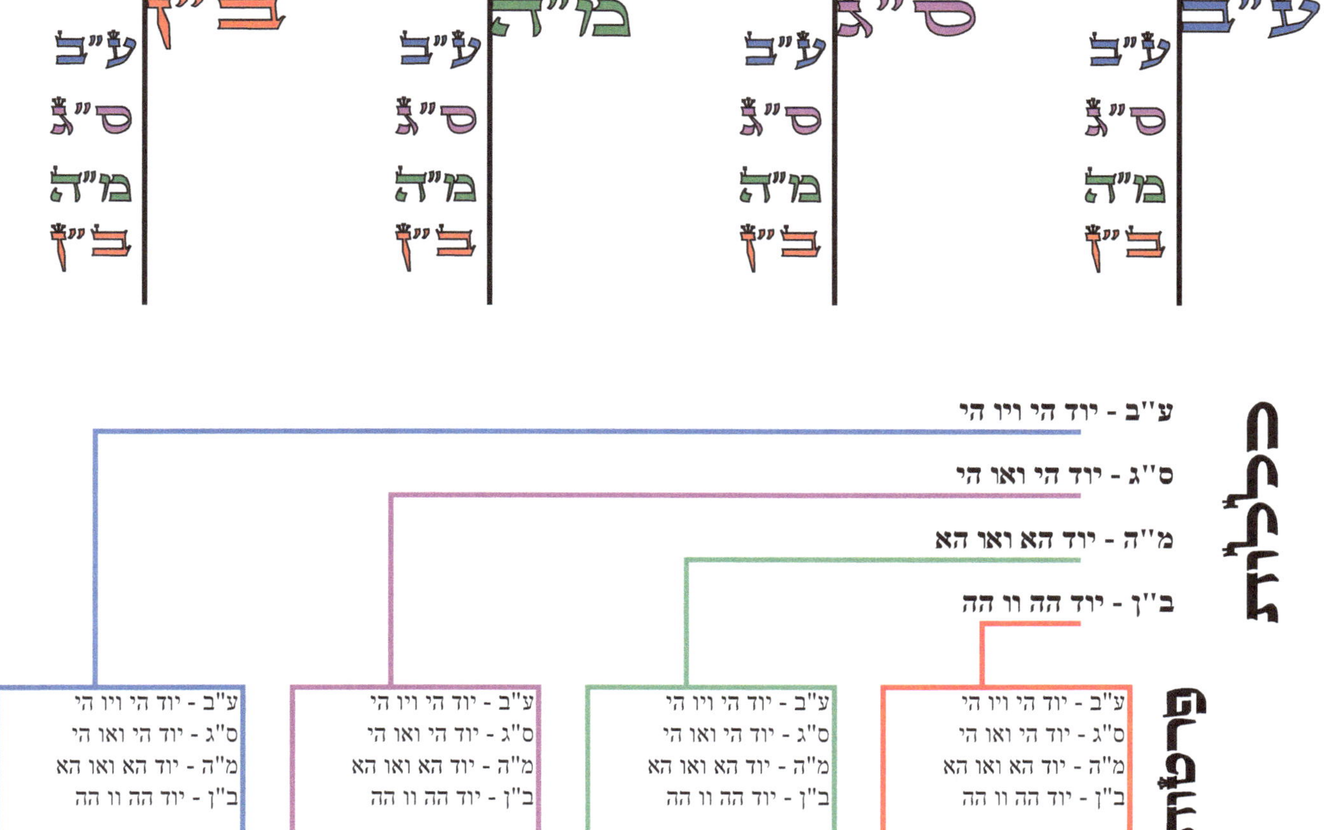

תרשׁימים שׁעׄר ז' פרק ב'

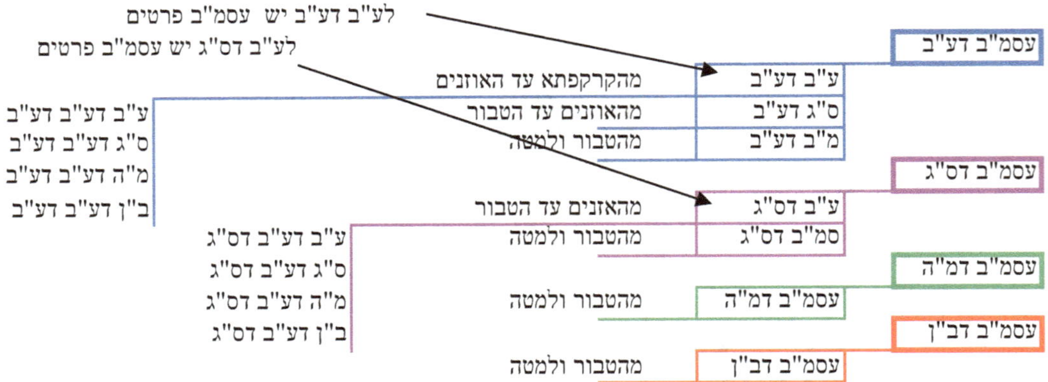

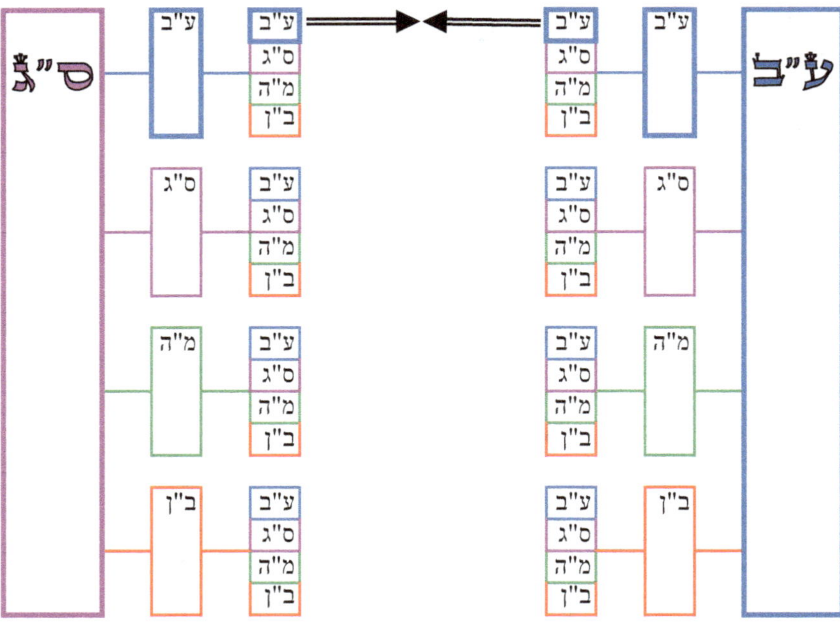

תרשים ב - כ"א

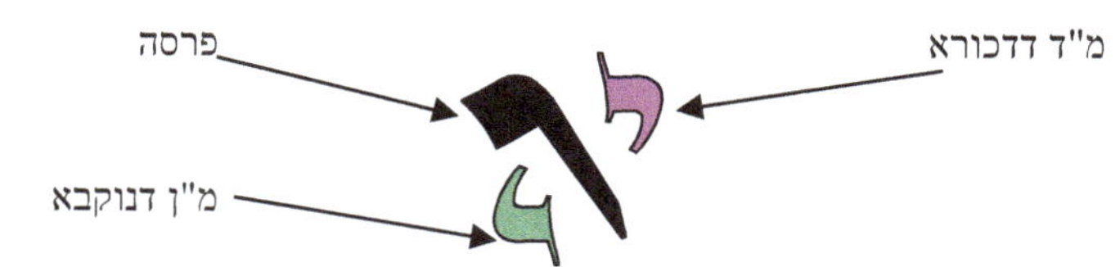

תרשים ב - כ"ב

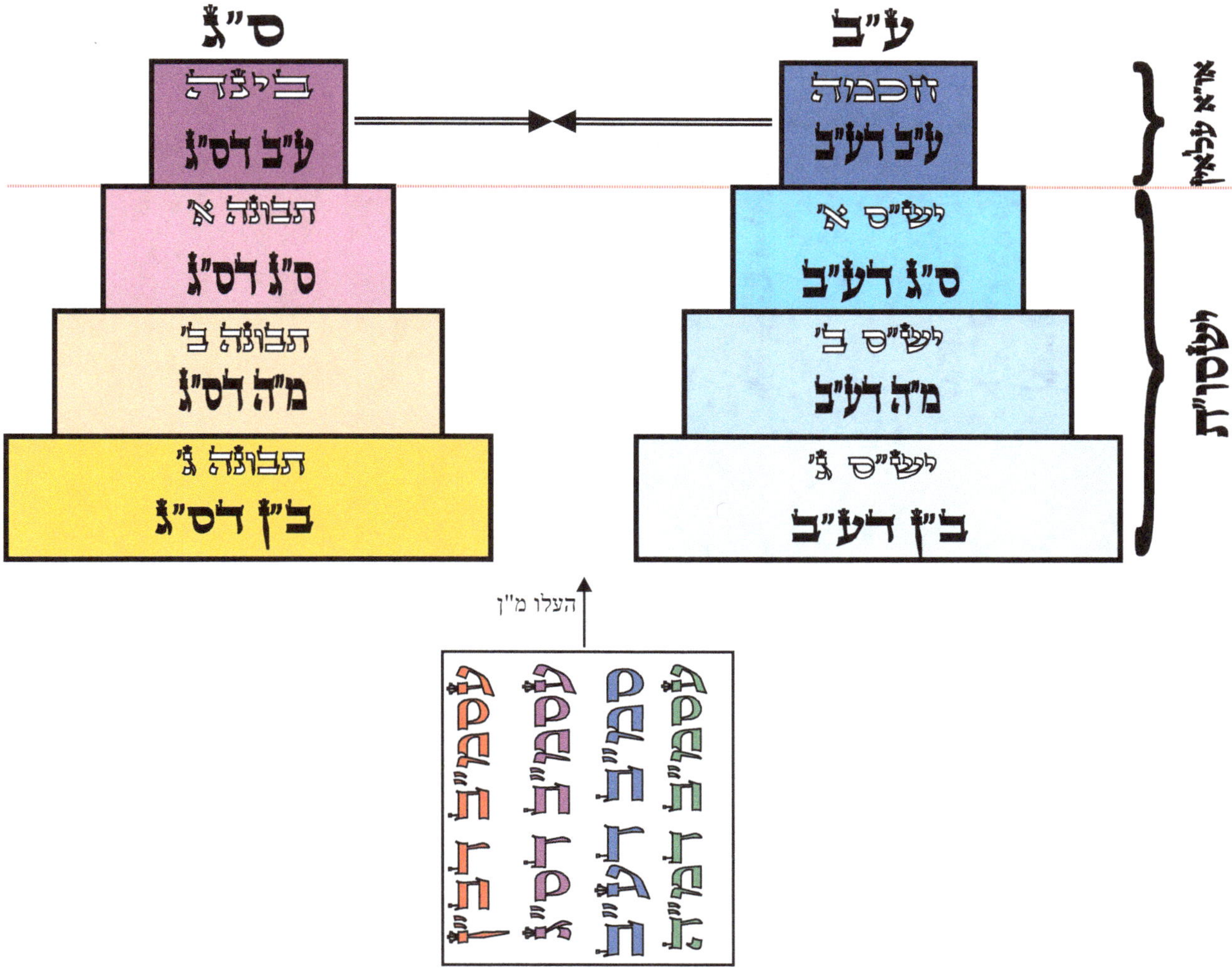

תרשים ב - כ"ג

ואז מזדווגים פנימיים ע"כ וס"ג למ"ק

ע"כ דע"כ	ע"כ דס"ג
יוד הי ויו הי	יוד הי ואו הי

זיווג פנימיות

איההיוהה

וממלאים י"ס דמ"ה ממלא דמ"ק, ותשלום י"ס דב"ן מעינים דמ"ק הטילים
לאותם הכלים שעלו, ונמשכים בבחי' כלם דמוחין דגדלות עם הנרנח"י דנח"י שנתוכם, שהם י"ג
הויו"ת ואהי"ה בניקוד הידוע, עם אור הטעמים, עם אור ה"ס המלובש בכתר דעתיק דמ"ק.

תרשימים שֹעַר ז' פרק ב'

תרשים ב - כ"ד

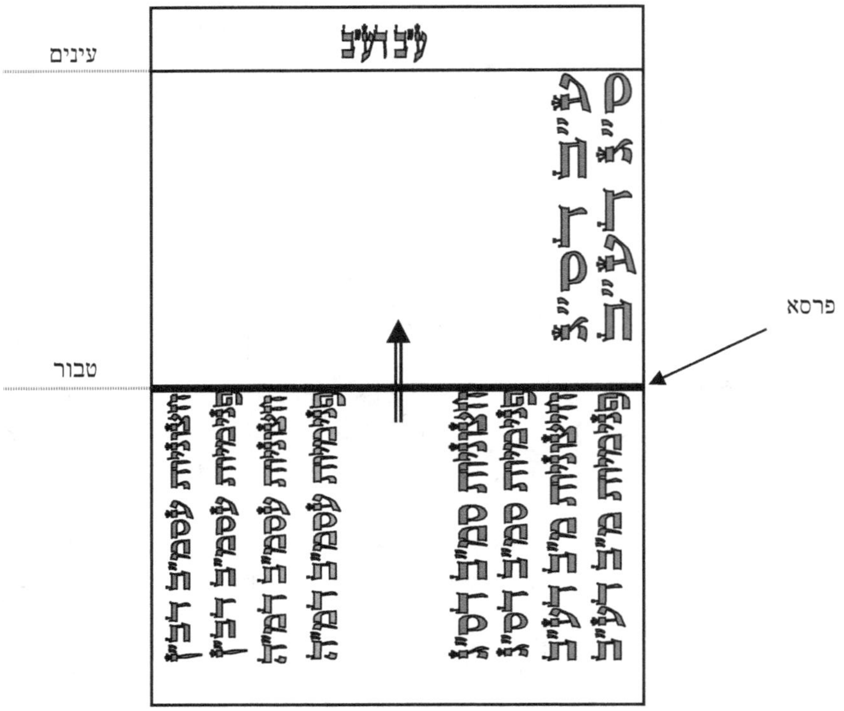

עינים

טבור

פרסא

תרשים ב - כ"ה

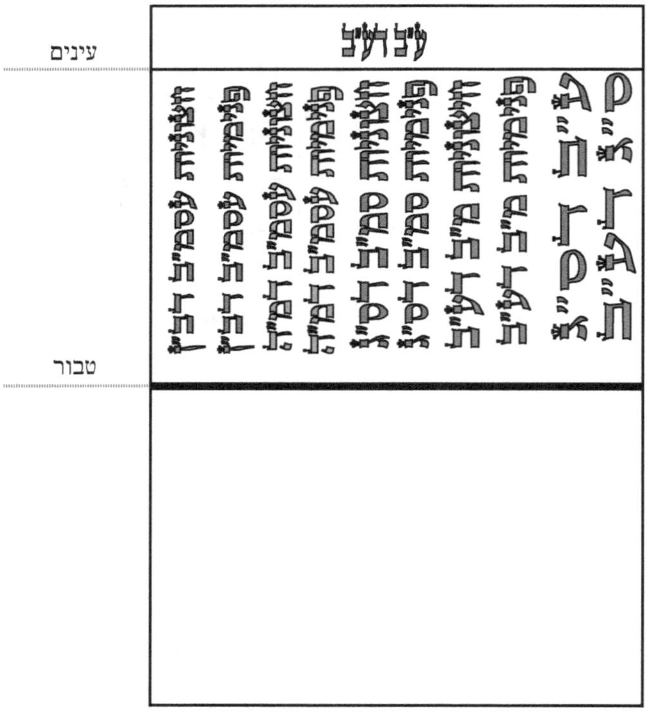

עינים

טבור

תרשים ב - כ"ו

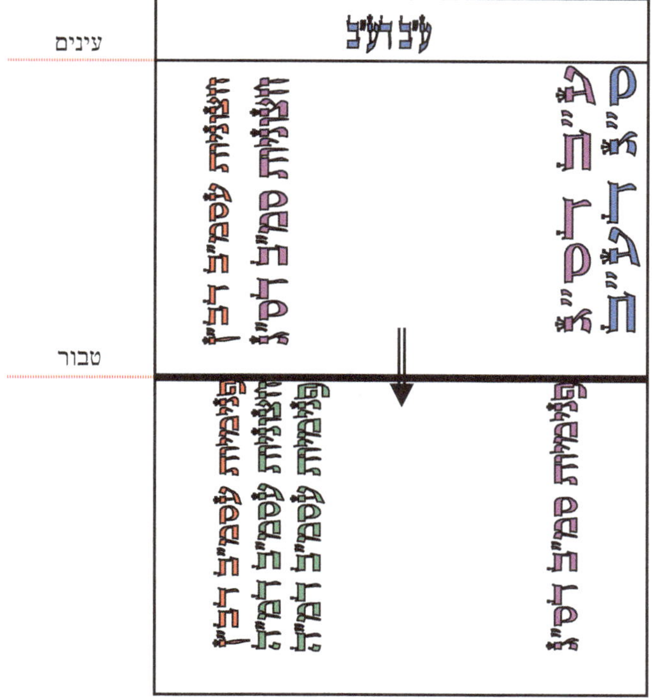

תרשים ב - כ"ז

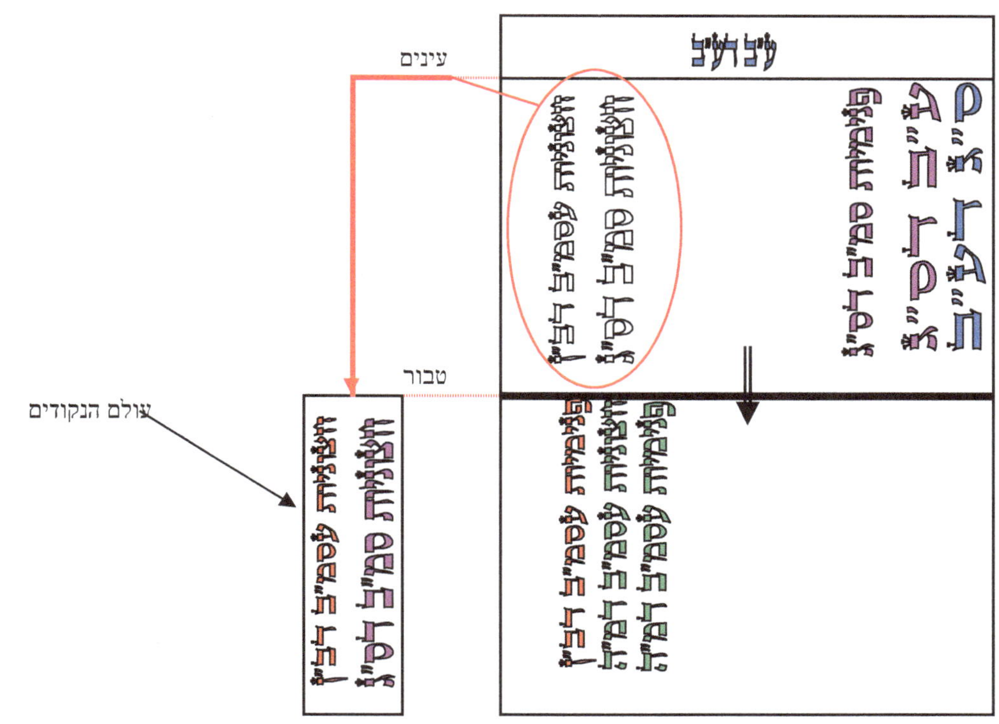

תרשים ב - כ"ח

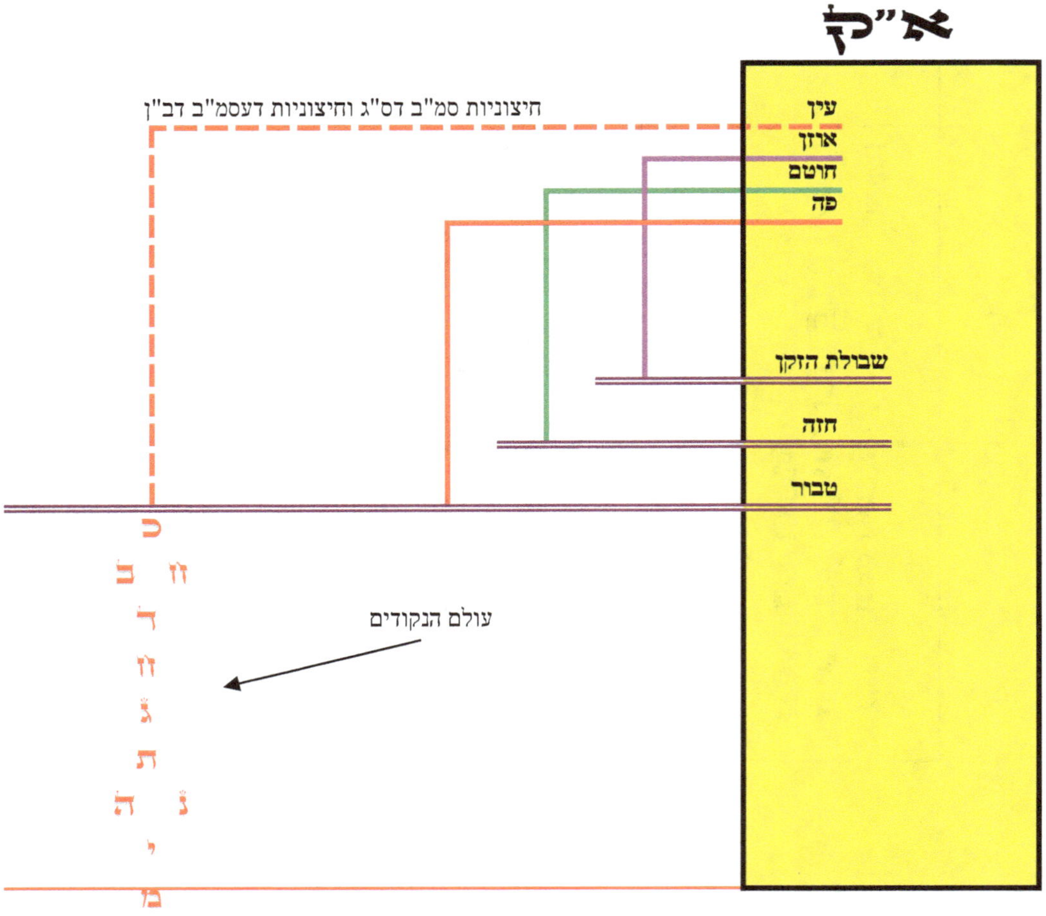

תרשים ב - כ"ט

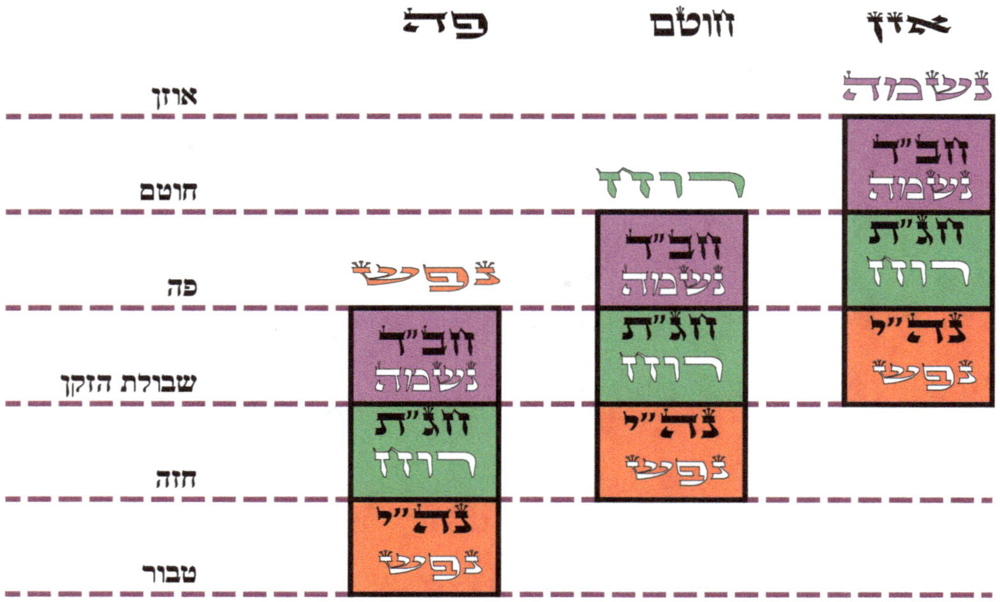

תרשים ב - ל

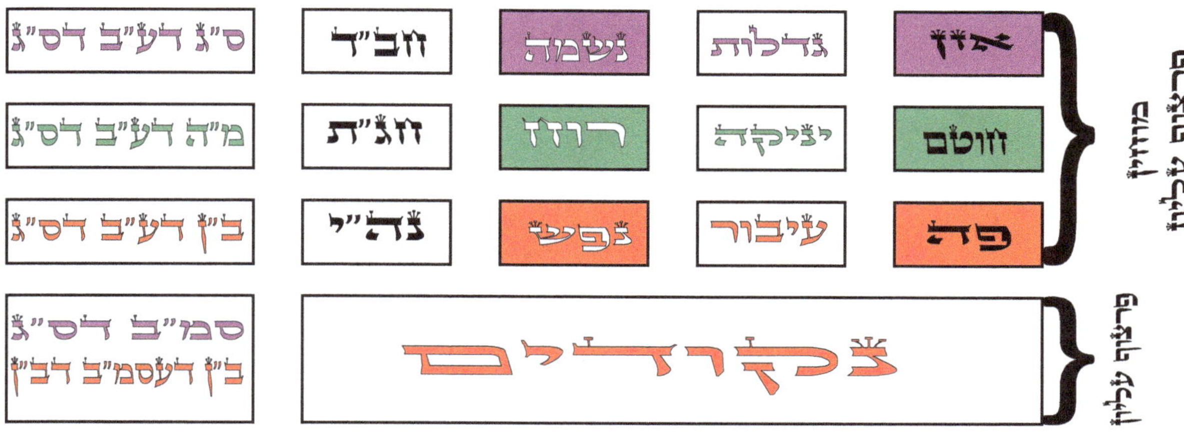

תרשים ב - ל"א

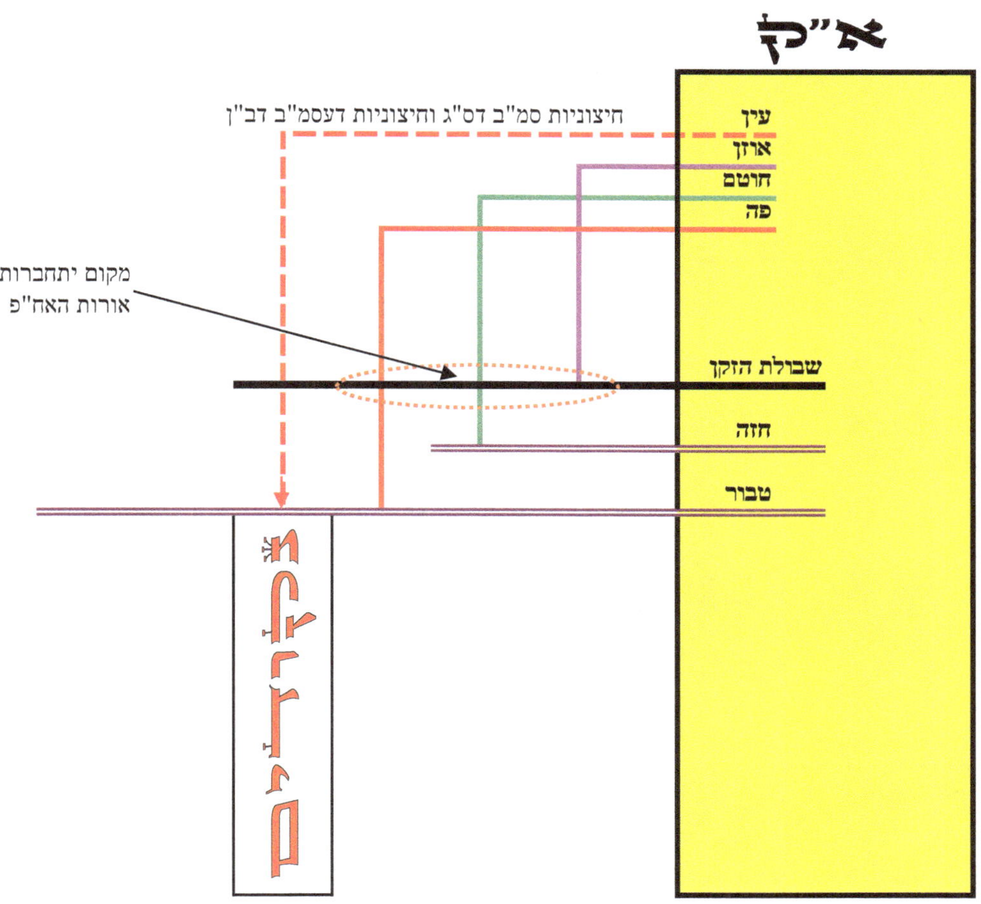

תרשים ב - ל"ב

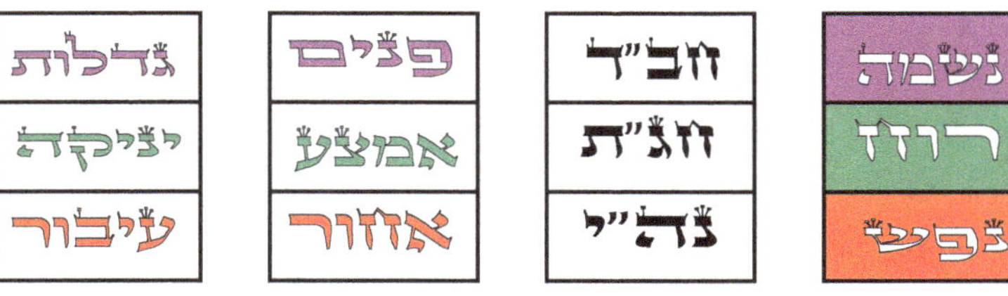

תרשים ב - ל"ג

גדלות	פנים	חב"ד	נשמה	נשמה
יניקה	אמצע	חג"ת	רוח	
עיבור	אזור	נה"י	נפש	
גדלות	פנים	חב"ד	נשמה	רוח
יניקה	אמצע	חג"ת	רוח	
עיבור	אזור	נה"י	נפש	
גדלות	פנים	חב"ד	נשמה	נפש
יניקה	אמצע	חג"ת	רוח	
עיבור	אזור	נה"י	נפש	

תרשים ב - ל"ד

אור הנקודים היוצא דרך העינים

עין
אוזן
חוטם
פה

כתר דנקודים לוקח מג' בחינות אח"פ

החכמה לוקחת מחוטם פה דא"ק

הבינה לוקחת מפה דא"ק

אור האוזן
אור החוטם
אור הפה

שבולת

חזה
טבור

השבעה תחתונות לוקחים אורות החוטם ופה מתחת לשבולת הזקן

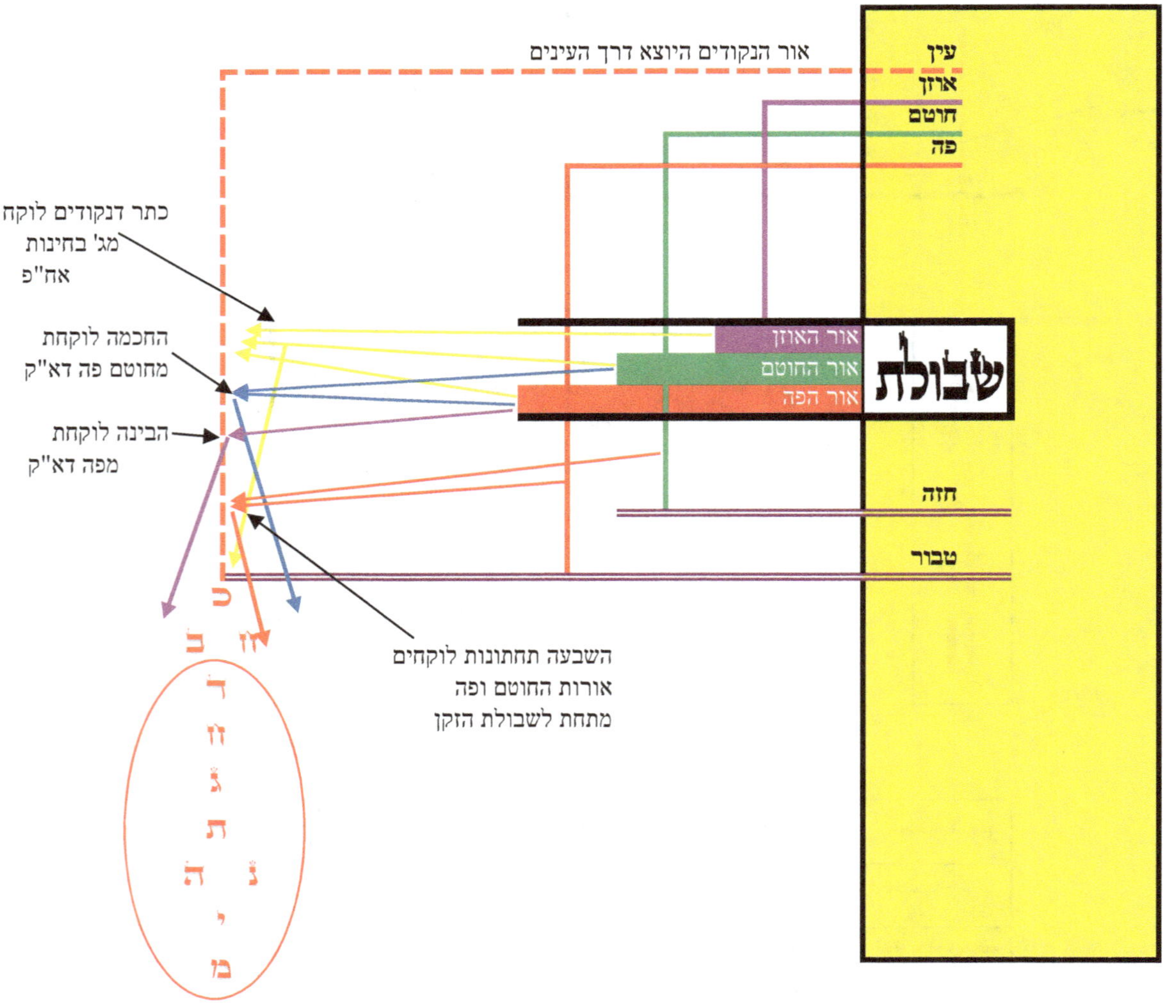

עולם הנקודים דכל נקודה בעובי
שבירת הכלים דשבעת המלכים וירידתם לבי"ע

תרשים ב - ל"ו

תרשים ב - ל"ז

תרשים ב - ל"ח

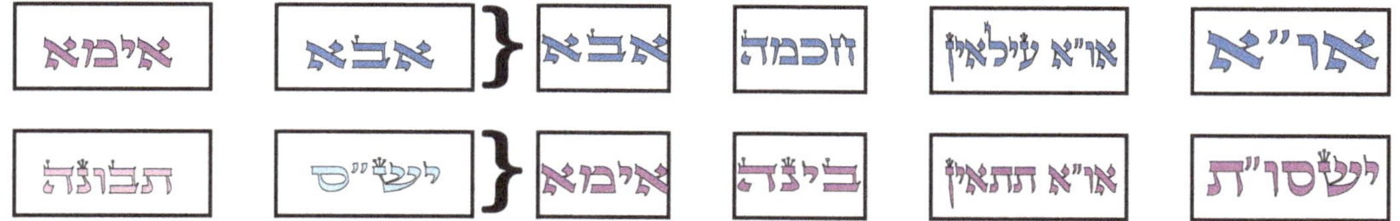

אחרי השבירה   לפני השבירה

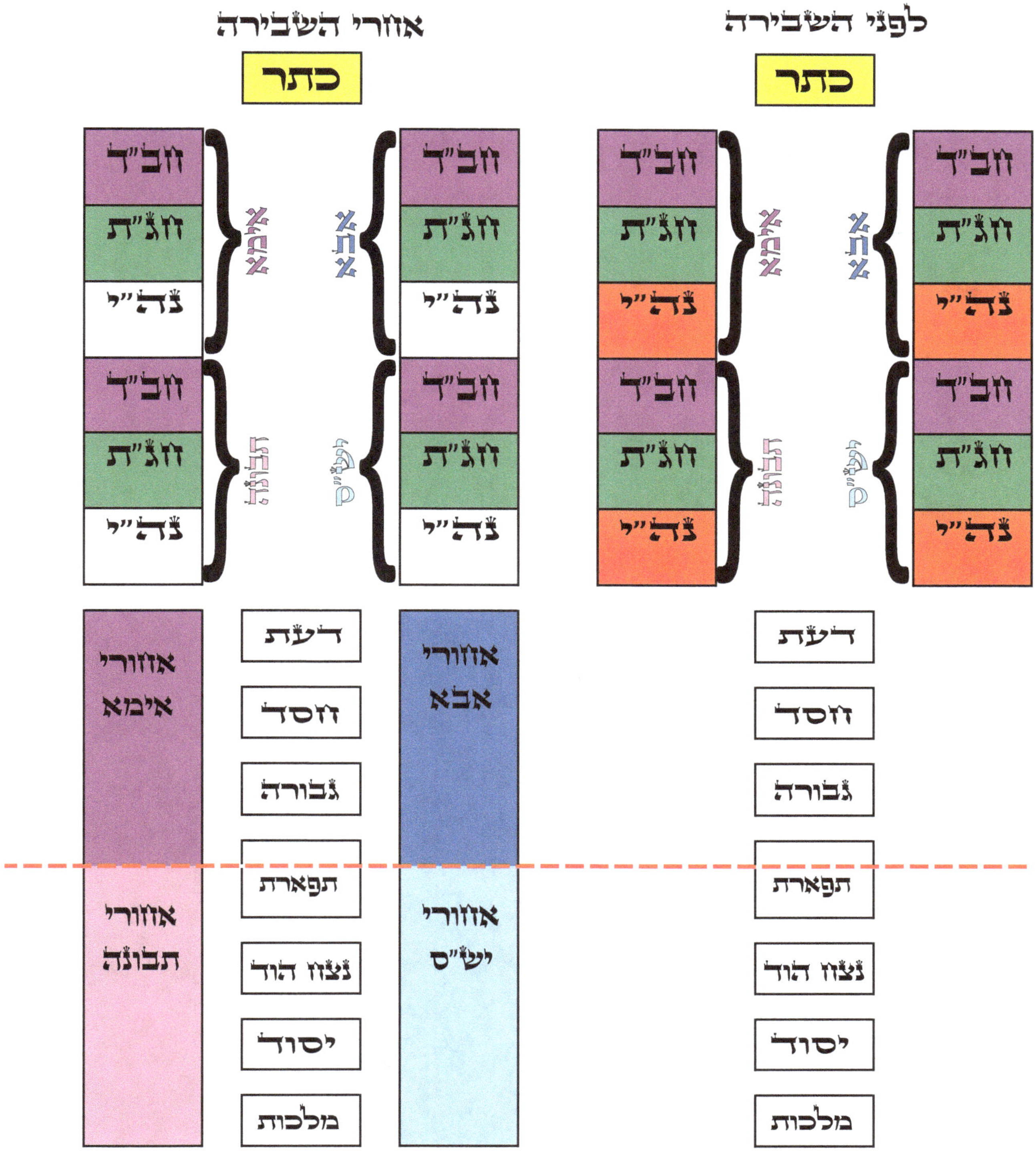

תרשימים שער ז' פרק ב'

תרשים ב - מ"א

הכתר לוקח מהאוזן חוטם פה
החכמה מחוטם פה
הבינה מאור הפה
שבעה תחתונות לוקחים מחוטם פה מתחת לשבולת הזקן
אוזן
חוטם
פה
עינים
טעמים
נקודות
תגין
אותיות
ע"ב
ס"ג
מ"ה
ב"ן
י
ה
ו
ה

תרשים ב - מ"ב

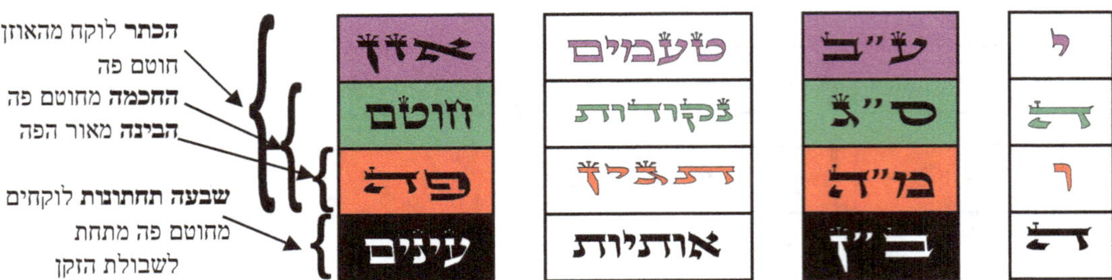

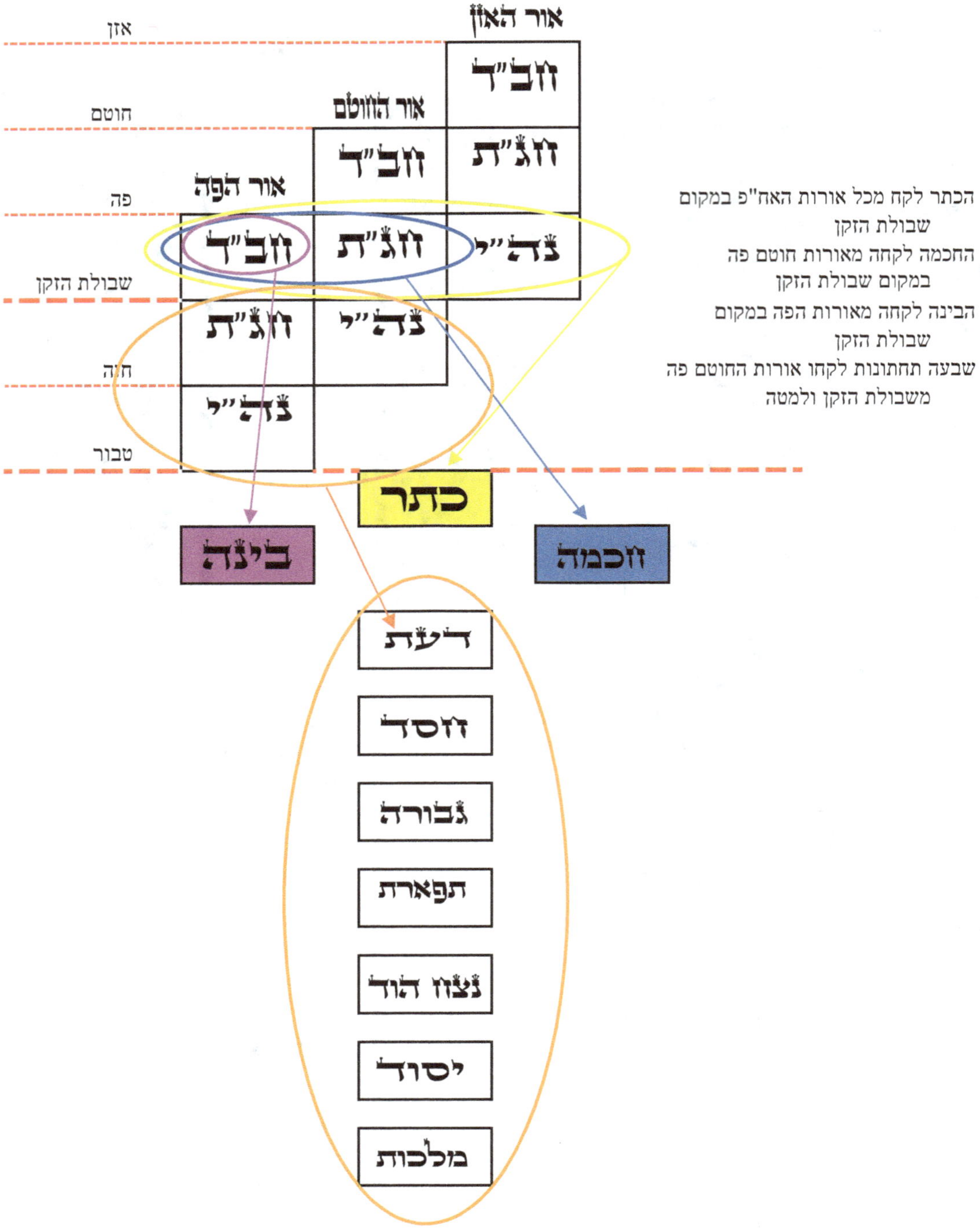

אור האוזן
אור החוטם
אור הפה
אזן
חוטם
פה
שבולת הזקן
חזה
טבור
חב"ד
חג"ת
נה"י
כתר
בינה
חכמה
דעת
חסד
גבורה
תפארת
נצח הוד
יסוד
מלכות
הכתר לקח מכל אורות האח"פ במקום שבולת הזקן
החכמה לקחה מאורות חוטם פה במקום שבולת הזקן
הבינה לקחה מאורות הפה במקום שבולת הזקן
שבעה תחתונות לקחו אורות החוטם פה משבולת הזקן ולמטה

תרשים ב - מ"ג

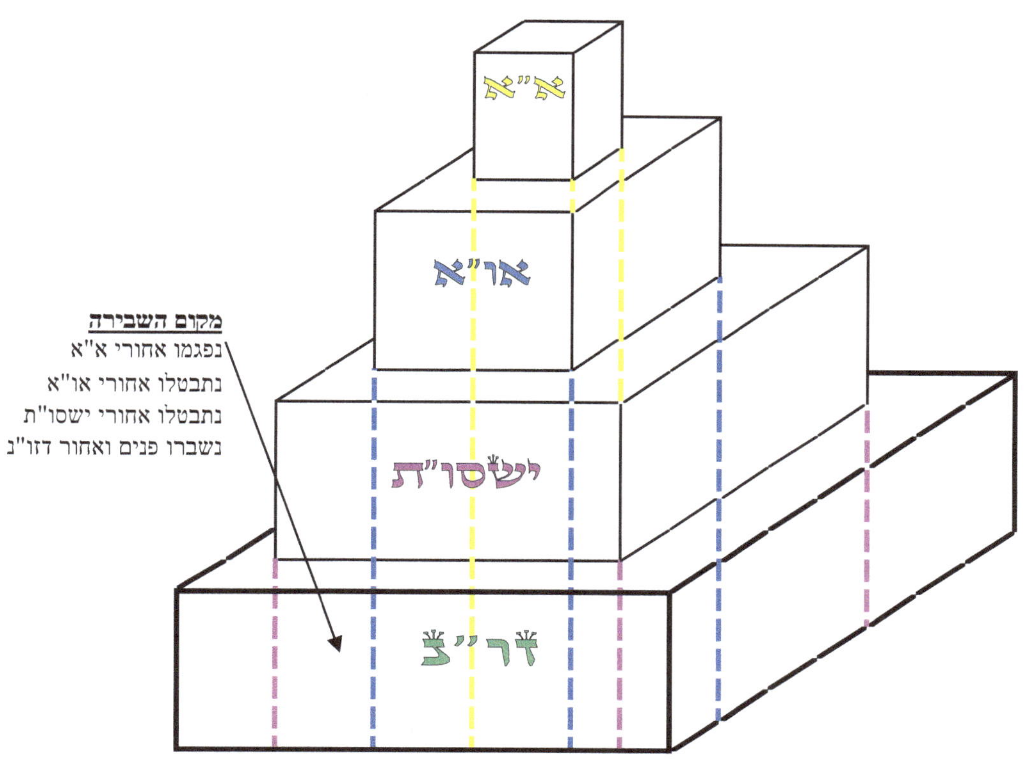

תרשים ב - מ"ד

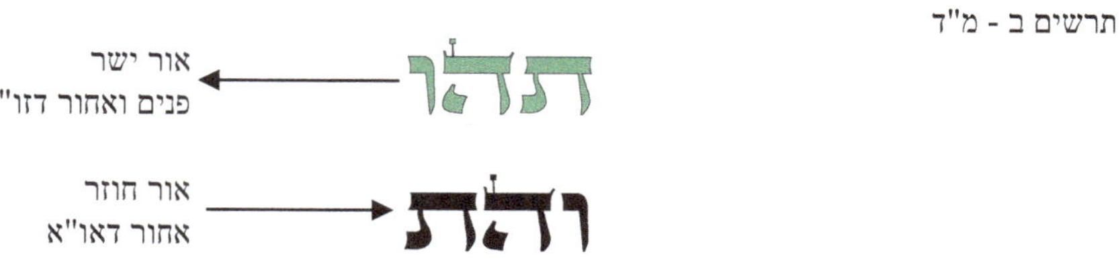

תרשים ב - מ"ה

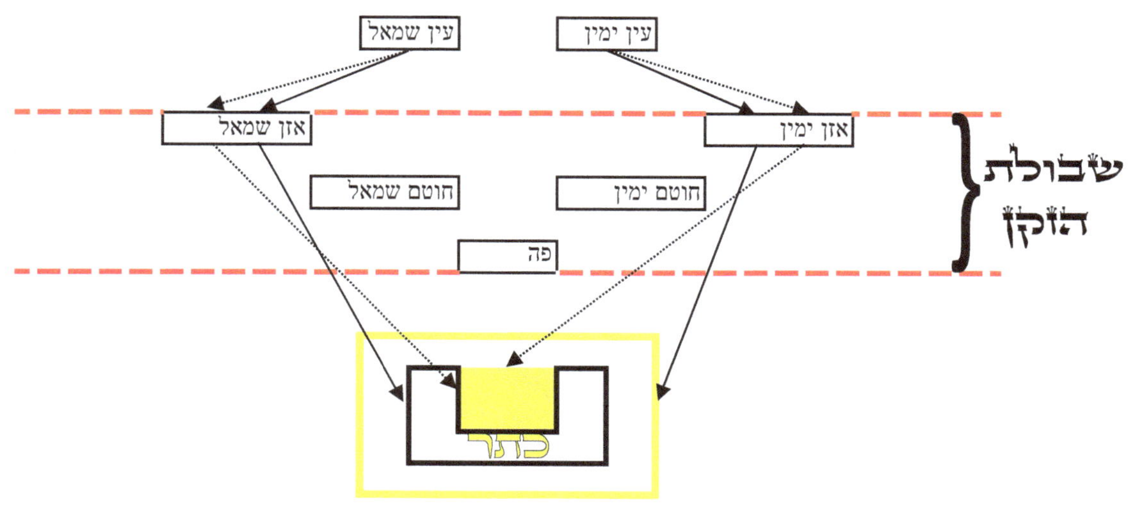

תרשים ב - מ"ו

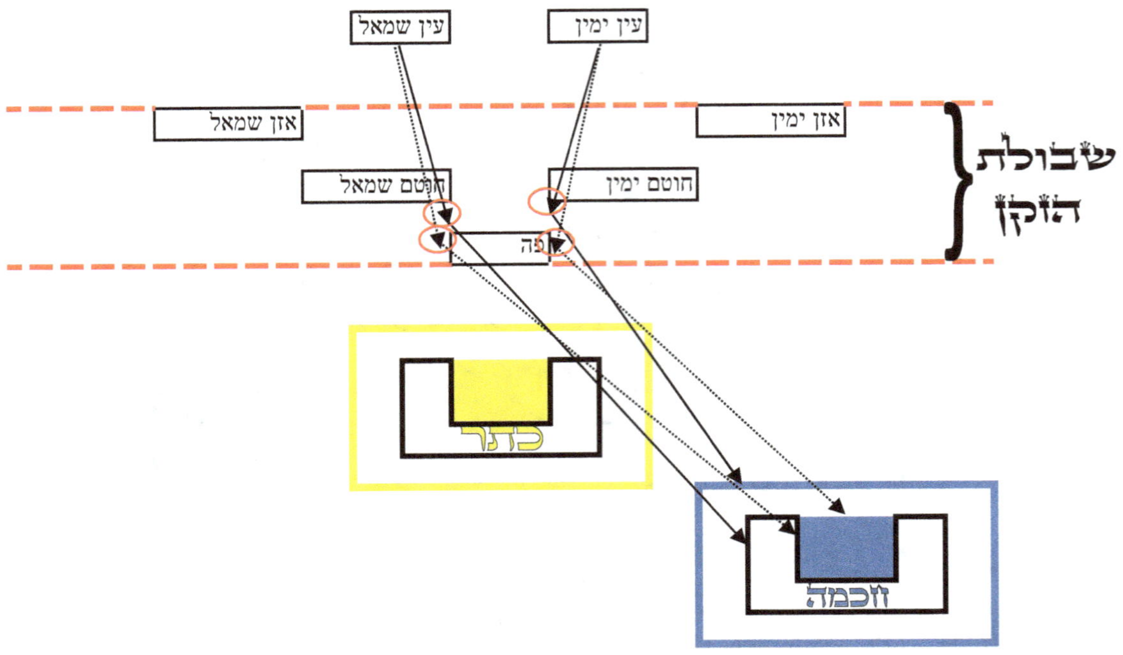

תרשים ב - מ"ז

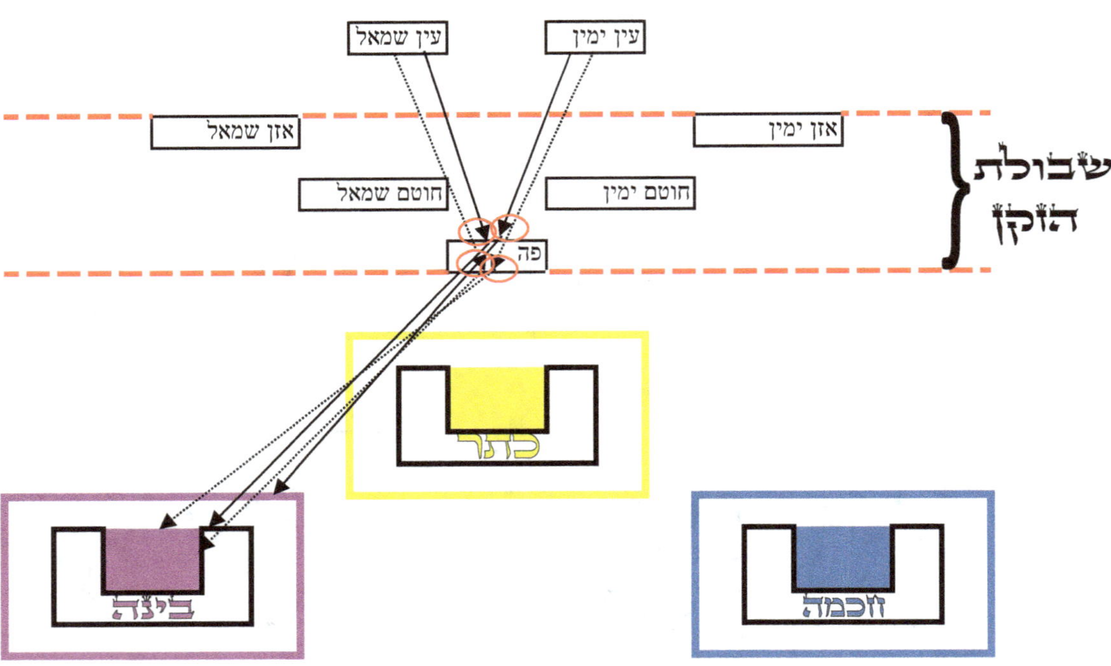

תרשים ב - מ"ח

עין שמאל
עין ימין
אזן שמאל
אזן ימין
שבולת הזקן
חוטם שמאל
חוטם ימין
פה
אור החוטם
משבולת הזקן עד החזה
חזה
אור הפה
משבולת הזקן עד הטבור
טבור
כתר
בינה
חכמה
דעת
חסד
גבורה
תפארת
נצח הוד
יסוד
מלכות

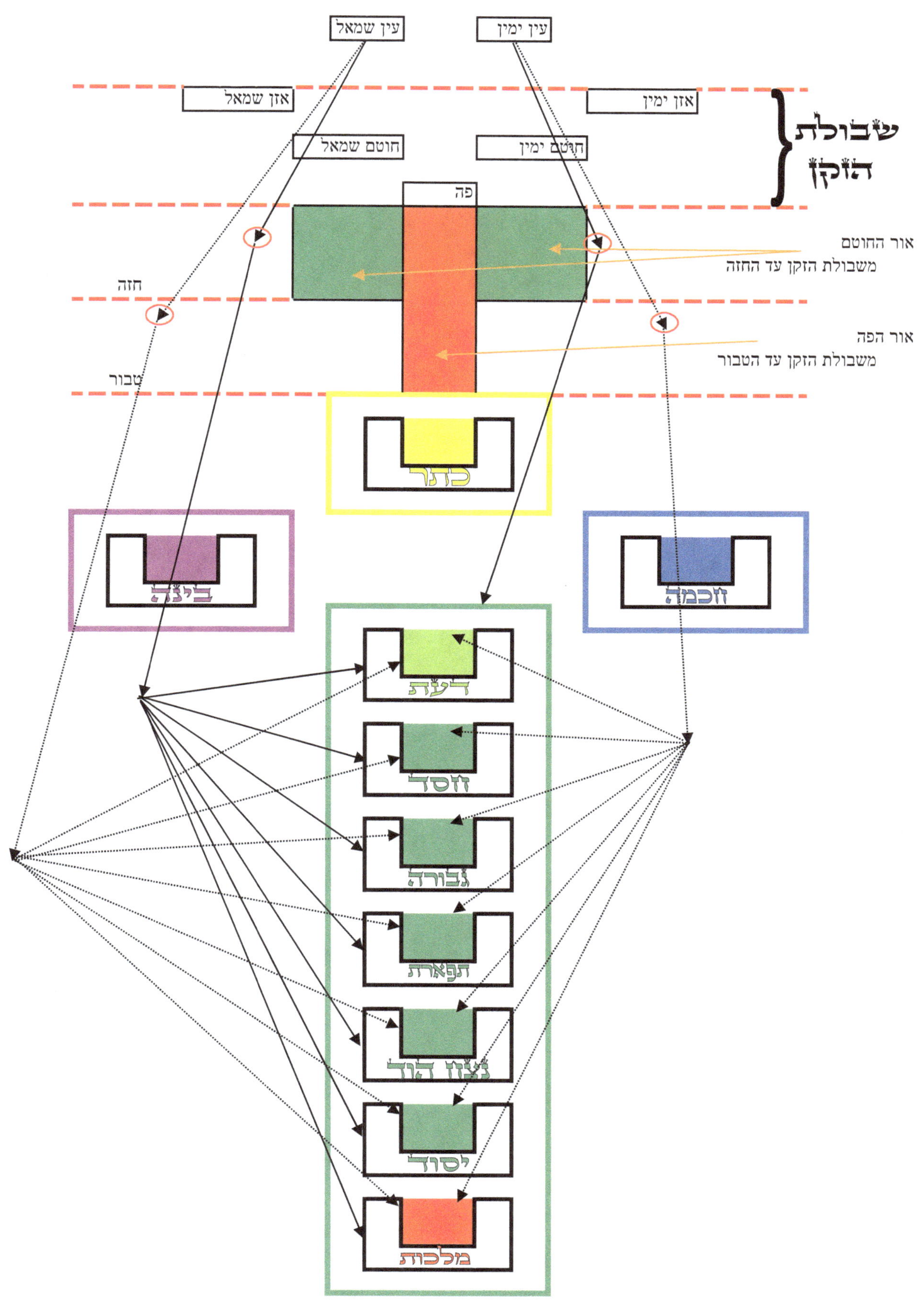